中文社会科学引文索引（CSSCI）来源集刊
中国人文社会科学（AMI）核心学术集刊
国家哲学社会科学学术期刊数据库收录集刊
国家哲学社会科学文献中心收录集刊

产 业 经 济 评 论
REVIEW OF INDUSTRIAL ECONOMICS

第 23 卷　第 1 辑　（总第 77 辑）

主编　臧旭恒

中国财经出版传媒集团
经济科学出版社
Economic Science Press
·北京·

图书在版编目（CIP）数据

产业经济评论. 第 23 卷. 第 1 辑/臧旭恒主编. --
北京：经济科学出版社，2024.3
ISBN 978 - 7 - 5218 - 5790 - 0

Ⅰ.①产… Ⅱ.①臧… Ⅲ.①产业经济学 - 文集
Ⅳ.①F062.9 - 53

中国国家版本馆 CIP 数据核字（2024）第 070744 号

责任编辑：于 源 陈 晨
责任校对：刘 娅
责任印制：范 艳

产业经济评论
第 23 卷 第 1 辑 （总第 77 辑）
主编 臧旭恒
经济科学出版社出版、发行 新华书店经销
社址：北京市海淀区阜成路甲 28 号 邮编：100142
总编部电话：010 - 88191217 发行部电话：010 - 88191522
网址：www. esp. com. cn
电子邮箱：esp@ esp. com. cn
天猫网店：经济科学出版社旗舰店
网址：http://jjkxcbs. tmall. com
北京季蜂印刷有限公司印装
787 × 1092 16 开 11.75 印张 225000 字
2024 年 3 月第 1 版 2024 年 3 月第 1 次印刷
ISBN 978 - 7 - 5218 - 5790 - 0 定价：48.00 元
（图书出现印装问题，本社负责调换。电话：010 - 88191545）
（版权所有 侵权必究 打击盗版 举报热线：010 - 88191661
QQ：2242791300 营销中心电话：010 - 88191537
电子邮箱：dbts@ esp. com. cn）

目　录

CONTENTS

第 23 卷第 1 辑　　　　　　产业经济评论（山东大学）　　　　　Vol. 23　No. 1
2024 年 3 月　　　　　Review of Industrial Economics　　　　　March 2024

美国《合并指南》的最新修订及评价

罗智科　周　围　韩　伟*

摘　要：美国于 2023 年 12 月 18 日出台新版《合并指南》，正式取代 2010 年《横向合并指南》和 2020 年《纵向合并指南》。2023 年《合并指南》主要由 11 项分析合并反竞争效果的准则，反驳证据以及分析、经济和证据工具等三部分组成。与旧指南相比，本次修订的亮点主要集中于分析合并竞争效果的准则部分，既包括对诸如潜在竞争等传统竞争损害理论的调整，也包括为回应现实需要，新增对行业集中趋势和系列收购、多边平台、劳动力市场等特殊情况的考察。2023 年《合并指南》体现了反垄断理论与实践的最新发展，但同时也提高了合并审查的不确定性，故其实施效果仍有待进一步的观察。

关键词：合并指南　合并审查　经营者集中　系列收购　多边平台　劳动力市场

美国 2010 年发布的《横向合并指南》已难以对当前涉及多边平台、劳动力等复杂市场状况的合并审查提供科学指引。而 2020 年《纵向合并指南》虽发布不久，但其过多强调纵向合并效率的政策倾向，在其发布之时就遭到美国联邦贸易委员会（Federal Trade Commission，FTC）两位民主党委员的反对，而随着拜登政府任命莉娜·汗为 FTC 主席，民主党委员开始占据多数，2020 年《纵向合并指南》随即被 FTC 撤销。在此背景下，美国司法部（Department of Justice，DOJ）和 FTC 启动了合并指南的修订程序，并于 2023 年 7 月 19 日公布 2023 年《合并指南（草案)》。经过充分的意见征集和讨论，新版《合并指南》最终于 2023 年 12 月 18 日正式发布。作为世界三大反垄断司法辖区的美国，其《合并指南》的修订不仅将对美国当下充满紧张关系的合并审查工作做出新的指引，也将对域外其他司法辖区的合并审查产

*　本文受国家社会科学基金青年项目"应对数字市场反垄断制度变革的中国方案研究"（19CFX075）资助。
感谢匿名审稿人的专业修改意见！
罗智科：武汉大学法学院；地址：湖北省武汉市武昌区八一路 299 号，邮编 430072；E-mail：zhike. luo@ qq. com。
周围：武汉大学法学院；地址：湖北省武汉市武昌区八一路 299 号，邮编 430072；E-mail：fxyzw@ whu. edu. cn。
韩伟：中国社会科学院大学法学院；地址：北京市房山区长于大街 11 号，邮编 102488；E-mail：hanwei@ cass. org. cn。

生较大影响，故及时追踪美国《合并指南》的最新修订情况，对我国经营者集中审查的制度完善和工作推进均具有重要意义。

一、美国合并审查制度的演进

（一）从区分横向、纵向合并到合并指南的统一

美国首部《合并指南》是 1968 年由美国司法部制定的，该版指南区分了横向、纵向以及混合合并，而 1982 年《合并指南》① 则将纵向和混合合并统一为非横向合并。鉴于实践中很少涉及非横向合并的案例，美国司法部与联邦贸易委员会在共同发布的 1992 年《合并指南》② 中又对内容进行了区分，只聚焦横向合并，非横向合并仍适用修订后的 1982 年《合并指南》。自此之后，美国的合并审查制度进入了较长的稳定时期。进入 21 世纪，DOJ 和 FTC 先后发布了 2010 年《横向合并指南》和 2020 年《纵向合并指南》，延续了根据不同合并类型适用不同合并指南的惯例，但 2020 年《纵向合并指南》特别强调"用于评估横向合并的许多原理与分析框架都适用于纵向合并"。这也导致 2020 年《纵向合并指南》可适用于广义上的纵向合并，既包括严格意义上的关联上下游企业间的纵向合并，也包括对角合并和补充性合并所导致的纵向问题。③ 考虑到现实中的合并类型越来越复杂，一项合并往往兼具横向和非横向性质，为统一审查思路，美国执法机构决定放弃区分横向、纵向合并，转而聚焦合并可能导致的反竞争效果，故将 2010 年《横向合并指南》和 2020 年《纵向合并指南》统一为 2023 年《合并指南》（Athey and Nevo，2023）。

（二）从重视市场结构到以反竞争效果为核心

1968 年《合并指南》强调市场份额等结构性因素，与当时法院重视对市场竞争进行结构性分析的态度相一致，都体现了哈佛学派的思想。1982 年《合并指南》受芝加哥学派的影响，将经济效率作为合并审查的主要标准，分析重点开始从市场结构转向市场力量。20 世纪 90 年代受新产业组织理论的影响，策略理论成为合并审查中的主要指导思路，1992 年《合并指南》因此强调反竞争效果和效率的权衡，同时延续了"去结构化"的趋势（韩春霖，2017）。2010 年《横向合并指南》进一步提高了判定合并反竞争效果的市场结构推定门槛，但合并审查仍首先界定或定义市场以及衡量市场集中

---

① 该版指南后于 1984 年进行过小幅修订。
② 该版指南后于 1997 年进行过小幅修订。
③ 后两者并非狭义的纵向合并，但其产生的反竞争效果与纵向合并类似。

度,其次考察反竞争效果,即协调效应和单边效应。但单边效应理论已经对是否需要在分析单边效应外,单独进行市场界定分析提出了疑问(Kwoka and White,2017)。2023 年《合并指南》则以反竞争效果为核心,将判定合并反竞争效果的 11 项准则作为合并审查的首要步骤,市场界定等只是作为其中的经济分析工具。即使准则 1 规定了推定合并反竞争效果的结构性门槛,但该推定能够被效率等因素反驳。虽然准则 1 恢复到了 1992 年《合并指南》规定的数值,实质上降低了推定门槛,但这也是基于经济学理论表明这种市场结构与反竞争效果密切相关且为了重振因保守经济分析而放松了的合并执法,故实质上仍是以反竞争效果为核心(Pitofsky,2013)。

（三）从严格审查到相对宽松再到相对严格

20 世纪 60 年代,美国的合并审查比较严格,即使纵向合并也有被禁止的可能。后来受到芝加哥学派的影响,美国的合并审查理论和审查制度开始趋向于相对宽松,特别是大量的非横向合并申请并未受到执法机构的质疑和挑战。这也导致纵向合并领域的执法指南历经 30 多年才重新获得修订。随着数字经济的不断发展,近年来大量企业合并尤其是涉及头部企业的合并,无论是横向交易还是非横向交易,其对市场竞争的影响越来越受到执法机构的重视。2023 年 FTC 和 DOJ 同时对《合并指南》和合并申报表格进行修订,一个共同的趋势是加重了集中当事方的申报责任,需要提供更多的资料以便执法机构尽快进行审查。受反垄断执法积极派(也被称为新布兰代斯学派)的影响,2023 年《合并指南(草案)》加强了对市场结构的考量,对合并审查持严格态度,该草案也因此受到中间改革派的批评。经过数月的讨论和对批评意见的吸收,执法机构最终于 2023 年 12 月 18 日对外发布了新版《合并指南》。与草案相比,新版《合并指南》减少了结构性色彩,删除了关于反竞争效果的绝对性表述,准则中的措辞也从"不应(should not)"变为"可能会违法(can violate the law)",故严格审查的态度有所缓和。但与之前相对宽松的合并审查相比,2023 年《合并指南》总体上对合并审查相对严格。有观点认为,通过采用强调经济分析和明确分配举证责任的双重方法,2023 年《合并指南》在很大程度上找到了执法机构中反垄断积极分子(新布兰代斯学派)与中间派改革者(后芝加哥学派)在合并审查理论研究的平衡点,这将有助于美国执法机构在反垄断诉讼中重新获得法院的支持(Baker,2024)。

二、新版《合并指南》的基本框架及修订亮点

（一）基本框架

美国 2010 年《横向合并指南》的内容主要包括概述,反竞争效果证据,

目标客户及价格歧视，市场界定，市场参与者、市场份额以及市场集中度，单边效应，协同效应、强势买方，市场进入，效率，破产与退出资产，竞争性买方的合并以及部分收购等十余个部分。2020 年《纵向合并指南》延续了这一框架，主要包括概述，反竞争效果证据，市场界定、相关产品、市场份额与市场集中度，单边效应，协同效应，促进竞争的效率等内容。而 2023 年《合并指南》则在此结构上进行了精简，并在内容上进行了较大的调整。除概述外，主要由反竞争效果，反驳证据以及分析、经济和证据工具等三部分构成。与之前各版本的《合并指南》不同，2023 年《合并指南》首先根据合并可能导致的反竞争效果及特殊情况下的考量，规定了有关合并反竞争效果审查的 11 项准则，其次规定了反竞争效果的抵消性因素，最后是合并审查中的辅助性分析工具。这也体现了执法机构在进行合并审查时的最新思路，即首先根据反竞争效果对合并提出质疑，再由集中当事方提出合并能够抵消反竞争效果的抗辩。新版《合并指南》有关反竞争效果的准则，如表 1 所示。

表 1　　　　　　　　　新版《合并指南》有关反竞争效果的准则

项目	内容	竞争关注
准则 1	当合并显著提高了高度集中市场的集中度时，会被推定为违法	市场结构
准则 2	当合并消除了企业之间的实质性竞争时，可能会违法	单边效应
准则 3	当合并增加了协调的风险时，可能会违法	协调效应
准则 4	当合并消除了集中市场中的潜在进入者时，可能会违法	混合合并封锁效应
准则 5	当合并创造了一家会限制其竞争对手获得用于竞争的产品或服务的企业时，可能会违法	纵向合并封锁效应
准则 6	当合并巩固或扩大了支配地位时，可能会违法	涉及支配企业的合并
准则 7	当一个行业出现集中趋势时，执法机构会考虑其是否增加一项合并可能实质性减少竞争或趋于形成垄断的风险	行业集中趋势
准则 8	当一项合并是一系列多重收购的一部分时，执法机构可能会评估整个系列	系列收购
准则 9	当一项合并涉及多边平台时，执法机构会评估平台间、平台内或为了取代平台的竞争	多边平台
准则 10	当一项合并涉及竞争性买家时，执法机构会评估其是否会实质性减少针对劳动者、创作者、供应商或其他卖家的竞争	劳动力市场
准则 11	当一项收购涉及部分所有权或少数股权时，执法机构会评估其对竞争的影响	部分收购

首先，在反竞争效果方面，2023 年《合并指南》规定了分析合并反竞争效果的 11 项准则，前 6 项为合并可能导致的不同竞争损害的分析框架，除准则 1 涉及市场结构的竞争损害推定外，其余 5 个准则均属于合并可能导致的竞争损害，包括单边效应、协调效应、封锁效应等。准则 7 ~ 11 则为特定情形下如何应用上述竞争损害的分析框架提供了指引，包括行业集中趋势、系列收购、多边平台、劳动力市场等。

其次，在反驳证据（rebuttal evidence）方面，新版《合并指南》虽然首先聚焦合并可能导致的反竞争效果，但同样明确反竞争效果分析的可反驳性，即使如准则 1 根据市场结构推定合并会产生反竞争效果也能由集中当事方提供证据进行反驳。反驳证据主要包括破产企业、市场进入以及促进竞争的效率这三类，内容与 2010 年《横向合并指南》对应的第 9 ~ 11 部分基本相同。但 2010 年《横向合并指南》中的另一抵消性因素，即第 8 部分"强势买方"并未纳入新版《合并指南》的反驳证据中。

美国新旧合并指南抵消性因素比较，如表 2 所示。

表 2　　　　　　　　　　　　美国新旧合并指南抵消性因素比较

文件	内容		
2010 年《横向合并指南》	11. 破产与退出资产（Failure and Exiting Assets）	9. 市场进入（Entry）	10. 效率（Efficiency）
2023 年《合并指南》	3.1 破产企业（Failing Firms）	3.2 市场进入和重新定位（Entry and Repositioning）	3.3 促进竞争的效率（Pro-competitive Efficiencies）

就破产抗辩而言，2023 年《合并指南》没有实质性变化，只是新增援引最高法院判决来证明破产抗辩三要件的正当性：一是"证据表明破产企业面临经营失败的严重可能性"，执法机构将其解释为"破产企业在不久的将来将资不抵债"，并强调"仅凭销售额的下降或净亏损不足以支持这一要件"；二是"破产企业重组的前景黯淡或不存在"，执法机构将其解释为"破产企业无法根据《破产法》第 11 章的规定成功重组"，并强调"企业实际尝试与债权人解决债务的证据也很重要"；三是"收购破产企业或将其置于支配之下的企业是唯一可供选择的买家"，执法机构将其解释为"企业已付出虽不成功但却真诚的努力，去确定合理的替代要约，以便确保比拟议的合并对竞争造成的损害更小"。

就市场进入而言，新版《合并指南》和 2010 年《横向合并指南》一样，只对那些满足及时性、可能性和充分性要求的市场进入予以考虑。2023 年《合并指南》最明显的变化体现在对市场进入的及时性要求上，2010 年《横向合并指南》明确市场进入需要足够迅速以阻止合并可能导致的反竞争效果，但即使无法阻止反竞争效果，合并之后的市场进入也可能抵消反竞争效果，2023 年《合并指南》取消了合并之后的市场进入可能抵消反竞争效果的论述，采取了实质上更为严厉的要求，即"市场进入在大多数行业都需要相当长的时间，因此不足以抵消一项合并对竞争造成的任何实质性减少"。此外，执法机构还要求市场进入必须是持久的："一个不打算持续投资或可能退出市场的进入者将无法确保长期保持竞争。"因此，市场进入既需要"足够迅速"也需要"持久"以"在合并造成的竞争减损产生任何影响之前取代失去的竞争"，2023 年《合并指南》实质上对市场进入抗辩提出了更严格的要求。

就效率而言，2023 年《合并指南》没有实质性变化，只是进一步提炼了效率抗辩的四个要件，即合并特有、可验证、阻止竞争减损以及非反竞争。其中，阻止竞争减损要件强调，"如果效率仅仅使合并当事人受益，则不被认可。合并当事人必须通过可信的证据证明，在短期内，这些利益将阻止相关市场竞争实质性减少的风险"。此外，2023 年《合并指南》还删除了 2010 年《横向合并指南》中有关研发效率的考虑，进一步体现了执法机构对于判定研发效率的谨慎态度。

最后，在分析、经济和证据工具方面，2023 年《合并指南》除将判定合并反竞争效果的市场集中度的门槛作为准则 1 以外，其余结构性的经济分析工具都放在最后。而之前各版本的《合并指南》都将市场界定等结构性的经济分析工具放在最前面。这一部分是执法机构用于评估事实、了解竞争损害风险和界定相关市场的分析、经济和证据工具，主要包括证据来源、评估企业间竞争、市场界定以及计算市场份额和集中度等四个部分。

就证据来源而言，2023 年《合并指南》规定了 5 类最常见的证据来源，包括合并当事方，客户、劳动者、行业参与者及观察者，已完成合并的市场效果，经济计量分析和经济建模，交易条款，与 2010 年《横向合并指南》相比多了经济计量分析和经济建模。执法机构认识到，"对数据的经济计量分析和其他类型的经济建模可以为评估合并对竞争的潜在影响提供信息"。但同时"数据或可靠建模技术的可得性或质量可能会限制经济计量建模的可得性和相关性"。因此，"在数据可得的情况下，经济建模的目的不是为了完美地反映现实情况，而是为评估合并导致的企业动机的可能变化提供信息"。

就评估企业间竞争而言，2023 年《合并指南》首先规定了通常需要考虑的因素，包括战略审议或决策，之前的合并、市场进入和退出事件，客户替代，竞争性行为对竞争对手的影响，消除企业间竞争的影响。其次规定了在特殊情况下评估企业间竞争需要考虑的因素，这些特殊情况包括企业制定条款、通过谈判或拍卖确定条款、企业确定产能和产量以及创新和产品多样化竞争。

就市场界定而言，2010 年《横向合并指南》主要包括产品和地域市场界定，而 2023 年《合并指南》则分为假定垄断者测试和特定情况下的市场界定。2023 年《合并指南》延续使用 SSNIP 市场界定法作为假定垄断者测试的具体方法，但将其中的"涨价"丰富为"任意条件的恶化"。至于特定情况下的市场界定，除 2010 年《横向合并指南》也考虑过的针对目标用户和地域界定市场外，2023 年《合并指南》还新增供应商反应、集群市场（cluster markets）、捆绑产品市场、一站式商店市场、创新受到损害、投入品市场和劳动力市场等作为界定相关市场时的考虑因素。

就计算市场份额和集中度而言，与 2010 年《横向合并指南》相比，2023 年《合并指南》新增计算市场份额的非价格指标，如用户数量或使用频率。执法机构认识到，"在价格占价值交换相对较小部分或不占价值交换部分的市场中可能是有用的指标。"

（二）修订亮点

除完善假定垄断者测试方法外，新版《合并指南》的修订主要集中于竞争损害部分，具体包括调整市场集中度指标、扩展潜在竞争理论、新增"不当巩固或扩大支配地位"的类别及行业集中趋势和系列收购、多边平台、劳动力市场等特定情形下各竞争损害理论的适用。

1. 调整判定反竞争效果的市场集中度的门槛

2023 年《合并指南》维系了根据市场集中度推定反竞争效果的结构性做法，并将其作为准则 1："在高度集中的市场中，如果合并导致集中度大幅提高，则推定该合并会实质性减少竞争或趋于形成垄断。"但是，判定反竞争效果的市场集中度的门槛有所调整。首先，降低了认定高度集中市场的赫芬达尔－赫希曼指数（HHI）门槛且不再区分中度集中市场和低集中度市场。一方面，高度集中市场的 HHI 门槛由 2010 年《横向合并指南》规定的 2500 恢复到 1992 年《合并指南》规定的 1800；另一方面，只关注高度集中市场，而不再进一步区分中度集中市场和低度集中市场。其次，降低了判定合并可能的反竞争效果的 HHI 门槛。2010 年《横向合并指南》推定合并后市场的 HHI 超过 2500 且 HHI 增值超过 200 的合并会加强市场势力，而 2023 年《合并指南》则推定合并后市场的 HHI 超过 1800 且 HHI 增值超过 100 的合并会实质性减少竞争或趋于形成垄断，HHI 及其增值的门槛均有所下降。最后，新增了判定反竞争效果的市场份额的门槛。2023 年《合并指南》准则 1 规定，如果合并后企业的市场份额超过 30% 且 HHI 增值超过 100，则同样推定该合并会导致市场集中度的大幅提高，进而实质性减少竞争或趋于形成垄断。

美国新旧《合并指南》HHI 门槛比较，如表 3 所示。

表 3　　　　　　　　　　美国新旧《合并指南》HHI 门槛比较

项目	2010 年《横向合并指南》		2023 年《合并指南》	
市场特性	合并后的 HHI	HHI 增幅	合并后的 HHI	HHI 增幅
低度集中市场	<1500	一般不具有反竞争效果而不需要考虑增幅	—	—
中度集中市场	1500~2500	<100：一般不具有反竞争效果 >100：可能导致重大竞争关注	—	—
高度集中市场	>2500	<100：一般不具有反竞争效果 100~200：可能导致重大竞争关注 >200：推动合并加强市场势力	>1800	>100：推定合并实质性减少竞争或趋于形成垄断

2023 年《合并指南》明确，一旦超过上述判定合并可能的反竞争效果的市场集中度的门槛，则推定拟议合并会消除合并方之间的实质性竞争，并加强合并后剩余竞争者之间的协调。虽然这一推定可以被反驳，但"超过集中度指标的门槛越高，这种市场结构分析表明的竞争风险就越大，反驳或反证所需的证据就越有力"。

2. 扩展潜在竞争理论

早在 1982 年《合并指南》中，美国执法机构就引入了潜在竞争理论，但该理论彼时仅涉及原则性规定，直至本次修订，才将其进一步扩展（Salop，2023）。新版《合并指南》区分了"实质潜在竞争"（actual potential competition）和"可感知潜在竞争"（perceived potential competition），并分别规定了分析要点。就实质潜在竞争，聚焦合并是否排除未来合理可能的市场进入，从市场进入的合理可能性和去集中化等其他显著促进竞争效果的可能性等两个方面加以分析；就可感知潜在竞争而言，聚焦合并是否减少当前市场在位者的竞争压力，从被合并企业是否被认定为市场的潜在进入者以及合并对现有竞争对手的影响等两个方面加以分析。美国过去 40 年的判例法被认为对实质潜在竞争设定了不恰当的高门槛，而没有考虑这些交易对竞争的重要性。例如，在最近的 FTC 挑战 Meta 收购 Within 案中，法院要求 FTC 证明 Meta 独立进入的合理可能性，而这一合理可能性被要求"需明显大于50%"，给 FTC 带来了较大的举证压力。2023 年《合并指南》并未对潜在竞争的合理可能性设置较高门槛，体现了执法机构对混合合并的重视。

3. 新增"不当巩固或扩大支配地位"的类别

根据 2023 年《合并指南》准则 6 的规定，执法机构会根据市场力量的大小和持久性，关注具有支配地位的企业是否不当巩固其支配地位，或将支配地位不当扩大到其他市场。不当巩固支配地位的方式主要有两种：一是提高市场进入或竞争的壁垒，包括提高转换成本、妨碍竞争性替代品的使用、剥夺竞争对手的规模经济或网络效应；二是排除新生竞争威胁（nascent competitive threat）。执法机构认识到，"网络效应、规模经济或转换成本等因素可能会使新的市场进入者极难提供与在位者质量或条件相当的所有产品或服务"，最有可能威胁在位者竞争的企业"服务于一个狭窄的客户群；提供的服务与在位者提供的服务仅部分重叠；以独特的产品或服务为重叠的客户群提供服务"。新生威胁的成功和独立性既可直接威胁细分市场或新生企业的竞争，也可促进竞争或鼓励其他提供部分竞争约束的潜在互补供应商进入市场。这样，新生的威胁就支持了所谓的"生态系统"竞争。在这种情况下，生态系统竞争指的是提供多种产品和服务的在位企业可能会受到一个或多个供应商的产品和服务的其他组合的部分限制，即使这些竞争服务的商业模式不同。因此，执法机构会重点关注具有支配地位的企业对所谓新生竞争威胁的合并是否会实质性减少竞争。

准则 6 实质上引入了生态系统损害理论。该理论的核心思路是，涉及生态系统的并购可能在巩固整个生态系统的地位和实力方面产生更广泛的影响。生态系统所扮演的"守门人"角色，加之其拥有的显著信息优势，使得新企业很难进入该生态系统所经营的任何细分市场。合并后的实体也可能直接利用其生态系统来损害特定市场的竞争（韩伟，2023）。2023 年《合并指南》关注支配企业通过合并排除新生竞争威胁，实质上也是对实践中难以有效规制扼杀式收购的回应，一定程度上体现了与欧盟《数字市场法》"守门人"制度类似的进一步强化事前监管的思路。

4. 行业集中趋势和系列收购

美国众议院司法委员会于 2020 年发布的《数字市场竞争状况调查报告》（*Investigation of Competition in Digital Markets*）指出，数字市场的集中趋势以及"GAFA"实施的系列收购可能会对数字市场竞争产生不利影响。[①] FTC 也于 2020 年开始对美国市值前五大企业在 2010～2019 年这十年间的未达到申报标准的合并案件进行分析，并于 2021 年发布最终报告，表达了对数字巨头所涉系列收购的不安。[②] 同时，尽管在法院受挫，FTC 也尽可能地想要纠正之前对 Facebook（现已更名为 Meta）等数字巨头所涉系列收购的放纵。鉴此，2023 年《合并指南》新增准则 7 和准则 8，明确了行业的集中趋势与特定企业的多起并购可能会提高合并实质性减少竞争或形成垄断的可能性。

就行业集中趋势而言，2023 年《合并指南》首先援引了最高法院的判决，说明了审查行业集中趋势是否会加剧准则 1～6 中反竞争效果的理由，

[①]　https：//democrats – judiciary. house. gov/uploadedfiles/competition_in_digital_markets. pdf.

[②]　https：//www. ftc. gov/system/files/documents/reports/non – hsr – reported – acquisitions – select – technology – platforms – 2010 – 2019 – ftc – study/p201201technologyplatformstudy2021. pdf.

即"一个行业的集中趋势，无论其原因如何，都是决定一项合并的反竞争影响有多大的一个高度相关的因素"①和"国会制定（《克莱顿法》）第 7 条的目的是将反竞争趋势扼杀在萌芽阶段"②。其次规定了行业集中趋势的四个分析框架。第一，集中趋势。如果市场具有集中趋势，则会加剧准则 1 ~ 3 的反竞争效果。第二，纵向一体化趋势。"纵向一体化趋势可能会放大准则 5 中讨论的问题，因为它使单一层次的市场进入变得更加困难，从而阻止随着时间推移出现新的竞争威胁。"第三，为议价能力的竞争。"合并当事方通过合并，获得了对与之交易的其他企业的议价能力。这可能会鼓励其他企业合并，以获得与之抗衡的议价能力，从而鼓励一连串地进一步集中。""这可能会加剧准则 1 ~ 6 中讨论的问题，包括提高单一层次市场进入的壁垒，鼓励协调以及阻碍破坏性创新。"第四，多起合并。如果"同一行业的不同参与者同时或相继进行多次合并"，"执法机构可能会根据合并后的集中趋势审查多起交易"③。

就系列收购而言，2023 年《合并指南》首先明确，"在同一或关联业务领域进行多次收购，采取这种反竞争模式或策略的企业可能违反《克莱顿法》第 7 条"。其次，"执法机构可能会通过审查企业的历史以及当前或未来的策略动机，来审查通过收购实现增长的模式或策略"。具体而言，"历史证据专注于企业在相关市场和其他市场进行收购（无论是否完成）时所采取的策略方法，以揭示企业进行一系列收购的总体策略方法。企业当前动机的证据包括反映其对单项收购及其在更广泛的行业中的地位的计划和策略动机的文件和证词。如果合并一方或双方采取了通过收购寻求集中的模式或策略，执法机构将根据任何其他准则审查累积策略的影响，以确定该策略是否会实质性减少竞争或趋于形成垄断"④。

5. 多边平台

平台作为数字经济的重要主体，其特性就在于多边性。平台的多边性给相关市场界定带来了挑战，以至于涉及多边平台的竞争分析变得复杂和困难。随着双、多边市场理论的发展，即使存在争议，美国反垄断实践仍尝试解决涉及多边平台的竞争问题，如引发广泛关注的"美国运通"案。具体到合并审查领域，2023 年《合并指南》明确了合并审查需要考虑平台的多边性，并细化了判定平台合并可能导致的三类反竞争效果的分析框架，既是审查能力的升级，也会提升审查质量。准则 9 首先说明了多边平台的共同属性，包括多边属性、平台运营商和平台参与者、网络效应以及利益冲突（conflict of interest）。其次明确了涉及多边平台合并的三类反竞争效果分析

---

① *United States v. Pabst Brewing*，384 U. S. 546，552 – 53（1966）.

② *Phila. Nat'l Bank*，374 U. S. at 362（quoting *Brown Shoe*，370 U. S. at 317）.

③④　参见 2023 年《合并指南》准则 8。

框架：

一是平台间竞争。2023 年《合并指南》明确了四类可能损害平台间竞争的合并，分别是多边平台收购与其一边或多边竞争的企业、多边平台收购平台参与者、多边平台收购参与多个平台服务的企业（如帮助消费者比较不同平台上价格的比价工具）以及多边平台收购为平台服务提供重要投入的企业（"即获得有助于促进匹配、排序或预测服务的数据，可使平台通过拒绝访问数据来削弱竞争对手"）。

二是平台内竞争。根据 2023 年《合并指南》，当合并涉及平台运营商与平台参与者时，执法机构会审查合并是否产生损害平台内竞争的利益冲突，这实质上是对合并可能导致的"自我优待"的考量。

三是为了取代平台的竞争。2023 年《合并指南》主要关注可能取代平台的两种竞争方式，分别是"新技术或新服务可能为企业取代现有平台运营商提供的一项或多项服务创造重要机会，使一些参与者转向以不同方式或通过不同渠道部分或完全满足其需求"和"非平台服务可以通过提供平台运营商提供的一种或多种功能的替代品来减少对平台的依赖"。同时，2023 年《合并指南》还强调，如果平台占据支配地位，即使被收购企业取代该平台或减少对该平台依赖的可能性较小，执法机构也倾向于阻止该收购。

6. 劳动力市场

早在 2016 年，DOJ 和 FTC 就联合发布了《人力资源专业人士反垄断指南》（*Antitrust Guidance to Human Resource Professionals*），开始关注劳动力市场的竞争问题。[①] 本次《合并指南》的修订延续了美国反垄断执法机构对该市场的关注，将其延伸至合并审查领域，力争从源头遏制可能出现的买方垄断问题。虽然 2010 年《横向合并指南》曾规定，相关分析适用于买方之间的合并，但 2023 年《合并指南》更进一步，为涉及劳动力市场的买方合并提供了更具体的指引。准则 10 明确了劳动力买方市场竞争的减损可能会降低劳动者的工资或工资增速、导致福利待遇或工作条件恶化等。同时，2023 年《合并指南》在证据来源和市场界定部分也考虑了劳动力市场的特殊性，包括新增劳动者和劳工组织代表提供的有关工资、工作条件等方面的证据，即作为判定合并可能的反竞争效果的直接证据；在界定劳动力市场时，执法机构将"考虑提供相关类型劳务的劳动者可获得的工作机会，劳动者在工作岗位或地域范围之间的选择类似于在界定产品市场时客户在产品和地域之间的选择"[②]。当前，美国反垄断执法机构已经在具体案件中考虑合并对劳动者的影响。例如，FTC 近期提起诉讼请求法院禁止连锁超市 Kroger 收购竞争对手 Albertsons，其理由之一就是该收购直接消除了雇主之间的激烈竞争，可

---

① https：//www.justice.gov/atr/file/903511/download.
② 参见 2023 年《合并指南》准则 10。

能会影响劳动者获得更高的工资、更好的福利以及更优异的工作条件。①

7. 丰富假定垄断者测试的内涵

新版《合并指南》在相关市场界定中，进一步丰富了假定垄断者测试方式，将"小而显著的非临时性涨价"（small but significant and non-transitory increase in price，SSNIP）扩展为"小而显著的非临时性涨价或其他条件恶化"（small but significant and non-transitory increase in price or other worsening of terms，SSNIPT），明确纳入了非价格的条件变化。具体而言，可供测试的条件包括质量、服务、产能投资、产品种类或功能的选择以及为创新的努力等，当涉及投入品和劳动力市场时，测试条件还可以是"降低给供应商的报价或恶化给供应商的贸易条件，或降低劳动者的工资或恶化劳动者的工作条件或福利"。虽然 2023 年《合并指南》看似对传统的 SSNIP 方法进行了更新，考虑除价格外的其他竞争维度，无论是该方法的实施还是实施该方法的证据和工具，相关规定都与 2010 年《横向合并指南》基本相同，故难以为非价格竞争的假定垄断者测试提供指引，所谓 SSNIPT 方法的实施效果仍有待观察。

三、对美国《合并指南》修订的评价

与草案收到理论界和实务界超过 3000 条意见相比，最终版的《合并指南》取得了较大的改进（Hovenkamp，2024）。尽管 2023 年《合并指南》因多次引用已"名存实亡"的 20 世纪 60 年代最高法院有关合并审查的判决以及引入部分尚未取得广泛共识的竞争损害理论而受到批评（Israel et al.，2023），但其努力平衡后芝加哥学派与新布兰代斯学派之间的冲突，通过更重视避免"假阴性"而不是"假阳性"错误来加强合并审查得到了肯定（Salop，2024）。

（一）体现了反垄断理论与实践的最新发展

首先，2023 年《合并指南》明确了执法机构在进行合并审查时的最新思路。最新的合并审查思路以合并可能导致的反竞争效果为核心，执法机构先根据前 6 项准则，同时考虑后 5 项准则所涉及的特殊情形，对合并提出质疑，再由合并当事方提出破产、市场进入以及效率等可能抵消反竞争效果的抗辩，最后由执法机构权衡合并的反竞争效果和效率，作出最终决定。同时，整个竞争分析的过程都会用到 2023 年《合并指南》第四部分规定的相关经济分析方法和证据制度。应该说，2023 年《合并指南》较为清晰地传

---

① https：//www.ftc.gov/news－events/news/press－releases/2024/02/ftc－challenges－krogers－acquisition－albertsons.

达了执法机构在合并审查中的执法思路。但与 2010 年《横向合并指南》通过 20 多个案例、2020 年《纵向合并指南》通过 8 个案例对指南内容进行具体说明相比,2023 年《合并指南》对于企业的指引性有所下降。

其次,2023 年《合并指南》吸收了经济学理论研究的最新成果。美国合并指南自 1982 年版开始便明显地提高经济分析的重要性,每一次修订都体现了反垄断经济学理论的最新发展(韩伟,2011)。此次修订吸收经济学研究成果的一个突出例证就是在判定反竞争效果中考虑平台的多边性,同时也通过新增或扩展竞争损害理论对实践中的突出问题进行了回应。例如,准则 6 明确,通过合并消除新生竞争威胁(nascent competitive threat)涉嫌不当巩固或者拓展市场支配地位。同时,新版《合并指南》在第四章证据来源部分也明确,作为证据的合并条款,也能反映合并对竞争的影响,如交易额超过市场价值,可能表明收购方支付溢价是为了能从实质性减少的竞争中获益。

最后,受新布兰代斯学派的影响,2023 年《合并指南》在"去结构化"趋势下有所反弹。基于合并经济效果的复杂性,《合并指南》的历次修订都体现着"去结构化"特征。与草案相比,新版《合并指南》虽然删除了争议较大的有关纵向合并的结构性推定,但仍将判定合并反竞争效果的市场集中度的门槛放在首位。准则 1 体现了积极执法派与中间改革派的平衡与妥协,"结构主义"得到有限回归。同时,新版《合并指南》新增准则 7 和准则 8,强调了行业的集中趋势与特定企业的多起并购可能会提高合并实质性减少竞争或形成垄断的可能性。一方面,如果行业的集中趋势比较明显,则合并会增加实质性减少竞争和形成垄断的风险;另一方面,如果合并属于特定企业多起并购中的一部分,则可以通过历史证据和当前证据,审查该企业的一系列收购活动对竞争的影响。

（二）提高了合并审查的不确定性

首先,2023 年《合并指南》的审查态度总体趋严。尽管相较于草案,最终版的《合并指南》对市场结构的重视程度有所下降,但总体而言合并审查仍趋严,尤其是涉及集中市场和具有支配地位企业的合并。一方面,关于合并反竞争效果的考量因素的数量和复杂程度都有所增加,执法机构可能会要求合并方提供更多的信息来帮助审查,实际上增加了企业的交易成本;另一方面,2023 年《合并指南》也明确指出,促进竞争的效率往往难以证明,意味着合并方难以提出执法机构认可的效率抗辩。因此,2023 年《合并指南》事实上加强了合并审查,企业合并面临较大的不确定性,因此企业在拟议合并时需要充分评估合并审查可能带来的影响。

其次,2023 年《合并指南》的出台蕴含着泛党派特色。如上所述,美国本次《合并指南》的修订表明了"结构主义"的有限回归,这与当前民主党政府加强反垄断的努力密不可分。2020 年《纵向合并指南》被撤销的先例在前，2023 年《合并指南》存在着因执政党派更替而被修改甚至撤销的风险。

最后，2023 年《合并指南》可能加剧与司法机构的冲突。美国的反垄断公共实施体制决定了执法机构对于合并审查的意见需要得到司法机构的支持。之前各版本的《合并指南》因为反映了最新的判例法和主流反垄断经济学理论，普遍获得了司法机构的尊重和援引。本次修订最大的特点之一就是遵循先例，即大量引用司法判例中的观点。其中，不少观点都来自 20 世纪 60 年代的最高法院的判例，如"布朗鞋"案（2023 年《合并指南》援引超过 10 次）。但是，这些案例中的大部分观点都已名存实亡，甚至与巡回法院、地方法院的最新判决存在冲突。2023 年《合并指南》为了解决执法机构在法院"碰壁"的窘境而部分偏离了当前的司法判例和主流反垄断经济学理论，可能加剧执法机构与司法机构在合并审查方面的认识偏差和实践裂痕（Sandford and Wong－Ervin，2024）。有学者直言，《合并指南》语言上的每一处变化都会产生争议，每一次争议都会造成不确定性，这可能会使诉讼陷入僵局，而且司法机构很少会按照原告的意愿来解决争议。最终，司法机构可能会朝着不利于执法机构的方向解释模棱两可的问题（Francis，2023）。

四、结　语

2023 年《合并指南》反映了美国学术界和实务界在反垄断理论研究与执法实践中的最新发展，特别是对于数字平台生态系统、扼杀式收购等前沿问题给予了及时回应。这充分体现了美国反垄断执法机构在加强合并审查方面的努力。但与此同时，新版《合并指南》从起草到出台始终伴随着大量争议，无论是新兴理论的适用还是起草过程中的政治因素，都充满了未知的不确定性。自《反垄断法》2022 年完成修订，配套的《经营者集中审查规定》于 2023 年正式出台以来，我国已经具备较为完整的经营者集中审查制度。为了进一步提升经营者集中审查的质量，我国反垄断执法机构应加快制定经营者集中审查具体指引，特别是在参考域外立法成果时，应充分结合我国经营者集中审查实践，审慎考察和扬弃域外的最新成果和理论创新。一方面，应关注利用数字平台生态系统实施的系列收购行为以及可能对整个行业产生巨大影响的集中趋势，通过历史证据和环境证据审查该企业的一系列收购活动对行业竞争的整体影响，避免对单一案件分析所带来的"假阴性"谬误；另一方面，需要在价格竞争之外探索其他非价格反垄断考量因素，重塑既有的反垄断法分析框架，体系化构建规制数字经济市场竞争损害的分析方法，以客观真实地反映数字市场的竞争状况。

参 考 文 献

［1］韩伟：《美国〈横向合并指南〉的最新修订及启示》，载《现代法学》2011 年第 3 期。

［2］韩伟：《数字经济领域的经营者集中反垄断审查》，法律出版社 2023 年版。

［3］韩春霖：《横向并购反垄断审查中的效率与反竞争效应权衡》，载《经济与管理研究》2017 年第 6 期。

［4］［美］J. E. 克伍卡、［美］L. J. 怀特编著：《反托拉斯革命——经济学、竞争与政策》，经济科学出版社 2017 年版。

［5］［美］罗伯特·皮托夫斯基等著：《超越芝加哥学派——保守经济分析对美国反托拉斯的影响》，经济科学出版社 2013 年版。

［6］Athey, S. and Nevo, A., 2023: DOJ and FTC Chief Economists Explain the Changes to the 2023 Merger Guidelines, https：//www. promarket. org/2023/12/19/doj – and – ftc – chief – economists – explain – the – changes – to – the – 2023 – merger – guidelines/.

［7］Baker J. B., 2024: The 2023 Merger Guidelines Strengthen Enforcement by Finding Common Ground, https：//www. promarket. org/2024/01/09/the – 2023 – merger – guidelines – strengthen – enforcement – by – finding – common – ground/.

［8］Francis D., 2023: Comments on the 2023 Draft Merger Guidelines, https：//ssrn. com/abstract = 4569469.

［9］Hovenkamp, H., 2024: The 2023 Merger Guidelines: Law, Fact, and Method, https：//ssrn. com/abstract = 4684465.

［10］Israel M. A., O'Brien D. P., Orszag J., Sandford J., Smith L., and Wilson N., 2023: Guidelines Lacking Guidance: Improving the FTC/DOJ Draft Merger Guidelines, https：//ssrn. com/abstract = 4575390.

［11］Salop, S. C., 2024: The 2023 Merger Guidelines: A Post – Chicago and Neo – Brandeisian Integration, https：//ssrn. com/abstract = 4694616.

［12］Sandford J. and Wong – Ervin K. W., 2024: New DOJ – FTC Merger Guidelines: Opportunities and Strategies for Merging Parties, https：//ssrn. com/abstract = 4679284.

U. S. Merger Guidelines： Revision and Evaluation

Zhike Luo　Wei Zhou　Wei Han

Abstract：The United States introduced a new version of the Merger Guidelines on December 18, 2023, officially replacing the 2010 Horizontal Merger Guidelines and the 2020 Vertical Merger Guidelines. The 2023 Merger Guidelines consist of 11 guidelines for analyzing the anti-competitive effects of a merger, rebuttal evidence, as well as analytical, economic and evidentiary tools. Compared with the old guide-lines, the highlights of this revision are mainly focus on the part of the guidelines for analyzing the anti-competitive effects of mergers, including both adjustments to traditional theories of competitive harm, such as potential competition, and new additions in response to the real needs to look at industry concentration trends and special circumstances such as series acquisitions, multi-sided platform, labor mar-kets, etc. The 2023 Merger Guidelines reflect the latest developments in antitrust theory and practice, but it also increases the uncertainty of merger review, so the effect of its implementation remains to be further observed.

Keywords：Merger Guidelines　Merger Review　Concentrations of Undertaking　Series Acquisitions　Multi-sided Platform　Labor Markets

JEL Classification：K21　L44

第 23 卷第 1 辑　　　　　　产业经济评论（山东大学）　　　　Vol. 23　No. 1
2024 年 3 月　　　　　　Review of Industrial Economics　　　　March 2024

在线劳动平台算法控制劳动
过程机制与应对选择研究

高庆祝　　高良谋[*]

摘　要：数字技术与按需平台经济的深度融合促进在线劳动平台的迅猛发展。在线劳动平台以算法为底层技术逻辑，既构建出连接劳动服务供需间在线撮合、交付与验收的新商业模式，也创新出由算法虚拟化监管平台工作者的数字化劳动管理实践。算法控制下的劳动过程引起了学术界和实践界的广泛关注，但是关于算法控制的劳动过程运行机制及平台工作者的应对选择尚缺乏系统的梳理和总结。鉴于此，结合劳动过程理论，本文首先阐述了在线劳动平台和算法控制的概念内涵，并归纳了在线劳动平台的具化形态和算法控制的实践表现。然后，从匹配阶段、监控阶段、激励阶段和反馈阶段出发，剖析了算法控制劳动过程的具体运作机制和内在逻辑，提炼了劳动过程各阶段算法控制的微观特点。最后，梳理了平台工作者应对算法控制的主体选择与策略。本文深化了对算法控制劳动过程的规律性认识，推进了算法控制劳动过程的理论研究，并为平台企业劳动关系的规范，算法系统的科学开发、设计和应用提供实践启示。

关键词：在线劳动平台　算法控制　劳动过程　主体策略

得益于数字技术与按需平台经济的深度融合，以算法为底层技术逻辑的在线劳动平台迅猛发展，带来了劳动管理实践的深刻变化（刘善仕等，2022）。一方面，在线劳动平台突破了传统线性交易逻辑和时空限制，构建出由算法高效精准匹配劳动服务供需双方的商业模式，吸引了大量灵活自主的平台工作者，成为城市中动态、可移动的价值符号。另一方面，在线劳动平台也创新出由算法根据平台内置的技术规则和标准化流程自动输出控制职能，虚拟化监督和约束平台工作者劳动行为的数字化管理实践，该管理实践

---

* 本文受国家社会科学基金重大项目"新组织理论和组织治理研究"（11&ZD153）、东北财经大学博士研究生科研项目"在线劳动平台算法控制劳动过程及应对策略研究"（GSY202321）资助。
感谢匿名审稿人的专业修改意见！
高庆祝：东北财经大学工商管理学院；地址：辽宁省大连市沙河口区尖山街 217 号，邮编：116023；E-mail：qingzhugao@ 126. com。
高良谋：东北财经大学工商管理学院；地址：辽宁省大连市沙河口区尖山街 217 号，邮编：116023；E-mail：liangmou@ dufe. edu. cn。

被理论界称为算法控制（Wood et al.，2019；Pignot，2021）。算法控制以"无形隐蔽"的方式重新配置平台企业与平台工作者间的生产关系，驱使平台工作者由"社会人"向"系统人"转变，同时也将平台工作者置于严密的数字秩序监控之中，使其受到比传统工作更为严苛的劳动控制。以外卖平台算法控制为例，每个外卖骑手背后都有一套受算法驱动的智能派单系统，派单系统实质上就是采集信息、处理数据、生成指令的超级算法，它计算骑手的送餐时间、规划配送路线，追踪劳动轨迹，评估服务绩效，驱动着骑手的"一举一动"。算法技术非但没有成为解放劳动双手的工具，反而成为限制平台工作者的新枷锁（杨善奇、刘岩，2021）。

算法控制下的劳动过程已受到学者的关注。相关研究包括：第一，侧重算法控制下特定行业、特定群体平台工作者的劳动过程。即关注算法控制对外卖平台（Galière，2020）、网约出行（Cram et al.，2022）、快递物流（Delfanti，2021）等行业及网约劳动者（杨善奇、刘岩，2021）、知识劳工（侯慧、何雪松，2020）、无薪劳动者等（Ritzer and Jurgenson，2010）群体劳动过程的影响。第二，聚焦算法对劳动过程"自上而下"的技术控制机制，强调平台将算法嵌入劳动过程的技术主导面向。即既关注平台通过算法技术实时挖掘和获取工作者行动轨迹、劳动时限、任务进度、服务行为等数据信息，自动把平台工作者纳入"数字控制"范围内，实现对平台工作者劳动过程的精准预测和劳动行为的精细化管理；又着眼平台通过算法技术重新分配控制权，赋予算法系统和顾客实时查询和监督工作者劳动过程的权利（杨善奇、刘岩，2021）。第三，算法控制劳动过程的内容及影响。实践内容方面，部分学者提炼出任务分配、信息支持、绩效评估及动态激励四部分控制内容（Rosenblat and Stark，2016）；还有部分学者归纳出算法限制与指导、算法记录与评估、算法替换与奖励的六种实践（Kellogg et al.，2020）。影响结果方面，部分研究指出算法控制有助于提高平台工作者的情感体验（公平感知、自主认知）（Kuhn and Maleki，2017；Jarrahi et al.，2020）和行为表现（主动服务行为）（裴嘉良等，2021）；但也有研究表明算法控制会给工作者带来不良工作后果，如产生消极工作情绪，增加工作负担和不安全感等（Wood et al.，2019）。

虽然算法控制平台工作者劳动过程的研究日益丰富，但仍存在以下不足：第一，算法控制下的劳动过程多聚焦在线劳动平台整体或实践案例，缺少对在线劳动平台构型分类情境下算法控制特定群体劳动过程的探讨。在线劳动平台在数字化管理实践中衍生出多样化的形态，不同形态的控制策略、控制重点与范围不同，平台工作者对平台的劳动从属程度也会存在差异。因此，有必要细分在线劳动平台，研究在线劳动平台具化形态下的算法控制实践。第二，算法控制劳动过程的研究聚焦算法技术控制机制，组织层面和意识形态层面的机制研究较少且相对分散。依据劳动过程理论，组织、技术和意识形态是劳动过程控制的核心机制，是构建劳动秩序的中轴框架。因此，有必要整合组织控制、技术控制和意识形态控制，通过构建统一的理论框架，建立起算法控制劳动过程的多维体系。另外，已有算法控制劳动过程特点的研究较为薄弱，缺乏对算法控制劳动过程各阶段控制特点的系统性梳理和总结。因此，也有必要归纳梳理算法控制劳动过程各阶段特点。第三，算法控制劳动过程的研究侧重算法"自上而下"的主导控制，缺乏对平台工作者"自下而上"主体能动和应对策略的关注。根据劳动过程理论，资本对劳动过程的控制必然对应着劳动者的反抗或应对策略。作为劳动过程的核心主体，劳动者的主体应对直接影响到劳动过程效率，甚至劳动市场竞争成效。因此，平台工作者的主体性应对策略也值得关注。

综合上述分析，本文拟基于劳动过程理论对在线劳动平台算法控制劳动过程展开文献研究。具体研究内容包括：第一，在界定在线劳动平台概念边界的基础上，划分在线劳动平台的具化形态；同时，在提炼和归纳算法控制概念的基础上，明确算法控制劳动过程的阶段和实践内容。第二，系统性梳理和总结劳动过程各阶段算法"自上而下"控制的运行机制（组织控制、技术控制、意识形态控制）；同时，阐释各阶段算法控制的特点。第三，梳理总结了平台工作者"自下而上"回应算法控制的主体性策略。本文研究贡献如下：一是丰富和推进了在线劳动平台算法控制劳动过程作用机制的研究。基于劳动过程理论划分在线劳动平台工作流程阶段，挖掘各阶段算法控制平台工作者劳动过程的机制，诠释各阶段算法控制劳动劳动过程的微观控制策略（组织控制、技术控制、意识形态控制），继而揭示出算法控制下平台工作者劳动过程运行机制的内在逻辑。二是剖析和揭示了劳动过程各阶段算法控制的特点，清晰地刻画出较为全面的算法控制特点研究图式，为深刻理解算法控制特点的研究提供思路和参考。三是剖析和归纳了平台工作者"自下而上"回应算法控制的主体应对与策略选择。将传统组织情景中员工参与拓展到在线劳动平台算法控制情景，有助于深化算法控制情境下平台工作者主体选择研究，弥补"未来充分讨论平台工作者对于数字化技术反应"的研究不足（Kellogg et al.，2020；谢小云等，2021）。

一、劳动过程理论、在线劳动平台与算法控制

（一）劳动过程理论与经验研究回顾

劳动过程理论的核心议题是剩余价值生产过程中的资本控制劳动和工人反抗（陈龙，2020）。马克思认为，最大限度地攫取剩余价值是资本主义劳动过程的最终目标。但由于劳动力能否转化为创造剩余价值充满不确定性，因此有必要对劳动过程进行控制。沿袭马克思的分析思路。布雷弗曼在《劳

动与垄断资本》中分析了泰罗的科学管理，将其视为组织/制度控制方式，核心是"概念"与"执行"的分离。紧接着，布雷弗曼（Braverman，1979）揭示了科学技术控制对工人的影响，认为机器操作中的"数值控制"降低了对操作工人的技能要求，导致操纵机器的工人难以控制机器，最终沦为机器部件的延伸。埃德沃兹（Edwards，1982）从技术和组织角度提出技术控制和科层制控制的概念。技术控制就是资本将控制系统嵌入物化的技术结构，表现为把控制工人的三要素（指导工作、评估表现、奖惩工人）完全交由技术掌管，如设定流水线生产以指导工人工作、控制工作节奏等。但技术控制难以规训工人，需要科层制控制加以弥补。科层制控制将控制系统嵌入组织和社会关系中，强调工作指导、绩效评估以及奖惩等全部遵守，"规则"或"企业政策"。此时，内部权力的运行被关入"制度牢笼"中，工人的反抗意愿逐步被消解。布洛维（Burawoy，2008）则将工人的主体性带入劳动过程研究，从意识形态的角度研究工人感知控制策略并形成主观认同。在布洛维之前，马克思、布雷弗曼、埃德沃兹等人认为，将劳动力转化为创造剩余价值的劳动是"强制"，但布洛维则认为应该是作为意识形态机制的"赶工游戏"制造工人的"同意"。综合来看，工业社会的资本控制劳动过程不仅强调生产技术的发展所引发的管理策略的变化，包括概念与执行的分离、科层制控制、责任自治等，也强调劳动过程中劳动者与资本主义控制方式的自愿融合。总之，组织控制、技术控制、意识形态控制已被纳入资本控制劳动的分析框架中，既为本文提供劳动过程理论基础，也为后文检视算法控制劳动过程提供研究视角。

（二）在线劳动平台界定与分类

在线劳动平台的本质属性是利用信息技术实现按需劳动服务高效精准匹配的网络平台（Barnes et al.，2015）。作为连接劳工方和用工方交易关系的第三方，在线劳动平台已成为按需平台经济中工作者灵活就业的重要载体。已有在线劳动平台概念的研究聚焦于商业模式和用工模式视角。Howcroft and Bergvall - Kåreborn（2019）基于商业模式视角揭示了在线劳动平台中平台、平台工作者和顾客间的连接和交易关系，认为在线劳动平台是以网络信息技术为基础，以远程或面对面为交易手段，来满足短期劳动服务需求的营利性商业公司。Schmidt（2017）则基于用工模式视角细分服务型共享经济平台类别，阐述平台业务运营架构与工作者工作类型。包括以完成结构化任务为主的在线平台模式，即任务型在线平台建立起顾客与平台工作者出行、家政、送餐等工作的联系；以完成非结构化任务为主的中介平台模式，即中介平台匹配供需双方信息，平台工作者借助平台远程或离线完成分包任务以获取经济利益。但是，上述界定忽略了嵌入在线劳动平台的算法管理以数据驱动的方式针对平台工作者的劳动管理实践策略（刘善仕等，2021）。因此，本文将在线劳动平台归纳为以互联网信息技术为基础，以网络平台为载体，以数据驱动的智能化算法管理为手段，实现劳动服务供需高效精准匹配的商业平台组织。

在线劳动平台在数字化劳动管理实践中衍生出多样化的具化形态。黄再胜（2019）根据劳动供给地域性和劳动技能专业化程度，将在线劳动平台细分为四个子类别。刘善仕等（2021）依据任务结构化程度和平台管理控制程度两个维度，将在线劳动平台分类为提供按需服务——弱/强控制平台以及提供众包劳动——弱控制平台等形态。尽管上述文献丰富了在线劳动平台具化形态研究，但是并未揭示特定构型分类下在线劳动平台算法控制劳动过程的管理实践机制，也未揭示平台工作者与在线劳动平台的工作关系。Kuhn and Maleki（2017）指出，平台工作者对平台依附程度和管理归属程度不同，继而平台控制劳动过程的强度和重点也存在差异。平台依附程度包括平台依赖度和工作自主性。平台依赖度源自平台员工与平台"关系"的投入和感知到的替代选择，包括互动时长和频率。工作自主性强调平台工作者有决定劳动性质、劳动条款和劳动过程的自主权。可见，平台工作者与在线劳动平台的工作关系、劳动从属强度不同，与之对应的平台用工模式和控制程度也存在差异。因此，本文以平台依附强度和平台控制强度两个维度构型在线劳动平台。第一类是高控制—高依附性平台，即以专职外卖配送、专职共享出行（如 Uber、滴滴出行）为主的在线 App 类消费服务平台。此类平台的工作者从属于平台本身，收入依附度和劳动时间依附度高。而且，平台使用基于数据驱动的算法管理在自主定价、服务控制、监督评价等方面严格控制着工作者的工作过程和工作结果。第二类是高控制—低依附性平台，即以兼职或跨平台的外卖配送、即时配送、共享出行为主的兼职按需 App 类服务平台。此类平台的工作者呈多归属或有正规工作状态；平台收入占总收入比重较小，劳动过程和劳动结果受算法控制的影响。第三类是低控制—高依附性平台，即以 MTurk、Clickworker、猪八戒网、阿里众包为代表的微任务、创新众包平台。此类平台的工作者可选择离线、远程完成工作任务；平台仅控制工作结果，工作自主权让渡给"威客"，具有弱劳动控制特征。第四类是低控制—低依附性平台，即以提供职业文案、顾问咨询、摄像录影等为代表的零工平台。此类平台的工作者可自主接单、自主定价，收入呈多元性，平台不直接管理线下工作者。本文主要关注以专职外卖配送、专职共享出行（如 Uber、滴滴出行）为主，实施算法管理策略的高控制—高依附性在线劳动平台。

（三）算法控制概念与实践表现

算法是基于统计模型或决策规则自主做出决定的计算公式；也是告知计算机精准按照步骤和规则以完成任务的指令（Duggan et al.，2020）。数字经济时代，算法技术已由单调重复既定任务的控制程序，转变为随数据资源的持续大量输入而不断重写升级的复杂系统，这使高效优化和数据驱动的算法在分析、推导和处理组织管理情境中的复杂问题成为可能（裴嘉良等，2021）。算法技术的发展推动了在线劳动平台企业运营和管理模式的嬗变。一方面，在线劳动平台基于数据驱动的算法技术构建出连接劳工方和用工方，实现劳动服务供需高效精准匹配的新商业模式；另一方面，在线劳动平台创新出由算法自动化、虚拟化地监管平台工作者的数字化劳动管理实践。此种数字化劳动管理实践被 Wood et al.（2019）、Cram et al.（2022）学者称为"算法控制"。算法控制作为应用于平台管理实践的数字化、智能化、虚拟化工具，受到理论界的关注，研究成果逐年增多，但现有研究缺乏对算法控制概念的统一界定。Lee et al.（2015）认为，算法控制是指在线劳动平台使用智能算法监控平台工作者行为，使其行为符合组织期望的过程。Cram et al.（2022）指出，算法控制是组织使用算法技术设定规则、约束行为、追踪评估的控制系统。刘善仕等（2021）则强调，算法控制是以算法技术为管理手段，通过赋予算法制定和执行劳动决策的职责，对平台工作者的劳动过程进行监管的控制系统。可见，算法控制的概念多基于控制主义视角，该视角强调算法控制是基于算法技术的平台控制系统，该系统以标准化的规则、编程程序和任务指令组合为基础，依托在线劳动平台实时监督和控制平台工作者的行为。

在线劳动平台应用算法技术控制平台工作者的实践场景较为常见，既表现为可实现劳动服务供需间的即时匹配和精准协调，又体现在能够动态监控任务执行过程。因此，现有在线劳动平台算法控制实践表现的研究多聚焦于劳动服务供需快速高效匹配的实现和传统人力资源管理职能的创新两方面。一方面，算法技术通过连接分布在不同时空，以自雇佣身份存在的零工工作者，实现劳动服务供需间的精准匹配。Kuhn and Maleki（2017）认为，在线劳动平台对劳动力和任务需求的高效精准匹配为零工市场提供了灵活就业机会。Lee et al.（2015）以网约出行平台为例，发现算法技术系统可将司乘间距离、往返里程、最优距离、乘客实际需求等信息纳入其中，求解出最优分配策略，速将乘客需求指派给司机。冯向楠、詹婧（2019）则以外卖骑手为案例对象，发现外卖配送平台的调度系统可将骑手的地理位置、接单状况等个人信息与交通路况、天气预报等客观信息结合，经由算法进行模拟、推导和演算后，将外卖订单分配给最合适的骑手。另一方面，基于算法的数字化人力资源管理创新实践。Parth and Bathini（2021）强调，在线平台利用大数据驱动的算法技术充当虚拟管理者的角色，既可节省边际成本和劳动成本，也可支持人力资源管理实践，如 Uber 平台和 Lyft 平台应用算法技术分配任务、评估绩效并约束工作者的行为。Wood et al.（2019）就认为，在线劳动平台利用算法为任务自动分配、绩效持续评估提供了机会，而平台工作者也受到算法标准化、定额化和流程化的控制（Wood et al.，2019）。

可见，在线劳动平台与算法技术相互交织、相辅相成。一方面，在线劳动平台借助算法技术创新出连接劳动服务供需双方的新商业模式，成为零工工作者实现灵活就业、创造价值的新场所。另一方面，算法还通过在线劳动平台这一物质载体不断输出控制职能，强化平台对工作者的监控手段，增强平台在无人干预时的远程控制和约束能力。本文以在线劳动平台算法控制劳动过程为研究重点，在结合劳动过程理论，将平台工作者劳动过程划分为匹配阶段、监控阶段、激励阶段、反馈阶段的基础上，提炼出算法"自上而下"多维控制（组织控制、技术控制、意识形态控制）平台工作者劳动过程的框架，揭示出各阶段算法控制劳动过程特点，同时归纳出平台工作者"自下而上"回应算法控制的应对策略，以丰富现有算法控制理论研究。

二、在线劳动平台算法控制劳动过程的运作机制

（一）匹配阶段的算法控制

匹配阶段指算法自动协调、匹配市场劳动供需，促进供需要素配置的过程（刘善仕等，2022）。在此阶段，综合匹配算法、分配算法、机器学习算法的调度系统技术控制着劳动分配，承担着任务分配控制职能。具体场景和过程可描述为，第一步为平台数据生成。顾客和平台工作者使用用户端和供给端智能系统等平台时，会产生订单数据和工作者数据，数据传输至平台并被平台记录。订单数据包括顾客订单下单时间、顾客位置等数据；工作者数据包括工作者负载、位置和状态等数据。第二步为平台派单匹配。平台派单系统接受顾客订单和工作者数据后，借助调度系统及匹配算法做出最优派单决策，以匹配最合适的平台工作者。即平台派单系统通过机器学习算法挖掘节点间距离、服务水平、任务完成时间等历史和实时数据，以路线规划、时间预估、匹配度等因素为衡量标准，经由匹配算法的局部求解和全局优化匹配最优的工作者。第三步为决策结果分配。平台系统最优派单决策做出后，决策结果会"精准的"分配给合适的平台工作者，指定其个性化地服务特定顾客。最后，工作者完成指定的任务后，机器学习算法会将任务完成情况转变成数据和符号，来优化匹配算法和分配算法。而且，任务完成后的平台系统也会根据订单需求，做出运力分布和需求预测，通过告知工作者不同商圈的运力需求情况，实现闲时的运力调度。

匹配阶段的算法控制具有精准化、隐蔽化、垄断化特点。具体而言，在线劳动平台依据匹配算法、机器学习算法、分配算法"精准""隐蔽"地分

配工作机会，高效率地匹配最有效的平台工作者，控制着平台工作者的劳动需求，继而把劳动权力垄断于在线劳动平台手中（Dix et al.，2020）。以外卖平台任务分配为例，平台订单系统会将骑手位置、订单情况、骑手能力等个人特征及地理状况、出餐速度、交付能力等客观因素收集至数据库，经由算法技术的数据模拟分析后，精准高效地分配给合适的骑手。同时，平台又将超时率、投诉率、差评率、跑单率作为任务分配机制的参考依据，对于"听话"且综合评分高的工作者优先派送订单、提升流量，而对"不听话的"则采取淘汰、限制派单频率及罚款措施（杨善奇、刘岩，2021）。又以滴滴网约出行平台为例，滴滴出行收购 Uber 中国之后，把"抢单模式"改为系统"智能派单"模式。系统内置的分配算法会综合考虑距离、拥堵情况、运力供需、司机评价等因素，自动精准地把乘客订单分配给合适的司机。司机只能被动接受平台系统派单，并按照设计好的流程和标准劳动。冯向楠、詹婧（2019）研究表明，平台系统掌握了订单分配的权力，其实就等于"抓住了"控制平台工作者的关键。总的来说，在匹配阶段，以匹配算法、机器学习算法、分配算法为基础的调度系统技术控制着工作任务的分配，通过严密的监控和约束，逐步掌控平台工作者，驱使其为在线劳动平台打工。

（二）监控阶段的算法控制

监控阶段指算法实时监督、跟踪、记录和约束平台工作者偏离系统预设标准行为，以确保其与平台组织目标一致的过程（Möhlmann et al.，2021）。在此阶段，综合传感算法和机器学习算法的传感系统全程监控平台工作者的劳动服务过程，承担着行为控制职能。尤其在无须明确人工干预工作环境下，在线劳动平台基于运动状态识别、GPS 轨迹挖掘、Wi-Fi 地理围栏、智能语音等综合传感系统，实时挖掘和获取工作者行动轨迹、劳动时限、任务进度、服务行为等数据信息，经由机器学习算法自动地把平台工作者纳入"数字控制"范围内，技术控制着平台工作者的劳动过程。具体而言，一是基于传感算法的时间和空间控制。平台系统在工作者接单后会根据地理位置、痕迹管理、任务进度自动生成可精细反馈劳动时间、地点等信息的记录，创设精准任务完成时间来强化劳动过程的超视距管理，引导平台工作者恪守技术导向下的"时间管理"（Grover et al.，2022）。平台系统也会依赖传感系统整合的众多特征维度（如顾客或商家位置、路况信息、工作者状态）和历史数据（如任务完成数量与质量），规划出可行的任务路线组合（陈龙，2020）。二是基于传感算法的行为和态度控制。平台系统利用手机 App 或可穿戴跟踪设备实时跟踪工作者位置，通过录音录像记录行为信息，借助智能语音发出服务指令，提醒工作者规范工作行为、提高服务态度，使得技术理性得以控制人的情感与行为，并以此防范可能的道德风险和反生产行为（Rosenblat and Stark，2016）。

　　监控阶段的组织控制通过任务流程分割、分权控制调整、任务规范指导等途径实现。一方面，平台作为具备反思能力的有机体，将精密且动态调整的劳动控制模式"下载"到平台工作者身上。"下载劳动"在过程安排上采取"线上＋线下"流程分割模式，线上始于顾客下单，终于平台工作者接单，线下始于工作者接单，终于劳动任务完成。该模式把平台工作者的线下工作过程拟化为程序中的线上信息，塑造出线上工作的时间和空间框架，工作者需在平台提供的虚拟框架内工作（邹开亮、王霞，2022）。线下流程服务由平台工作者完成，线上则由平台系统实现。虽然线下劳动服务难以被平台系统所取代，但是机器学习算法把线下的劳动过程拆解成一套流水线操作，工作者任务完成的每个阶段皆需向线上的平台反馈。平台系统会根据反馈结果，规范工作者行为态度、监督劳动服务流程，以提高监督和运营效率。过程管理上采取分权控制方式，即基于机器学习算法的技术支持，赋予算法系统和顾客实时查询的功能和监督工作者劳动过程的权利。例如，在外卖平台上下单的顾客，可以通过跟踪骑手动态行程、"催单"提醒骑手加快配送、电话询问骑手距离、评价配送服务表现等方式监督和干预外卖骑手的配送过程（Sun，2019）。网约出行平台可通过 App 监管司机驾驶路线和驾驶行为，乘客也可根据乘车体验评价司机服务质量，乘客评价结果直接关系到平台对司机的奖惩。由此，算法系统和顾客逐步成为工作者劳动过程的新"控制者"。另一方面，平台通过机器学习算法指导工作者按照既定的规范（工作内容、完成顺序、时间周期等）完成特定服务角色期望的任务。以推荐平台骑手打电话时机为例，外卖骑手在即将到达顾客下单位置时会面临是否要给顾客打电话、何时打电话的问题。此时，机器学习算法可以通过对外卖骑手订单历史、实时位置、运动轨迹等信息的准确获取，再基于已有目标函数的模拟和计算，通过定向信息传送及智能语音助手关于"是否需要打电话"等语音的提示，骑手只需根据提示回答"是"与"否"，便可实现恰当时机的"打电话"。

　　监控阶段的算法控制具有标准化、全景化、去技能化特点。一是平台算法与治理技术把工作者对象化为规定动作的完成者，通过对工作流程标准化、精细化的分割和拆解，要求工作者按照算法的指示标准化地完成各项工作和任务，以构建稳定的劳动秩序（Dietvorst et al.，2018）。外卖配送平台便是通过把整个派送环节简化为若干独立的劳动模块，如骑手接单、到店取货、骑行路线、配送轨迹、订单交付等，推动劳动分工和任务流程标准化，继而严密监督管理外卖骑手（Huang，2022）。二是平台资本将管理规则隐藏在算法之中，经由应用软件和程序支配劳动规则，将平台工作者置于全景式监督下（李胜蓝、江立华，2020）。网约车平台在车内安装录音、录像等设备及采用人脸识别等方式，营造出全景化监控状态，极大地束缚了网约车司机群体的个人自由，加剧了劳动对资本的实际从属（De Stefano and Taes，2023）。另外，全景化也将外卖配送员的劳动过程置于数字操控之下，即从言语表述、肢体行为到时间和空间，再到数量和级别等各个层面，使得技术理性最终得以支配个体行为（Duggan et al.，2022）。三是平台借助算法拆解和简化劳动过程，动态指导和监督任务执行和完成情况，驱动"社会人"向"系统人"的转变，继而加剧平台工作者的"去技能化"。例如，网约车司机在智能导航、路线规划和自动接单的指导下，无须像过去那样熟知某一领域的具体路况以及客流量等信息（Li，2022）；外卖骑手无须掌握复杂的路况信息技能，只要按照平台应用程序推荐的路线派单。总的来说，在监控阶段，调度系统使平台工作者的劳动过程暴露在算法持续、精细而严密的监控环境下，呈现出控制标准化、控制全景化、控制去技能化特点，工作者不得不按照平台资本规定的操作规范和劳动时限进行劳动，不敢有丝毫松懈。因为她们的每个劳动细节皆被算法技术记录，作为后期奖惩的依据。

（三）激励阶段的算法控制

激励阶段是算法动态调整价格与嵌套激励相结合以实现智能运营的过程。平台通过动态定价算法调整订单价格，促成工作者跨区域参与和流动，实现订单结构优化和劳动供需协调（Kellogg et al.，2020）；又结合嵌套激励体系，提高工作者平台规则认同，增加平台依附黏性。在此阶段，综合动态定价算法、机器学习算法的定价技术系统主要承担激励约束控制职能（Lee et al.，2015；Rosenblat and Stark，2016）。具体而言，针对在线劳动平台劳动服务供需动态波动的情况，尤其是在劳动服务需求大于市场供给的状态下（Bastani et al.，2022），平台以"模型估计＋定价算法"为供需平衡调节器，以标准费率为计费基础，结合历史供需数据和当前市场特征，按照"价格弹性＋动态定价"策略，推断出订单高峰时段和区域，继而自动设置市场价格（Tong et al.，2020）。定价技术系统能够根据实时市场需求和劳动供应情况，采用浮动动态定价机制以调节顾客需求和运力供给，实现供需匹配的高经济效率（Ma et al.，2021）。换句话说，在线劳动平台通过动态定价算法促进了劳动服务供需的快速流转和高效匹配，让市场供需处于更加接近动态平衡的状态中。Lee et al.（2015）以 Uber 平台和 Lyft 平台为案例研究对象，发现两家网约出行平台都采取动态定价策略，通过激增的定价算法激励司机的供给行为。当动态定价算法预测某时段或区域将出现供不应求时，会自动设置更高的单价吸引司机跨区域流动。但是，作为劳动力控制系统的重要组成，动态定价也将平台工作者置于劳动关系的弱势地位（Nunan and Di Domenico，2022），当劳动服务市场供给大于需求时，机器学习算法可以精准预测平台工作者在不同时段、区域所能接受的最低工资标准，用此标准制定工作者的工资水平，进而调整平台用工成本（Chen and Horton，2016）。这种依靠动态定价算法的浮动薪酬方式能够引导平台工作者的行为，促使其在特定时间工作、承担特定任务；同时定价技术系统也不断削弱工作者对劳动定价的自主权，实现着对工作者劳动定价权的技术控制（Van Doorn，2020）。

激励阶段的嵌套激励由订单工资、平台补贴奖励及复杂多变的劳动报酬组成。在嵌套激励薪酬体系的设计和实施中，平台定价技术系统拥有单方面的定价权，充当着薪酬规则制定者的角色，设计出不同于传统雇佣模式的计薪制度和奖励政策（沈锦浩，2020）。计薪制度和奖励政策的设计既构成平台算法组织控制劳动过程的基础，又在意识形态领域制造"同意"，合理化资本的剥削行为。一方面，平台基于定价算法制定更加注重劳动结果考核验收的计件工资制（或计时工资 + 计件工资），推行由定价技术系统自行按单提成结算的报酬支付方式。按单提成结算可以激励工作者自发提高劳动强度、延长劳动时间，"主动"追求超额在线劳动以获得更多收入，同时也会强化工作者与在线劳动平台之间从属性式微的直接外观，塑造其遵守平台规则的心理基础，实现对其意识形态的控制。例如，外卖行业是典型的计件工资制，跑单量直接影响骑手的收入，为超额完成跑单量，骑手自觉投入"多劳多得"的"赶工游戏"中，成为资本掩盖和确保剩余价值的来源（布若威，2008）。另一方面，平台将机器学习算法应用于各项奖励或补贴计划中，用以培养工作者"平台黏性"，同时提高激励效率和精度。比如，网约出行平台基于机器学习算法建立机器学习模型，通过推出"普通翻倍奖、金牌服务奖、天天冲单奖、专属返还奖"等超额奖励计划，激励网约司机延长在线时长增加劳动供给。虽然平台未强制要求网约司机在线时长，但对部分司机而言，只有遵守规则，才可拿到生存工资。无形之中，网约司机的行为受到平台规则的约束，其对平台的依附性和认可度也进一步加强。

激励阶段的算法控制具有制度化、游戏化、无差别化特点。一是薪资制度是资本管理工人的核心制度（沈锦浩，2020）。作为定价规则的制定者，在线劳动平台设计出区别于传统用工模式的劳动报酬制度，构建出涵盖激励形式、激励内容、激励方法、激励条件、激励情景的激励体系。这种制度化的激励体系以机器学习算法为设施依托，通过算法制定出针对每位工作者的激励规则，塑造其对规则、规范的同意，由此控制平台工作者的劳动强度和劳动时间。二是平台通过推行名目众多的奖励或补贴计划，制造工作者对计薪规则和劳动规范的同意，吸引工作者主动参与到资本控制的"赶工游戏"中（Kim and Lee，2019）。"游戏化"以有趣的阈值式执行方案包含徽章获取、积分排名、实时反馈、组队闯关等游戏元素，不断向平台工作者反映他们的表现。平台工作者在等级升级、经验累积、徽章解锁的"游戏化"过程中，可以获得沉浸式体验和游戏成就感。而且，平台工作"游戏化"以游戏的劳动界限，规范以往劳动过程中不可控的因素。例如，王蔚（2021）就认为平台"游戏化"取代了同级劳动力市场中的简单控制，构建出"意识形态控制"和"心理控制"新方式，该方式确保了工作者对平台游戏规则的认同，也形塑了工作者对资本剥削的"同意"。三是平台推行能者多劳的无差别化计薪制度（赵璐、刘能，2018），间接激发工作者在既有"游戏"规则下"自发游戏"的可能（陈龙，2020），继而促使工作者"主动"追求超额在线劳动以获得更多收入。以外卖行业薪资为例，所有外卖骑手均无底薪，工资以跑单收入为主，遵循多劳多得的计件工资制。骑手想要获得更多收入，就必须在有限的时间内多接单（李胜蓝、江立华，2020）。于是，骑手们会竭尽全力并提高配送效率，从而形成骑手自觉投入到"抢单—送单"竞赛和比拼中。

（四）反馈阶段的算法控制

反馈阶段是指算法根据平台设置的绩效考核指标，将平台工作者的任务表现转化为可计算的数据信息，由评估算法自动裁量其服务绩效，并根据评估结果和既定标准实施奖励或惩罚措施的过程（刘善仕等，2022）。在此阶段，综合评估算法、数据交易算法、机器学习算法的评级技术系统主要承担绩效评估的控制职能。具体而言，当平台工作者完成平台业务运营架构下的劳动任务时，平台会鼓励顾客根据消费体验进行在线评价，评级系统中的数据交易算法会将实时收集到的顾客评价信息进行颗粒化处理，并对平台工作者的接单率、拒单率、完成率和准时率等数据指标信息进行标准化记录，这些主观评价和客观数据经过算法的复杂计算，综合得出平台工作者的绩效评级（刘善仕等，2022）。进一步地，评级技术系统根据综合得出的评级结果由算法自动奖励或惩罚平台工作者，当工作者满足顾客期望、符合平台标准时，会获得平台相应的奖励；而当工作者偏离工作标准时，会被平台扣除薪酬和奖金，严重者面临辞退、拉黑、封号等处理。王蔚（2021）认为，反馈、排名和评级系统被应用于执行资本与劳动力的关系，是技术控制的载体和基础。评级技术系统能够通过提取劳动业绩、信用和声誉等多维数据，评估工作者的运营情况与服务质量，进而计算出综合评级分数值。评级分数与薪酬水平、数字声誉、奖励惩罚紧密相关，深刻影响着工作者的工作方式、服务态度与情感表达，强化着工作者对平台的实质依附关系。

反馈阶段的组织控制由顾客评分机制、平台奖惩机制组成。在线劳动平台基于算法技术设计出以顾客为主导的评分机制，通过赋予顾客在线评价平台工作者劳动表现的权力，使顾客成为劳动过程控制的事实主体（胡磊，2020）。Rosenblat（2018）认为，顾客在平台企业中扮演着"中层管理者"角色，顾客评估是平台企业组织控制的组成。以网约出行平台为例，乘客支付车费之后，评级技术系统会主动邀请乘客评价司机的出行表现，当乘客给出星级评价后，又对司机态度、服务行为等进行文字评价（Rosenblat and Stark，2016）。对网约车司机而言，评价至关重要，因为乘客手握评价服务质量的权力，仅一个差评就能使司机受到处罚。Veen et al.（2020）强调，明确的奖惩行为和奖惩规则是平台企业组织控制的体现。平台以量化评价结果为依据择优用工并奖优罚劣（De Stefano and Taes，2023）。对于综合评价分数高的工作者，平台予以物质精神奖励、优先派送订单等；反之，平台则采取罚款扣钱、限制派单频率、封禁封号等惩罚措施（Wu et al.，2019）。因此，严格的奖惩机制是平台企业组织控制的重要制度资源，也恰恰是它的存在，使得顾客成为平台企业的代理人。另外，反馈阶段的意识形态控制体现为等级排行反馈的游戏规则和自发游戏的参与两方面。平台工作者的工作表现会通过身份等级和排行榜得到及时反馈。身份等级取决于评级技术系统中数据交易算法计算出的综合评分，综合评分又取决于接单数量、拒单比率、顾客评价等指标。工作者的综合评分越高，身份等级就越高，平台优先派送订单的可能性也就越大。这种等级排行反馈的游戏规则在意识形态层面实现了工作者对平台等级绩效反馈的认同，加剧了工作者间的"游戏竞争"，激发了工作者"自发游戏"的可能，也强化了资本的隐蔽性剥削和剩余价值生产。

反馈阶段的算法控制具有差序化、多元化、绩效颗粒化特点。一是评级技术系统的数据交易算法以数据形式标准化记录顾客主观评价和平台客观指标，并依据结果划分平台工作者等级，以此设置不同等级的奖励补贴。Gillespie（2014）把上述机制称为"差序格局式管理"，并把受该机制管理的劳动工作者称为"算数型工人"。差序化管理的实质在于通过划分不同等级，设置不同等级奖励，鼓励工作者"拼命赶工"，获得等级荣誉和晋升机会（杨善奇、刘岩，2021）。差序化管理从侧面塑造出平台工作者"工人企业家"的意识形态，使等级荣誉的晋升，成为工作者衡量自我价值和工作意义的重要层面，这也为算法剥削提供合理性解释。二是平台企业、顾客、代理商（站点）是"闭环"监控工作者劳动表现的多元主体。平台企业建立事后评价劳动服务的评价反馈机制，通过把劳动数量和质量的控制权低成本地让渡给顾客，赋予顾客考评平台工作者劳动数量和质量的权力，使顾客成为管控的直接参与方，而平台则"隐身幕后"实施着精细的"软控制"。代理商模式作为平台业务外包的主流模式，站点是其所划定区域范围内的管理单位。站点掌握着出勤考核、工资核算、福利发放、协助申诉等管理权限，与平台工作者的利益紧密相连（沈锦浩，2022）。三是绩效颗粒化侧重把基于结果的考核延展到基于平台工作者自身和自身行为的过程考核。即平台企业在全面且精细地搜集工作者工作行为、工作过程和工作结果信息的基础上，借助数据交易算法和机器学习算法对信息进行标准化记录和精准化计算，进而将计算结果精确、即时反馈给平台和平台工作者的绩效处理方式。绩效维度的颗粒化，使得绩效评估更加具有针对性、客观性和及时性，有利于平台简单便捷、精准快速地对工作者实行奖励或处罚。

三、在线劳动平台算法控制下平台工作者的应对与选择

（一）主动认可与同意

认可与同意是平台工作者应对算法控制的主动性策略。Bucher et al.
(2021) 认为，算法控制实际上向平台工作者传递了平台制定和倡导的服务
规则、程序标准和行为规范，当此类信息被平台工作者内在化理解并形成自
己的判断后，多数工作者会依照平台算法的指令做出符合平台目标和预期的
行为 (Kim and Lee, 2019)。一方面，平台基于算法的游戏化设计和差序格
局式管理实践，强化了平台工作者对平台算法规则的认可，制造出平台工作
者自我激励、自我付出的同意。平台将与他人竞争、徽章获取、积分排名和
激励系统等游戏元素嵌入劳动服务过程中，让平台工作者在沉浸式体验游戏
化工作乐趣的同时，还增加量化排名的优越感和成就感，激励其自发积极地
参与到任务目标完成中。于是，游戏化的工作设计把平台工作者纳入平台指
定的规则之中，激励平台工作者更加配合平台规则，制造奖励满足条件，甚
至是超额完成平台任务目标。而且，平台按单付酬、公开透明的计薪规则可
以让平台工作者在客户端软件中直观看到自己的收入变化，从而产生多劳多
得的"公平感"，促使他们自发延长工作时长，并尽可能完成更多接单量。
Galiere (2020) 的案例研究结果表明，食品配送平台的外卖骑手普遍认同按
单付酬的计薪规则，认为这是基于速度的客观指标，是市场竞争中公平和精
英理念的体现；那些送单速度快，成单数量多的骑手，获得更高的收入，无
可厚非。

另一方面，平台工作者主动将自我认知与行为嵌入到算法控制中，通过
遵循算法工作指令、增加情感劳动投入，驳斥他人算法指控等方式，做出符
合算法规范和要求的行为。例如，在 Uber 网约出行平台上，当算法通过平
台传感系统提醒 Uber 司机即将或已经偏离导航规划路线后，网约车司机通
常情况下会及时按照算法推荐的路线提供出行服务；而当传感算法检测到司
机存在急加减速、超速行驶等危险驾驶行为并试图介入以控制不安全情况
时，司机也会及时规范驾驶行为以符合算法要求 (Matherne and O'Toole,
2017)。而且，平台把顾客引入到劳动控制平台工作者中，顾客的评价和投
诉直接影响平台工作者的薪酬收入、奖励补贴、职业等级等。实践表明，平
台数字声誉积分影响顾客乘车和评价决定，也会放大顾客评分对工作者接单
机会和收入流的影响（黄再胜，2022）。正因如此，平台工作者会不断培养
自己的软技能和社交倾向，并通过增加多种形式的情感劳动投入（如尊重的
语气、善意的微笑、礼貌的用语、主动的服务等），来换取顾客的五星好评
和积极评价以提升系统的服务评级。另外，针对部分平台工作者对算法控制

持消极情绪，甚至将怨气发泄到乘客身上的做法，采取主动认可与同意策略的平台工作者会驳斥该部分工作者的指控，并对他们的消极情绪和行为予以反击和分散。

（二）被动认可与接受

被动认可与接受是平台工作者被动适应算法控制与组织规则的服从性行为。Cameron（2020）认为，平台内置的算法程序由算法控制者单方设定，即使算法程序存在不尽合理之处，平台工作者也只能被动接受。面对理性的算法程序和规则，平台工作者会通过改变自身的态度观点与服务规范，重新诠释所处的工作与家庭环境，做出符合算法规则和组织期望的行为。一方面，平台算法具有全景化、隐蔽化和制度化的控制特征，每个参与算法的工作者都是一个数据节点，在算法高速运转的"全景式"监视下，平台工作者被动适应算法命令、组织规范和角色期望。正因如此，平台工作者对算法规则和程序抱有质疑和不满，尤其体现在顾客评分和计酬规则等方面。Bucher et al.（2021）以 Upwork 平台工作者为研究对象，指出平台工作者即使付出了额外情感劳动，甚至冒着生命危险，也难以确保每次都获得顾客好评。有时候，顾客的评价未必是客观公正的，这就会让平台工作者感到委屈与不公（Bucher et al.，2021）。徐延辉、任婧（2023）以网约司机为例，指出网约司机对按单付酬的分配制并未产生认同，甚至表达了对算法分配和算法计薪制度的不满。原因在于按单付酬制的"多劳"并不一定带来"多得"，而仅是换来"多得"的可能性。虽然平台工作者对平台规则和算法控制的不满确实存在，但多数工作者应对不满的方式只是质疑过后通过延长工作时长、提高服务质量、向顾客索要好评的方式继续依附平台，埋头工作。

另一方面，平台工作者对算法控制的"被迫式服从"，虽然充满抱怨，但也难以退出。退出门槛的设置、家庭责任的压力是平台工作者被动接受，难以退出的现实原因。平台设置了"低进入成本—高退出成本"的门槛，即进入平台的门槛较低，但是，接单之后的退出成本会逐步上升。例如，对出租车司机而言，接单后的汽车会产生损耗成本，多数情况之下，租赁公司不会将租赁押金全额退回，若出现司机停止接单情况，押金这类前期成本更是难以收回；对全职网约车司机而言，停止接单意味着自断收入和收入亏损；对购买合约车司机而言，停止接单带来的经济损失更大。而且，按单付酬的劳动规则下，司机随意下线或者长期不在线，都会导致派单量减少，并影响基本收入。另外，平台工作者多来自农村，年龄处于 20～40 岁，整体文化水平不高，面临抚养子女和赡养老人的家庭责任。面对家庭责任，平台工作者通常以理性人的视角权衡利益得失，为最大程度提高经济利益，平台工作者会以延长在线劳动时长、提供情感劳动、满足客户需求的方式融入算法控制劳动过程（Shevchuk et al.，2019）。

（三）主动抗争与争取

主动抗争与争取是平台工作者主动抗争算法控制，争取劳动自主性的抗争性策略。Kellogg et al.（2020）勾勒出平台工作者个体抵制和集体抵制算法控制的话语架构，并将抵制算法控制的策略称为"算法行动主义"。一方面，平台工作者在与平台算法系统的"磨合"中，逐渐摸索出自我工作限产、开发默示知识、签订价格合约、平台工作转换、作弊接单抢单、用脚投票等策略，用以抵制算法控制，获取自身制权和自主权。具体而言，部分平台工作者不愿甘当算法剥削劳动剩余价值的工具，主动选择自我，在平台赚取目标收入后便立刻收工（黄再胜，2022）。也有平台工作者基于对算法的理解和体验，不断积累算法技巧，开发针对算法控制的"默示知识"，采用订单送达前数分钟通知顾客、私下联系顾客给好评以提升评级、利用报备漏洞实现挂单等方式实现人的逻辑与算法逻辑的对抗。另有平台工作者选择与顾客签订"一口价"形式的固定价格合约来规避算法监控；使用多部智能手机，同时为多家平台工作，用以通过平台转换降低现有平台禁令风险，并获得最佳赚钱机会。还有平台工作者安装作弊抢单加速软件和 GPS 虚拟定位软件，以尽可能地谋取更多的接单机会。更有平台工作者通过"用脚投票"，退出平台工作的方式，摆脱平台算法的控制。

另一方面，平台工作者还可通过搭建虚拟社区、组建行动联盟、集体维权等方式，来集体反抗算法控制下的工作节奏。具体而言，平台工作者会利用虚拟生产网络的时空优势，构建虚拟网络社区，用以劳动赋权和知识共享，进而抗争算法宰制和平台剥削。譬如，Uber 司机集聚于 Uberpeople. net 线上社区，滴滴司机和外卖骑手自建微信群、QQ 群等虚拟社区。依托这些虚拟社区，平台工作者可以及时分享各种信息，包括分享实时交通路况和推荐最优交通路线、共享平台任务资源和等接单工作技巧、逃避算法系统时空监控和寻找惩罚豁免、交流服务顾客心得与星级评价获得、讨论账号被封后重新注册策略与多平台转换等。同时，平台工作者还通过虚拟社区组建行动联盟，使用策略性的集体登录或退出方式与算法系统进行博弈。Wells et al.（2021）的案例研究表明，Uber 司机会定期谋划大规模的"集体退出"行动，借此希望司机数量的大幅减少可以"欺骗"平台算法，进而让动态定价算法产生更高的费率。而且，针对平台计价算法不透明的问题，德国柏林骑手自发组织起来，通过开发行程追踪 App，借助数据信息的挖掘和获取，实现"逆算法"的权力对抗。另外，面对算法的严苛扣钱甚至平台的拖欠工资行为，平台工作者也会采用集体维权、集体罢工等方式进行抗争。

（四）被动抵抗与维护

被动抵抗与维护是平台工作者面临不可控因素时规避平台算法惩罚，被动维护自身权益的行为。Duggan et al. (2023) 认为，作为"持续性移动工作者"，平台工作者的劳动过程和劳动结果既受平台算法的控制，又在不断地流动并与他人协调中遇到许多不可控因素，而这会迫使平台工作者采取带有抵抗意味的应对策略。一方面，面对劳动服务中不确定因素的多重影响，平台工作者会从算法搜集数据信息入手，操纵算法以对自己有利。以外卖配送为例，外卖配送过程中常出现意外情况导致送餐超时，此时，外卖骑手更多被动地选择上报异常策略以规避算法惩罚。具体来说，外卖骑手遇到商家定位错误和位置难进入、商家接单后 15 分钟仍未出餐、遭遇雨雪恶劣天气致骑行困难、交通事故发生或管制影响送餐、难以联系顾客或顾客修改位置等情况时，可以选择上报异常，避免因订单超时被顾客投诉、罚款甚至差评。而平台核查报备信息后会延长订单剩余时间，外卖骑手据此也获得更多的调整时间。而且，遇到配送过程中取错餐或餐品洒漏的情况，骑手会选择私下与顾客沟通，让顾客点击完成订单，并对顾客进行补偿。

　　另一方面，针对劳动服务结束后顾客给予投诉与差评的情况，平台工作者会结合算法评价结果，采用维权申诉、私下联系的策略，维护自身的权益。平台工作者有申诉的权利，即可以向站点或平台客服反映情况，说明原因。但是，客户评价已被数据交易算法进行标准化记录，即使站点和平台认为工作者受到的评价不合理，投诉记录也难以消除。对此，平台和站点多是安抚平台工作者，比如重复"顾客第一""服务至上"的理念，或对平台工作者给予经济补偿。对于专职工作者（如外卖配送员、网约司机），站点和平台多通过其他形式予以补贴，而对兼职工作者，站点和平台则视情况决定。另外，面对顾客要求平台工作者提供额外服务（如乘客提出司机开空调诉求、外卖员让帮忙带走门口垃圾等），否则给予差评的情况，平台工作者会在私下联系顾客，倾听其诉求的基础上，上报站点和平台，再结合自身和工作实际，决定是否提供额外服务，以避免潜在的差评可能。

四、结论与建议

　　数字技术与按需零工经济的深度融合衍生出连接劳动供需双方的在线劳动平台。在线劳动平台以智能算法为底层技术逻辑，既能够快速聚合资源、发现需求、精准匹配劳动供需，又可把工作信息转化为标准化的数据，精准控制平台工作者的劳动过程。算法系统中的工作者成为算法逻辑下的具体参数，工作过程和结果被严格量化的数据框定和主宰，劳动强度在"数据牢笼"中大幅度增加。算法控制下的劳动过程已引起理论界的关注，相关研究试图揭示算法控制下平台工作者劳动过程运行机制的"黑箱"，现阶段已取得初步成果，但仍需在算法控制机制的机制整合、算法控制特点的梳理归纳、算法控制主体的策略应对等方面探索完善。本文在构型分类在线劳动平台，厘清算法控制概念界定的基础上，系统梳理和科学述评在线劳动平台算法控制劳动过程的相关研究，提炼出在线劳动平台算法控制下的劳动过程运作机制与主体应对的研究内容框架，并归纳出研究的主要结论。第一，在线劳动平台算法控制的劳动过程集中体现在匹配阶段、监控阶段、激励阶段和反馈阶段，控制形式包括组织控制、技术控制和意识形态控制。具体而言，匹配阶段的调度系统承担任务分配控制职能，技术控制着劳动力分配。监控阶段的传感系统承担行为控制职能，既把工作者纳入"数字控制"范围内，技术控制劳动时间、劳动空间、劳动行为和劳动态度；又通过任务流程分割、分权控制调整、任务规范指导等途径实现组织控制。激励阶段的定价技术系统承担激励约束控制职能，不仅运用动态定价算法技术调节顾客需求和运力供给，而且还设计计薪制度和奖励政策组织控制劳动定价权，同时也制造意识形态的"同意"，合理化剥削行为。反馈阶段的评级技术系统承担绩效评估控制职能，涉及标准化记录主观评价和客观数据以技术评估服务质量，构建顾客评估和平台奖惩的组织控制机制，塑造工作者对平台等级绩效的意识认同。第二，在线劳动平台算法控制下的劳动过程呈现不同的控制特点。具体而言，匹配阶段的算法控制呈精准化、隐蔽化、垄断化特点；监控阶段的算法控制呈标准化、全景化、去技能化特点；激励阶段的算法控制呈制度化、游戏化、无差别化特点；反馈阶段的算法控制呈差序化、多元化、绩效颗粒化特点。第三，面对算法技术对平台工作者自主性的消解，平台工作者在主动认可与同意、被动认可与接受算法规则和算法控制的同时，也采取了主动抗争与争取、被动抵抗与维护策略以减少算法控制，争取劳动的自主权，维护自身的主体性。

从透视在线劳动平台用工的算法逻辑来看，平台用工的算法已脱离了技术中立的层面，成为助推平台用工方权利扩张的工具。平台用工方将利益与价值渗透到算法逻辑，侵占平台工作者的价值和权益，加深平台工作者对资本的实际隶属，并引发劳资间的权力利益失衡。由此，有必要构建在线劳动平台算法控制的多层次约束机制。一是算法主体自觉尽责。平台算法很大程度上是在线劳动平台企业主观意图的反映，平台企业的意愿和行为决定着平台算法的开发设计、部署应用和决策效果。这就要求，平台算法主体即在线劳动平台企业自觉尽责。组织制度层面，平台企业搭建完善声誉体系，畅通沟通和对话制度渠道；制定数据合理使用、隐私安全保护的制度，确保平台工作者数据搜集知情权，给予平台工作者"信息自由裁量权"；搭建人性化平台管理制度，营造温馨平台工作氛围，增强平台工作者的情感承诺。如提供休息服务场所、定期健康体检、提供住房帮扶等。技术嵌入层面，提高平台账号管理的透明性和可预期性，保障平台工作者接单机会公平；完善算法分配系统，科学设定劳动强度；探索建立工作时间熔断，合理调配接单时间；设定科学合理、规范适中的考核指标，制止进行"最严算法"考核标准，推行"算法取中"考核。意识形态层面，算法平台应树立尊重工作者的理念，注重平台工作者的心理和生理健康。二是算法监管问责强化。算法监管可对算法主体形成威慑性约束，推动算法主体构建负责任的算法（肖红军，2022）。政府是限定平台算法行为边界，监管权力范围的力量支撑。制度供给方面，应将"软法"与"硬法"结合，采取法律固化与框架指导的方式，构建符合平台算法要求的制度体系，以便为算法监管提供制度依据。监管方式方面，建立事前、事中、事后全流程的动态算法监管体系，包括对算法设计者、开发者、部署者和应用者的监管，对算法模型、数据输入、决策过程和决策结果的记录，对不同算法应用场景的识别、追踪、定位和分类；对算法影响的评估、分级、登记与追责等。监管重点方面，既应监管算法技术本身和应用过程，又应监管算法对利益相关者，尤其是平台工作者的影响，更应监管平台算法价值偏好的道德遵循。三是算法客体赋权参与。发挥平台工作者的反向治理功能，可有效抑制平台算法的价值偏离。平台工作者赋权方面，以立法方式赋予平台工作者免受算法过度结果控制的权利，能够对规范算法的开发设计和部署应用形成约束。平台工作者参与方面，推动平台工作者参与到平台算法的开发设计和应用中，让平台工作者表达自身诉求，贡献平台工作者的劳动过程体验，以增强平台算法对平台工作者的可解释性，缓解"算法黑箱"问题。四是算法生态协同规范。行业协会、工会组织、平台消费者是平台生态圈的重要组成。组建平台企业行业组织，以行业自律形式规范行业企业行为、限制平台资本权力，保护平台工作者的合法权益；建立新业态工会组织，探索平台工作者以个人身份入会，完善网上和网下融合联动的工会精准服务和有效维权机制，推动平台用工规范和平台工作者权益的依法维护；引导平台消费者参与和谐平台用工关系构建，既引导消费者通过订单影响力、声誉机制、舆论压力等形式，抵制以弹性用工为由侵害平台工作者权益的行为，促进平台推行人性化算法管理，又引导消费者充分认识消费者评价与平台工作者生计间的关系，提高自身人文主义精神和媒介素养，还引导构建平台工作者与消费者双向制约机制，明确双向监督的权利、责任及其限度。

参 考 文 献

[1] 陈龙：《"数字控制"下的劳动秩序——外卖骑手的劳动控制研究》，载《社会学研究》2020 年第 6 期。

[2] 陈龙：《游戏，权力分配与技术：平台企业管理策略研究——以某外卖平台的骑手管理为例》，载《中国人力资源开发》2020 年第 4 期。

[3] 冯向楠、詹婧：《人工智能时代互联网平台劳动过程研究——以平台外卖骑手为例》，载《社会发展研究》2019 年第 3 期。

[4] 侯慧、何雪松：《"不加班不成活"：互联网知识劳工的劳动体制》，载《探索与争

鸣》2020 年第 5 期。

［5］胡磊:《平台经济下劳动过程控制权和劳动从属性的演化与制度因应》, 载《经济纵横》2020 年第 2 期。

［6］黄再胜:《网络平台劳动的合约特征, 实践挑战与治理路径》, 载《外国经济与管理》2019 年第 7 期。

［7］黄再胜:《算法控制,"自我剥削"与数字劳动的时空修复——数字资本主义劳动过程的 LPT 研究》, 载《教学与研究》2022 年第 11 期。

［8］李胜蓝、江立华:《新型劳动时间控制与虚假自由——外卖骑手的劳动过程研究》, 载《社会学研究》2020 年第 6 期。

［9］刘善仕、裴嘉良、葛淳棉、刘小浪、谌一璠:《在线劳动平台算法管理: 理论探索与研究展望》, 载《管理世界》2022 年第 2 期。

［10］刘善仕、裴嘉良、钟楚燕:《平台工作自主吗? 在线劳动平台算法管理对工作自主性的影响》, 载《外国经济与管理》2021 年第 2 期。

［11］裴嘉良、刘善仕、崔勋、瞿皎皎:《零工工作者感知算法控制: 概念化, 测量与服务绩效影响验证》, 载《南开管理评论》2021 年第 6 期。

［12］沈锦浩:《嵌套激励与闭环监控: 互联网平台用工中的劳动控制——以外卖行业为例》, 载《中国劳动关系学院学报》2020 年第 6 期。

［13］沈锦浩:《双重不确定性与外卖骑手的情感劳动——基于上海市的田野调查》, 载《青年研究》2022 年第 2 期。

［14］王蔚:《数字资本主义劳动过程及其情绪剥削》, 载《经济学家》2021 年第 2 期。

［15］肖红军:《算法责任: 理论证成, 全景画像与治理范式》, 载《管理世界》2022 年第 4 期。

［16］谢小云、左玉涵、胡琼晶:《数字化时代的人力资源管理: 基于人与技术交互的视角》, 载《管理世界》2021 年第 1 期。

［17］徐延辉、任婧:《从灵活到"稳定": 网约车平台劳动秩序的演进分析》, 载《南京社会科学》, 2023 年第 4 期。

［18］杨善奇、刘岩:《智能算法控制下的劳动过程研究》, 载《经济学家》2021 年第 12 期。

［19］赵璐、刘能:《超视距管理下的"男性责任"劳动——基于 O2O 技术影响的外卖行业用工模式研究》, 载《社会学评论》2018 年第 4 期。

［20］邹开亮、王霞:《算法控制下外卖骑手劳动关系的去离、回归与协调》, 载《大连理工大学学报（社会科学版）》2022 年第 5 期。

［21］Barnes, S. A., Green, A., and De Hoyos, M., 2015: Crowd Sourcing and Work: Individual Factors and Circumstances Influencing Employability, *New Technology, Work and Employment*, Vol. 30, No. 1.

［22］Bastani, H., Simchi-Levi, D., and Zhu, R., 2022: Meta Dynamic Pricing: Transfer Learning Across Experiments, *Management Science*, Vol. 68, No. 3.

［23］Bucher, E. L., Schou, P. K., and Waldkirch, M., 2021: Pacifying the Algorithm-Anticipatory Compliance in the Face of Algorithmic Management in the Gig Economy, *Organization*, Vol. 28, No. 1.

［24］Burawoy, M., 1982: *Manufacturing Consent: Changes in the Labor Process Under Mo-*

nopoly Capitalism, Chicago: University of Chicago Press.

[25] Cameron, L., 2020: *The Rise of Algorithmic Work: Implications for Organizational Control and Worker Autonomy*, Doctoral Dissertation, University of Michigan.

[26] Chen, D. L. and Horton, J. J., 2016: Research Note – Are Online Labor Markets Spot Markets for Tasks? A Field Experiment on the Behavioral Response to Wage Cuts, *Information Systems Research*, Vol. 27, No. 2.

[27] Cram, W. A., Wiener, M., Tarafdar, M., and Benlian, A., 2022: Examining the Impact of Algorithmic Control on Uber Drivers' Technostress, *Journal of Management Information Systems*, Vol. 39, No. 2.

[28] De Stefano, V. and Taes, S., 2023: Algorithmic Management and Collective Bargaining, *Transfer: European Review of Labour and Research*, Vol. 29, No. 1.

[29] Delfanti, A., 2021: Machnic Dispossession and Augmented Despotism: Digital Work in an Amazon Warehouse, *New Media & Society*, Vol. 23, No. 1.

[30] Dietvorst, B. J., Simmons, J. P., and Massey, C., 2018: Overcoming Algorithm Aversion: People Will Use Imperfect Algorithms if They Can (Even Slightly) Modify Them, *Management science*, Vol. 64, No. 3.

[31] Dix, G., Kaltenbrunner, W., Tijdink, J., Valkenburg, G., and Rijcke S. D., 2020: Algorithmic Allocation: Untangling Rival Considerations of Fairness in Research Management, *Politics and Governance*, Vol. 8, No. 2.

[32] Duggan, J., Carbery, R., McDonnell, A., and Sherman, U., 2023: Algorithmic HRM Control in the Gig Economy: The App-worker Perspective, *Human Resource Management*, Vol. 62, No. 6.

[33] Duggan, J., Sherman, U., Carbery, R., and McDonnell, A., 2020: Algorithmic Management and App-work in the Gig Economy: A Research Agenda for Employment Relations and HRM, *Human Resource Management Journal*, Vol. 30, No. 1.

[34] Duggan, J., Sherman, U., Carbery, R., and McDonnell, A., 2022: Boundaryless Careers and Algorithmic Constraints in the Gig Economy, *The International Journal of Human Resource Management*, Vol. 33, No, 22.

[35] Edwards, R., 1982: Contested Terrain: The Transformation of the Workplace in the Twentieth Century, *Science and Society*, Vol. 46, No. 2.

[36] Galière, S., 2020: When Food Delivery Platform Workers Consent to Algorithmic Management: A Foucauldian Perspective, *New Technology, Work Employment*, Vol. 35, No. 3.

[37] Gillespie, T., 2014: The Relevance of Algorithms, *Media Technologies: Essays on Communication, Materiality, and Society*, Vol. 167.

[38] Grover, P., Kar, A. K., and Dwivedi, Y. K., 2022: Understanding Artificial Intelligence Adoption in Operations Management: Insights from the Review of Academic Literature and Social Media Discussions. *Annals of Operations Research*, Vol. 308, No. 1.

[39] Howcroft, D. and Bergvall – Kåreborn, B., 2019: A Typology of Crowd Work and Platforms, *Work, Employment Society*, Vol. 33, No. 1.

[40] Huang, H., 2022: Algorithmic Management in Food-delivery Platform Economy in Chi-

na, *New Technology, Work and Employment*, Vol. 38, No. 2.

[41] Jarrahi, M. H., Sutherland, W., Nelson, S. B., and Sawyer, S., 2020: Platformic Management, Boundary Resources for Gig Work, and Worker Autonomy, *Computer Supported Cooperative Work*, Vol. 29.

[42] Kellogg, K. C., Valentine, M. A., and Christin, A., 2020: Algorithms at Work: The New Contested Terrain of Control, *Academy of Management Annals*, Vol. 14, No. 1.

[43] Kim, D. and Lee, J., 2019: Designing an Algorithm-driven Text Generation System for Personalized and Interactive News Reading, *International Journal of Human – Computer Interaction*, Vol. 35, No, 2.

[44] Kuhn, K. M. and Maleki, A., 2017: Micro-entrepreneurs, Dependent Contractors, and Instaserfs: Understanding Online Labor Platform Workforces, *Academy of Management Perspectives*, Vol. 31, No. 3.

[45] Lee, M. K., Kusbit, D., Metsky, E., and Dabbish, L., 2015: *Working with Machines: The Impact of Algorithmic and Data-driven Management on Human Workers*, New York, USA: Proceedings of the 33rd Annual ACM Conference on Human Factors in Computing Systems.

[46] Li, A. K., 2022: Beyond Algorithmic Control: Flexibility, Intermediaries, and Paradox in the On-demand Economy, *Information, Communication & Society*, Vol. 25, No. 14.

[47] Möhlmann, M., Zalmanson, L., Henfridsson, O., and Gregory, R. W., 2021: Algorithmic Management of Work on Online Labor Platforms: When Matching Meets Control, *MIS quarterly*, Vol. 45, No. 4.

[48] Ma, W., Simchi – Levi, D., and Zhao, J., 2021: Dynamic Pricing (and Assortment) Under a Static Calendar, *Management science*, Vol. 67, No. 4.

[49] Matherne, B. P. and O'Toole, J., 2017: Uber: Aggressive Management for Growth, *The Case Journal*, Vol. 13, No. 4.

[50] Nunan, D. and Di Domenico, M., 2022: Value Creation in an Algorithmic World: Towards an Ethics of Dynamic Pricing, *Journal of Business Research*, Vol. 150.

[51] Parth, S. and Bathini, D. R., 2021: Microtargeting Control: Explicating Algorithmic Control and Nudges in Platform-mediated Cab Driving in India, *New Technology, Work Employment*, Vol. 36, No. 1.

[52] Pignot, E., 2021: Who Is Pulling the Strings in the Platform Economy? Accounting for the Dark and Unexpected Sides of Algorithmic Control, *Organization*, Vol. 30, No. 1.

[53] Ritzer, G. and Jurgenson, N., 2010: Production, Consumption, Prosumption: The Nature of Capitalism in the Age of the Digital "Prosumer", *Journal of Consumer Culture*, Vol. 10, No. 1.

[54] Rosenblat, A., 2018: *Uberland: How Algorithms are Rewriting the Rules of Work*, Oakland: University of California Press.

[55] Rosenblat, A. and Stark, L., 2016: Algorithmic Labor and Information Asymmetries: A Case Study of Uber's Drivers, *International Journal of Communication*, Vol. 10.

[56] Schmidt, F. A., 2017: Digital Labour Markets in the Platform Economy: Mapping the Political Challenges of Crowd Work and Gig Work, *Friedrich – Ebert – Stiftung*.

[57] Shevchuk, A., Strebkov, D., and Davis, S. N., 2019: The Autonomy Paradox: How Night Work Undermines Subjective Well-being of Internet-based Freelancers, *Ilr Review*, Vol. 72, No. 1.

[58] Sun, P., 2019: Your Order, Their Labor: An Exploration of Algorithms and Laboring on Food Delivery Platforms in China, *Chinese Journal of Communication*, Vol. 12, No. 3.

[59] Tong, T., Dai, H., Xiao, Q., and Yan, N., 2020: Will Dynamic Pricing Outperform? Theoretical Analysis and Empirical Evidence from O2O On-demand Food Service Market, *International Journal of Production Economics*, Vol. 219.

[60] Van Doorn, N., 2020: From Wage to a Wager: Dynamic Pricing in the Gig Economy, *Platform Equality*.

[61] Veen, A., Barratt, T., and Goods, C., 2020: Platform-capital's "App-etite" for Control: A Labour Process Analysis of Food-delivery Work in Australia, *Work, Employment and Society*, Vol. 34, No. 3.

[62] Wells, K. J., Attoh, K., and Cullen, D., 2021: "Just – in – Place" Labor: Driver Organizing in the Uber Workplace, *Environment and Planning A: Economy and Space*, Vol. 53, No. 2.

[63] Wood, A. J., Graham, M., Lehdonvirta, V., and Hjorth, I., 2019: Good Gig, Bad Gig: Autonomy and Algorithmic Control in the Global Gig Economy, *Work, Employment and Society*, Vol. 33, No. 1.

[64] Wu, Q., Zhang, H., Li, Z., and Liu, K., 2019: Labor Control in the Gig Economy: Evidence from Uber in China, *Journal of Industrial Relations*, Vol. 61, No. 4.

Research on the Mechanism and Response Options of Algorithmic Control of Labor Process in Online Labor Platforms

Qingzhu Gao　Liangmou Gao

Abstract: The deep integration of digital technology and on-demand platform economy promotes the rapid development of online labor platform. With algorithms as the underlying technological logic, online labor platforms have not only constructed a new business model connecting online matching, delivery and acceptance between supply and demand of labor services, but also innovated the digital labor management practice of virtualized supervision platform workers by algorithms. The labor process under algorithmic control has attracted extensive attention from both academia and practice, but there is a lack of systematic sorting out and summarizing of the operation mechanism of algorithmic-controlled labor process and the response options of platform workers. In view of this, combined with the labor process theory, this paper first clarifies the conceptual connotation of online labor platform and algorithmic control, and summarizes the embodied form of online labor platform and the practical performance of algorithmic control. Then, starting from the matching stage, monitoring stage, incentive stage and feedback stage, it analyzes the specific operation mechanism and internal logic of algorithmic control of the labor process, and refines the micro features of algorithmic control in each stage of the labor process. Finally, the subject selection and strategies for platform workers to cope with algorithmic control are sorted out. This paper deepens the regular understanding of the algorithmic control labor process, advances the theoretical study of the algorithmic control labor process, and provides practical enlightenment into the specification of the labor relations of the platform enterprise, and the scientific development, design and application of the algorithmic system.

Keywords：Online Labor Platform　Algorithmic Control　Labor Process　Subject Strategy

JEL Classification：J21　J61　J81

算法默示合谋垄断行为的规制困境与出路

袁　嘉　张婉秋*

摘　要： 随着数字经济的发展，人工智能算法的广泛应用在提高市场竞争效率与市场活力的同时，也带来了算法合谋引致的垄断问题。算法明示合谋可以通过传统的垄断协议规章制度直接认定，而算法默示合谋则呈现出隐蔽性、稳定性、多元性的特征，人工智能技术的运用向反垄断执法提出新挑战，其在客观上使得垄断行为的识别与调查难以开展，在主观上使得经营者的主观合谋目的难以认定，在归责上也使得责任主体与责任分担难以确定。基于对算法默示合谋行为的规范性涵摄和经济分析，建议通过增强间接证据认定效力的方式完善垄断协同行为的认定标准，并适当引入滥用共同市场支配地位制度，构建双重认定路径，完善算法默示合谋的垄断行为认定与归责制度。

关键词： 算法默示合谋　垄断协议　协同行为　滥用共同市场支配地位

在数字经济时代背景下，数据驱动型商业经营模式的兴起以及人工智能技术的发展，引致算法在市场决策和市场竞争中发挥着日益重要的作用，越来越多的数字企业利用预测分析算法和自动定价算法处理大数据，以支持其商业决策、完善客户服务，从而获得竞争优势。算法的应用改变了原有的商业模式与竞争秩序，塑造了全新的市场竞争模式。但算法在有效促进市场竞争和商业创新的同时，也引发了算法价格歧视、算法合谋等垄断问题。在算法合谋垄断行为中，算法明示合谋由于易被发现、搜证难度小等原因能够有效地被反垄断法所规制，而算法默示合谋垄断行为的认定与规制成为了近年反垄断法关注的重点与难点。

算法所带来的行为隐蔽性使得由经营者之间使用算法所形成的默示合谋行为难以被反垄断执法机构察觉；而自主学习算法的结果不可预测性也为算法默示合谋垄断行为的违法性认定与可归责性认定提出了挑战。理论界和实

---

* 本文受国家社会科学基金年度项目"数据商业化利用的反不正当竞争法规制研究"（23BFX086）、四川大学"智慧法治"超前部署学科项目（SCU LAIW）资助。感谢匿名审稿人的专业修改意见！

袁嘉：四川大学法学院；地址：四川省成都市双流区川大路二段 2 号，邮编：610211；E-mail：dryuanjia@ foxmail. com。

张婉秋：四川大学法学院；地址：四川省成都市双流区川大路二段 2 号，邮编：610211；E-mail：zhangwanqiu99scu@ 163. com。

务界对于算法默示合谋的规制问题一直存在争议，适用垄断协议制度以认定默示合谋行为在证明层面始终存在困难。本文将就算法默示合谋的特征进行梳理，分析算法默示合谋规制存在的反垄断困境，尝试探究一条有效规制算法默示合谋的路径。

一、算法默示合谋的概念及特征

（一）算法默示合谋的概念与类型

合谋是产业组织理论的重要概念，其是指生产同一产品的企业通过公开或默契方式，避免企业间的竞争从而获得更多利润（陈佳贵，2000）。达成合谋的企业之间依据协议共同实施某种特定行为，从而共同提高其市场势力，形成垄断（黄桂田，2012）。合谋分为明示合谋与默示合谋。明示合谋是指经营者以协议方式达成的反竞争的一致意思表示和行为；而默示合谋是指不存在任何协议，经营者之间以长期的竞争互动形成价格默契或达到博弈论的"聚点"①，以协调他们的行为使得共同利润最大化并维持合谋实现垄断，即经营者们都实行较高定价，从而导致市场出现垄断性（叶光亮、程龙，2019）。

《国务院反垄断委员会关于平台经济领域的反垄断指南》（以下简称《平台经济反垄断指南》）中明确将利用算法所实现的实质上存在协调一致的行为规定为平台经济领域垄断协议的一种②，其中就包括算法默示合谋行为。算法默示合谋是指企业在无任何正式协议、意思联络、沟通交流的情形下通过人工智能算法达成并维持的合谋（Ezrachi and Stucke，2015），这种合谋完全由算法程序自主实施。算法为经营者之间达成合谋提供了新的途径，其在改变相关市场要素的同时，也成为了垄断协同行为的一种工具甚至是表达方式，因而使得合谋更加趋向于默示化（陈兵，2020）。反垄断法往往无法有效规制有意识的协调行为，这是各国垄断协议规制实践中一直面临的重要问题，而算法的加入无疑突显了这一难题——算法的运用导致原本较难发生和维持的默示合谋大量出现，同时也增强了默示合谋的隐蔽性，给反垄断执法带来极大困难。

算法默示合谋主要分为预测代理型算法合谋（predictable agent，见图 1）

---

① 即达成合谋的共性基础。

② 《国务院反垄断委员会关于平台经济领域的反垄断指南》第五条：平台经济领域垄断协议是指经营者排除、限制竞争的协议、决定或者其他协同行为。协议、决定可以是书面、口头等形式。其他协同行为是指经营者虽未明确订立协议或者决定，但通过数据、算法、平台规则或者其他方式实质上存在协调一致的行为，有关经营者基于独立意思表示所作出的价格跟随等平行行为除外。

与自主学习型算法合谋（autonomous machin，见图 2）两类。预测代理型算法合谋是指每个经营者都各自使用以利润最大化为原则的算法，迅速捕捉市场的需求变动和价格变动以加强对其他经营者定价的预测，并由此实现经营者之间合谋信号的相互响应，建立起相互依赖的默示合谋。而自主学习型算法合谋则建立在机器深度学习技术的基础之上，其是指在无须经营者人为干预算法运行过程的情形下，为实现经营者的既定目标（譬如利润最大化），通过深度学习由自主学习算法自主安排整个过程，并自主实现合谋结果。

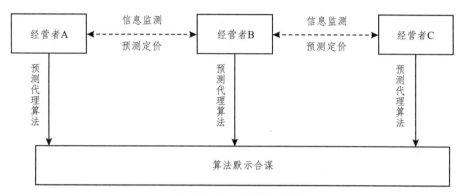

图 1　预测代理型算法合谋

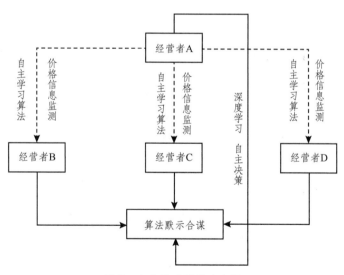

图 2　自主学习型算法合谋

　　预测代理型算法合谋与自主学习型算法合谋弱化了经营者在合谋中的意思联络要求，即人工智能算法使经营者达成合谋不再依赖于任何形式的"协议"或意思联络。这种默示合谋与传统的寡头默示合谋行为相类似，同时算法的存在不断改变着合谋发生的市场条件，扩大了默示合谋行为的达成范围，使得非寡占的竞争性市场结构中也出现了这类合谋问题。

（二）算法默示合谋的特征

1. 合谋行为的隐蔽性

首先，算法的使用有效降低了合谋参与者的协商成本、提高了合谋参与者间的协同效率，极大地增强了经营者实施价格合谋行为的隐蔽性。价格合谋的实施需要经营者之间持续不断的多次磋商来维持价格的动态平行。而人工智能算法能够实时跟踪市场商业数据的变动并自动反馈市场变化，为经营者分析并制定利润最大化价格，从而促使经营者们在没有意思联络的情况下对市场变化共同做出协调一致的平行反应，实现市场内价格长期动态平行的效果。

其次，"算法黑箱"使得算法默示合谋行为具有极高的自主性，进一步提升了算法合谋行为的隐蔽性。相较于算法明示合谋而言，默示合谋的形成依赖于智能化算法的深度学习能力，自主学习算法的"算法黑箱"能够在经营者未下达明确合谋意图的情况下，通过算法间就市场价格而展开的反复博弈与分析而习得最优化定价策略，最终在经营者之间达成默示合谋。智能算法的非透明性不仅在客观上减少了合谋的相关证据，也使得合谋行为在主观上缺少明显的合谋意图。

2. 合谋内部的稳定性

算法的加入显著提升了垄断合谋的内部监督力度，大大增加了经营者实施背离行为的成本。在传统的合谋中，破坏合谋稳定性的最主要原因就是个别经营者的偷偷背离，囿于市场信息的不透明，其背离行为并不会及时被其他经营者发现。而算法所带来的高频互动使得合谋参与者的行为更加透明，微小的价格偏差都极易被其他经营者发现。经营者使用智能算法可以对合谋成员间执行合谋的情况进行监测，及时觉察到成员内部的合谋背离行为，并迅速采取相关惩戒措施，调整定价以瓦解背离行为所带来的高额利润。这使得合谋背离行为的成本显著增加，从而增强了合谋成员们对合谋的忠诚度。

同时，自主学习算法相较于人类而言，拥有更好地控制合谋结构的能力，其排除了经营者主观偏见等非理性因素，能够及时觉察到市场的微观变化并迅速就此作出有利于经营者利益的决策。因而智能算法的应用使得执法机构难以通过"囚徒困境"破坏合谋内部的信任基础，阻断了反垄断执法的内部突破渠道，进一步提高了合谋内部的稳定性。

3. 合谋主体的多元性

传统的商业模式中，合谋行为的实施主体一般是在相关市场中开展实际经营活动的经营者（包括自然人、法人以及非法人组织）；而就算法默示合谋行为而言，除经营者外，具有自主学习能力的人工智能算法本身也是合谋的重要参与者之一。在预测代理型算法合谋与自主学习型算法合谋中，算法已经超出了纯粹工具的范畴，具有了极高的智能性与自主性，能够在无须经营者人为干预的情形下主导商业决策并与其他经营者达成合谋。

算法制定过程的复杂性也导致整个链条中设计算法、执行算法和做出商业决策的人相分离。在算法以及算法使用者之外，算法设计者、可能存在的算法管理者等虽然并未直接参与价格合谋，但其对于智能算法的控制与管理可能会对合谋的发生具有实质性影响，如在设计算法时对算法运行的结果取向进行原则性干预等，因而其理应成为算法默示合谋行为的实际参与主体。算法默示合谋主体的多元性使得合谋行为的认定将更为复杂，尤其体现在各参与主体之间承担合谋所带来的垄断责任方面。

二、算法默示合谋垄断行为的规制困境剖析

算法默示合谋与传统合谋相比，其垄断行为更加隐蔽、合谋结构更加稳定、合谋发生的市场范围更广，进而使得合谋所带来的反竞争效果更为明显，对市场公平竞争的损害更大。算法技术所带来的认定难题并非算法默示合谋行为逃脱法律规制的理由，我们应当深度剖析算法默示合谋行为的认定困境以应对人工智能算法对反垄断制度的挑战。

（一）垄断行为识别与调查困难

若要对算法默示合谋行为适用垄断协议制度，将其认定为垄断协议中的"协同行为"需满足《禁止垄断协议规定》第六条①所规定的：协调一致行为、意思联络或信息交流、无合理解释、相关市场等要素，其中最主要的是需要反垄断执法机构证明经营者之间存在协调一致行为与相关意思联络，而算法默示合谋的隐蔽性与稳定性使得这两项因素的认定均陷入困难。

1. 协调一致行为识别困难

证明经营者间实施算法默示合谋，需要识别经营者间存在可能构成垄断的协调一致行为。在算法默示合谋中，各类算法的运用能够帮助经营者掩盖其明示的同谋行为，算法用自动化的价格调整机制代替了传统的合谋磋商行为，实现了价格长期动态平行的效果，显著提高了合谋行为的监测难度。囿于默示合谋行为的隐蔽性，反垄断机构往往难以通过经营者之间明示或默示的合谋线索迅速觉察到垄断行为的存在并及时开展反垄断调查，而仅仅能够从市场中价格普遍上涨的结果中识别可能存在的合谋行为。

---

① 《禁止垄断协议规定》第六条："认定其他协同行为，应当考虑下列因素：（一）经营者的市场行为是否具有一致性；（二）经营者之间是否进行过意思联络或者信息交流；（三）经营者能否对行为的一致性作出合理解释；（四）相关市场的市场结构、竞争状况、市场变化等情况。"

在以往的反垄断实践中执法机构通常采取囚徒困境理论来破解垄断协议，而在算法默示合谋中反垄断执法的宽大制度遭遇了挑战。宽大制度是指通过减轻、免除处罚的方式鼓励经营者向反垄断执法机构揭露垄断合谋的情况和证据（谢栩楠，2021）。智能算法的引入在降低了经营者执行垄断协议的风险的同时，也使得合谋内部的监督力度提高，增加了经营者实施背离行为的成本。在巨额垄断利润与极高的背离成本面前，宽大制度对合谋参与者的诱惑力稍显不足。除此之外，人工智能算法不存在人类的情感因素，难以出现传统合谋中由于不信任、恐惧等非理性因素而背离协议、私自降价的情形。

一方面算法的引入显著提高了默示合谋内部的稳定性与合谋成员的忠诚度，使得算法默示合谋通过个体背离而从内部暴露的概率大幅降低；另一方面算法默示合谋行为的隐蔽性又使得反垄断执法机构从外部发现垄断行为的监测成本增加。最终导致反垄断执法机构识别经营者之间实施协调一致行为的难度提升，我国反垄断的合谋识别制度遭受挑战。

2. 意思联络的证据调查困难

反垄断法主流理论与各国实践都将"意思联络"作为垄断协议的重要认定标准，尤其是《禁止垄断协议规定》中明确将"意思联络"作为认定协同行为的标准之一。在传统的合谋行为中，经营者之间若想就交易限定条件达成合意并对合谋行为的执行情况进行追踪，需要通过邮件、电话等媒介手段就价格等交易条件进行高频率的互动协商，这些重复协商行为极易被反垄断执法机构发现。例如在 2008 年欧盟香蕉卡特尔案中，在三年间各经销商间每周都会通过电话互相透露未来一周的香蕉参考价格的变动计划，并对销售情况和供需状况等信息进行沟通讨论（岑兆琦，2010）。但在算法默示合谋中，合谋参与者们使用智能算法作为达成合谋的"联络人"，智能算法的引入使得价格信息的交换无须通过经营者间的直接沟通交流，经营者们利用智能定价算法来替代容易被发现的重复磋商行为，并通过算法间的深度学习与竞争对手达成价格合谋。合谋的整个过程中没有明示的意思联络，也没有证据能够证明经营者之间进行过合谋的信息交流，这是我国反垄断法在应对算法默示合谋问题上的重要难题。

算法的应用大大提升了市场透明度，使信息交互的必要性显著降低，经营者间利用算法作为向其他经营者邀约合谋的信号，可以在没有明显客观沟通交流的情况下达成了超竞争价格的垄断合谋。反垄断执法机构虽然觉察到市场中商品或服务的价格普遍上升，但是缺少明确的信息交流或意思联络的相关证据，无法将合谋认定为经营者之间存在合作与协调的一致行为（而非自发行为），这给反垄断执法和司法带来了调查取证上的困难。

（二）经营者主观违法性认定难

垄断协议的违法性认定中经营者是否存在合谋的主观意图也是判定合谋

行为的重点之一，合谋内部共同的反竞争目的是反垄断执法机构查处默示合谋行为的重要条件，若合谋结果仅源于经营者的理性选择将很可能被认定为合法。在算法默示合谋行为（尤其是自主学习型算法合谋）中，智能算法具有极高的自主性，人为因素对合谋结果的影响微弱，往往难以认定合谋参与者的主观意图。

人工智能算法具有强大的自主学习能力，能够在缺少算法设计者或算法使用者明确要求的情况下独立地实现超竞争价格的合谋行为。[①] 尤其是在使用"黑箱算法"时，算法使用者通常难以事先预测算法运行的结果，对于其所产生的影响也只能通过效果观察。此时智能算法根据市场上的竞争状况所独立做出的定价策略缺少经营者所赋予的主观目的，将可能被认定为算法依据其数据收集与分析能力所作出的理性商业选择。

当前自主学习算法已突破了纯粹工具的限度，在一定程度上拥有脱离算法使用者控制的独立思维能力，即便在设计算法时并没有设置合谋动机，运行中也没有人为干预，其仍可以通过自主学习实现利润最大化价格合谋。而此时经营者甚至可能以其主观上对于合谋处于无意识状态或合谋结果违背其使用算法的初衷为理由，据此向反垄断执法机构提出抗辩。

经营者的主观合谋意图在认定合谋参与者垄断责任时具有重要作用，需要依据主客观相一致原则，将经营者的主观合谋目的与客观协同行为相联系，从而认定其通过算法实施超竞争价格垄断的垄断责任。目前的算法默示合谋中主观意图的认定陷入困难，反垄断执法机构无法从合谋行为中判定经营者是否存在合谋的主观意图，也无法认定经营者在主观上对算法所造成的合谋结果是恶意还是过失。

（三）垄断责任归责难

1. 责任主体确定难

当合谋价格是由智能算法独立达成的而非由人类达成时，如何承担反垄断责任也是算法默示合谋所面临的主要难题之一。随着人工智能技术的进一步发展，算法决策不再依赖于人类，智能算法成为默示合谋行为的实际"主导者"。此时算法默示合谋的法律责任主体如何确定，经营者是否应当对算法独立作出的决策负责，算法是否具有承担法律责任的法律主体地位，都还存在着较大争议。

对此理论界有学者曾提出"算法雇员理论"（殷继国等，2020），将自主学习算法视为企业的员工，要求经营者替"算法员工"承担法律责任；还有学者认为依据风险原则判断，由算法使用者承担反垄断责任是目前的最佳

---

① 相关研究表示：尽管没有任何与其他算法串通或沟通的指令，Q – learning 算法仍然可以在利润最大化时通过自主学习协调至超竞争水平的价格。

风险配置（唐要家、尹钰锋，2020）。与此同时，仍有少部分学者认为默示合谋的法律责任应当由算法与使用算法的当事企业共同承担；甚至有学者赞同由算法独立就其自主作出的算法决策过程承担责任（吴以轩、谭娜娜，2020）。将算法默示合谋的法律责任归责于算法设计者、算法使用者等主体始终存在难度，无法逾越我国垄断协议制度对意思联络与主观意图的要求；同时在我国法律中人工智能算法不是适格的法律主体，其本身并不具备民事责任能力，故而也无法责令算法承担默示合谋所带来的垄断法律责任。如何让经营者不假借"算法黑箱"逃避法律责任，如何使合谋行为真正的获益者——算法使用者承担反垄断责任，是我国反垄断执法机构面临的棘手问题。

2. 责任范围划分难

在由商业主体承担（或部分承担）算法默示合谋法律责任的情形下，仍然存在着相关商业主体之间法律责任范围划分的责任分配问题——究竟是由算法使用者（即经营者）单独承担法律责任，还是要求算法设计者与算法使用者（包括可能存在的算法管理者等）共同承担连带责任。除此之外，反垄断执法机构如何在缺少主客观证据的情况下在算法设计者与算法经营者之间划分法律责任也是问题之一。

算法设计者虽然不属于默示合谋的内部成员，但依然对垄断协同行为的发生起到了实际作用。虽然自主学习算法呈现"黑箱"状态，但算法设计者在设计之初可以对算法的结果取向进行基本的方向设定与干预，其对于合谋结果的发生在一定程度上承担着不可推卸的责任。反垄断执法机构如何划分算法设计者与算法使用者的法律责任，也是算法默示合谋认定中的重要问题。

三、探索算法默示合谋垄断行为的规制出路

（一）改良间接证据的取证手段

《平台经济反垄断指南》中指出，对于经营者之间协同行为的认定，可以按照逻辑一致的间接证据予以判定。[①] 由于算法默示合谋行为的隐蔽性与算法内部稳固性，反垄断执法机构面对默示合谋行为往往陷入识别与调查的困境之中，对此反垄断执法机构的目光不应仅仅停留在沟通交流等意思联络证据之上，而应当改良间接证据的取证手段，增强对合谋相关间接证据的认

[①] 《国务院反垄断委员会关于平台经济领域的反垄断指南》第九条规定："认定平台经济领域协同行为，可以通过直接证据判定是否存在协同行为的事实。如果直接证据较难获取，可以根据《禁止垄断协议暂行规定》第六条规定，按照逻辑一致的间接证据，认定经营者对相关信息的知悉状况，判定经营者之间是否存在协同行为。经营者可以提供相反证据证明其不存在协同行为。"

定与使用，引入经济学分析方法与算法审查制度以关注合谋所造成的实质损害。

首先，反垄断执法机构可以引入经济学分析方法，并利用算法工具与大数据资源对市场中的价格信息进行监测与分析，实现"以算法监测算法"。计算机情景模拟和经济实验等手段可以帮助识别特定市场中的异质信号，从而对存在算法定价的市场进行合谋监测，进而发现对默示合谋具有促进作用的智能算法。反垄断执法机构可以通过经济学分析对市场进行结构筛选与行为筛选（杨文明，2022），所谓结构筛选是指发现易于产生算法默示合谋的市场特征，如市场透明度、市场交互频率、动态定价等；而行为筛选是指对经营者的行为与市场价格结果进行观测，从而识别出可疑的合谋行为信号。经济学分析所提示出的反竞争信号将作为间接证据引导反垄断机构对相关市场的竞争状况展开调查。

其次，反垄断执法机构可以对经营者所使用的算法开展算法审查，提高人工智能算法的透明度。算法审查是指对算法运行结果与算法运行指令的一致性进行评估，监测算法运行是否偏离了算法设计者或使用者的要求并将审查结果形成技术证据，从而增强算法的可问责性。对于算法程序的审查与检验存在两种方法：一种是静态算法审查，主要是在算法不运行时对算法的程序代码进行检测，以审查其是否具有促成合谋的动机设定；另一种是动态算法审查，其是指在算法实际运行时通过人为设定输入变量来观察算法运行的输出结果，以审查算法是否会造成合谋结果（Kroll et al.，2019）。算法审计制度不仅可以帮助反垄断执法机构获取算法证据，还可以对算法设计者与使用者产生威慑力，以迫使其在算法设计之初便向算法植入维护公平竞争的价值取向。

（二）转变协同行为的认定标准

面对算法默示合谋行为所带来的认定障碍，我国反垄断执法机构应当降低对意思联络与主观合谋意图要件的要求，适当转变协同行为的认定标准。反垄断执法机构可以将智能算法间的信息交换与经营者的合理预见义务作为初步证据，结合上述间接证据与市场附加因素，综合认定算法默示合谋垄断行为。

首先，可以适当对"意思联络"与"主观合谋目的"作扩大解释，将算法间的信息交流视为意思联络，将经营者的合理预见义务视为主观合谋目的。在美国派拉蒙影业公司案、洲际巡回影院案等多个反垄断判例中，法院都曾指出一个共同的观点：判定经营者之间是否存在非法合谋不一定需要明确的协议证据，而应当依据当事人之间的"一致意愿"，如一致行动或对某项计划的共同遵守等（唐要家、尹钰锋，2020）。"协议"的存在可以含蓄地体现在合谋参与者的行为或其算法的决策之中。因此若使用算法定价的经营者知晓市场内其他经营者也采用了智能算法定价，可以合理预见他们的行为将可能造成反竞争效果，但仍采取默示顺从的态度继续使用算法定价，则可以认定这些经营者存在主观合谋意图。除此之外，算法在达成合谋之前需要对市场数据与竞争对手的价格信息进行大量地搜集与分析，因此合谋参与者所使用的算法之间存在着一定的信息交流，可以将算法间的信息交流视为合谋参与者间相互依赖的一种表现形式，作为协同行为中"意思联络"的初步证据。对"意思联络"与"主观合谋目的"的扩大解释有利于降低反垄断执法机构的调查难度，在掌握上述初步证据后及时开展反垄断调查与认定。

其次，对于经营者所实施的算法默示合谋行为可以依据"间接证据＋附加因素"的标准予以认定。默示合谋中协同行为证明的难点在于"协"的合意的认定，反垄断机构可以在掌握一定间接证据的基础上，结合市场上的"附加因素"，通过依据经验法则的合理推定来缓解证明困难。所谓的"附加因素"是指能够推定相关市场内经营者之间存在协调一致合意的市场行为表现，如经营者的行为不符合其自身利益、经营者不使用效率更优的算法、经营者不允许其算法率先降价等（曾迪，2021）。反垄断执法机构在掌握了经营者之间实施默示合谋的间接证据后，可以依据其过往的反垄断实践经验，通过经验法则进行合理推定，建立间接证据与市场附加因素之间的证据连接，最终推定垄断协同行为的存在。

除此之外，还应当赋予相关经营者合理解释与抗辩的机会，由经营者承担更多的举证责任。算法默示合谋行为与寡头市场中的垄断行为十分相似，其性质介于平行行为与协同行为之间，默示合谋行为本身很可能仅源于经营者出于其经营利益考量的理性商业抉择。因此在反垄断执法机构初步认定垄断行为后，应当给予经营者合理解释与抗辩的权利，由经营者承担证明其行为仅为理性商业独立行为的证明责任，从而使垄断行为的认定达到排除合理怀疑的证明标准，也减轻了反垄断执法机构的证明难度。

算法默示合谋垄断行为认定思路，如图 3 所示。

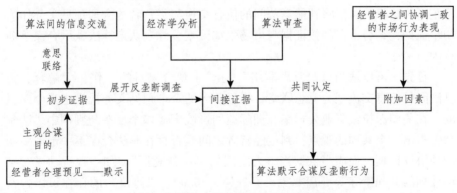

图 3　算法默示合谋垄断行为认定思路

（三）适当引入滥用共同市场支配地位制度

在适用垄断协议制度认定算法默示合谋垄断行为的同时，囿于其在证明要求方面存在的认定障碍，反垄断机构可以适当引入滥用共同市场支配地位制度以辅助其进行默示合谋行为的违法性认定。两种制度双管齐下，对算法默示合谋垄断行为进行双重认定，在降低算法领域的反垄断难度的同时，也将提高执法的准确性。

共同市场支配地位是指多个经营者作为一个整体共同拥有一个支配地位，此时在各类主客观因素的影响下多个经营者表现出对外的一致性，进而构成了一个整体，与单一经营者无异。当相互竞争的经营者之间建立了稳定的协调关系，以默契的协调一致行为替代了彼此之间的价格竞争，便形成了一个类似"支配企业"的"共同垄断实体"（时建中，2020）。《欧盟运行条约》第 102 条中对禁止集体滥用市场支配地位行为做出了规定①，若多个经营者作为整体共同具备市场支配地位，可以直接禁止其损害竞争的一致行为，而无须关注"意思联络"的存在。欧盟法院在相关判决中也对共同市场支配地位做了进一步的阐释：市场支配地位可以由多个经营者所共有，只要这些经营者的行为表现得像是一个"共同实体"即可；是否存在"协议"或者其他法律联系不是认定共同市场支配地位的前提条件，对共同市场支配地位的认定可以通过考察经营者之间的经济联系或其他因素（焦海涛、宋亭亭，2021）。与此同时，在《中华人民共和国反垄断法》（以下简称《反垄断法》）第十九条②关于推定多个企业拥有市场支配地位的相关规定中也内含着共同市场支配地位的相关概念。

共同市场支配地位所描述的是一种均衡的结果或状态，对滥用共同市场支配地位行为的认定无须限于信息交流、意思联络等行为方面的证据。反垄断执法机构可以将多个经营者之间的经济联系或其他因素（如市场结构、股权关系、战略合作等）作为认定共同市场支配地位的核心标准。与此同时，和经营者之间基于其自身利益理性抉择所形成的平行行为不违法的观点相同，单纯的共同市场支配地位也并不违背反垄断法。反垄断法所制止的是滥用共同市场支配地位的行为，即剥削性滥用行为和排他性滥用行为，而非共同市场支配地位本身。

---

① 《欧盟运行条约》第 102 条规定：多个企业滥用其在共同市场上，或在其重大部分的支配地位，如果有可能影响成员国间的贸易，则被视为与共同市场不相容而被禁止。

② 我国《反垄断法》第十九条规定："有下列情形之一的，可以推定经营者具有市场支配地位：（一）一个经营者在相关市场的市场份额达到二分之一的；（二）两个经营者在相关市场的市场份额合计达到三分之二的；（三）三个经营者在相关市场的市场份额合计达到四分之三的。有前款第（二）项、第（三）项规定的情形，其中有的经营者市场份额不足十分之一的，不应当推定该经营者具有市场支配地位。被推定具有市场支配地位的经营者，有证据证明不具有市场支配地位的，不应当认定其具有市场支配地位。"

数字经济时代中，算法的广泛运用改变了与合谋相关的市场结构与市场因素，极大地拓宽了价格合谋发生的市场范围。滥用共同市场支配制度简化了对合谋行为的证明要求，为规制算法默示合谋提供了新的解决思路。根据异烟肼原料药垄断案、扑尔敏原料药垄断案等我国滥用共同市场支配地位的相关司法实践，算法默示合谋中滥用共同市场支配地位的认定思路可以被概括为：首先根据我国《反垄断法》第十九条的相关规定，对多个经营者的市场份额予以认定；其次对多个经营者采用同一行动，集体实施滥用市场支配地位的行为进行认定；最后从结果出发，对涉案多个经营者的行为排除限制竞争、损害消费者权益的损害结果予以认定（黄军，2019）。

其中第二步对滥用共同市场支配地位行为的认定是判断经营者行为违法性的核心，依据欧盟各国反垄断机构的执法与司法经验，其认定需要从行为因素与结构因素两方面入手。在行为因素方面，主要对相关市场的竞争状态进行分析，通过经营者之间的经济联系与共同行为判定经营者之间内部有效竞争的缺失（张晨颖，2020）；对此反垄断执法机构可以通过前文所提及的经济学分析与算法审查等方法获取算法默示合谋的间接证据，重点关注算法合谋内部的共同利益等协调动机以及经营者之间的高频交互等协调行为。而在结构因素方面，主要是确定构成共同市场支配地位的市场结构条件，反垄断执法机构应当对市场因素进行经济性评估，如相关市场的市场透明度、市场内算法的使用情况、消费者对经营者决策的影响程度等。

垄断协议制度与滥用共同市场支配地位制度都是处理合谋问题的规制方法，其在行为上具有诸多相同点，同时在性质上也属于多个经营者以某种方式滥用经济力的违法行为。两种制度之间不是对立排斥的关系，两者具有交叉，可以互相弥补缺陷。共同市场支配地位的概念在极大程度上是作为垄断协议的一项补充性规制措施而产生和发展的（时建中，2020），尤其是在面对算法默示合谋问题之上，单一化的规制路径已无法应对其复杂性，反垄断执法机构需要构建垄断协议制度与滥用共同市场支配地位制度相结合的双重规制方案。

四、构建算法默示合谋垄断行为的合理归责机制

（一）算法合谋责任应当由经营者承担

随着人工智能技术的高度发展，尤其是以 ChatGPT 为代表的新兴人工智能技术崛起，"算法中心主义"甚嚣尘上，越来越多人提出人工智能算法能够成为独立的法律主体，承担包括算法合谋在内的算法垄断行为的法律责任。算法默示合谋垄断行为的归责问题，在强人工智能不断发展的今天越发重要。在当前算法的技术状况下，人类虽然无法介入自主学习算法的决策过

程之中，但算法设计始终需要人类进行设定与调整。算法设计者或使用者可以在设计环节通过对算法程序的编写，在其中加入某些可能会造成合谋的主观价值取向，或有意忽略某些必要的原则性约束，从而使自主学习算法在运行之初便具有合谋倾向。算法程序的数据筛选过程也需要算法使用者的参与，算法数据库涵盖范围的倾斜与偏差也可能给自主学习算法最终的决策结果造成影响。

虽然自主学习算法具有一定的独立思维能力，但目前其决策能力尚未达到完全可靠的程度，以欧盟《一般数据保护条例》为代表的各国相关规定都要求经营者对算法所做出的重要决策进行人工审查。人工智能算法并未具备独立承担法律责任的能力水平，若此时要求自主学习算法承担算法默示合谋的法律责任，而免除经营者的法律责任，则很可能导致反垄断法失去惩戒作用，致使算法默示合谋行为虽"违法"却并无"惩罚"，无法对算法默示合谋行为的真正违法主体产生威慑与引导作用，使得人工智能算法成为经营者逃避责任的"挡箭牌"。

无论人工智能算法具有怎样的理性思维能力与独立决策能力，其都是为了经营者的利益在从事相关行为，实际从算法中获得经济利润并损害市场竞争秩序的有且仅有涉事经营者本身。无论是普通的定价算法还是自主学习算法，其只是经营者实现合谋的便利工具而已。将算法作为决策工具的经营者，应当与使用其他工具时相同——为工具产生的效果承担责任，经营者应当对智能算法是否会产生垄断效果负有合理审慎的注意义务。在算法合谋责任归属上，应当"刺破算法面纱"，由算法背后的使用者、受益者来承担法律责任。

（二）在算法设计者与使用者之间合理划分责任范围与救济义务

在由经营者承担算法默示合谋责任时，还存在着算法设计者与算法使用者等受益者为不同主体的情形，此时应当合理划分算法设计者与算法经营者（包括可能存在的算法管理者等）之间的法律责任范围。根据我国《反垄断法》第 46 条①的规定，实质性帮助其他经营者达成垄断协议的企业同样需要承担相关法律责任。算法设计者对算法默示合谋行为的发生具有实质性作用，算法设计者在编写算法程序时可以对算法的运行过程进行排除、限制竞

---

① 《中华人民共和国反垄断法》第 46 条：经营者违反本法规定，达成并实施垄断协议的，由反垄断执法机构责令停止违法行为，没收违法所得，并处上一年度销售额百分之一以上百分之十以下的罚款；尚未实施所达成的垄断协议的，可以处五十万元以下的罚款。经营者主动向反垄断执法机构报告达成垄断协议的有关情况并提供重要证据的，反垄断执法机构可以酌情减轻或者免除对该经营者的处罚。行业协会违反本法规定，组织本行业的经营者达成垄断协议的，反垄断执法机构可以处五十万元以下的罚款；情节严重的，社会团体登记管理机关可以依法撤销登记。

争的原则性干预以影响算法结果的基本取向。因此算法设计者作为促成默示合谋的参与者一员，应当与算法使用者共同承担法律责任。而在分配算法设计者与使用者法律责任时，为保证责任分配的公平性，可以依据获益原则与有效控制原则（Ezrachi A and Stucke，2020），根据合谋参与者实际获益的大小与其对算法程序的实际控制程度来分配责任份额；若获益程度与控制程度无法确定，则由算法设计者与使用者共同承担连带责任。

算法设计者与使用者应当在相应的责任范围内承担救济义务，接受反垄断执法机构所施加的结构性救济或行为救济，以消除合谋行为对市场带来的不利影响。就算法设计者而言，反垄断执法机构可能责令其修改已设计的算法，剔除算法中具有反竞争效果的源代码程序；并要求其在未来设计的算法中加入"竞争中立"观念，确保算法不会产生明显的反竞争效果与实施合谋的倾向；同时还可以要求算法设计者在算法中设置含有反垄断法原则的"决策红线"，避免其在争取利润最大化的过程中做出涉嫌垄断的不当决策。而对算法使用者而言，反垄断执法机构除了要求其承担已经发生的合谋责任外，还可以要求经营者承担预防义务，在结构上对其进行经营者合并予以审查和控制，在行为上要求其在算法使用过程中对算法程序的内容、参数、数据与运行结果进行备案，对可能出现的垄断倾向及时向反垄断执法机构做出充分解释。

五、结　语

数字经济时代算法技术的进步与强人工智能的发展促使垄断势力不断扩张，"黑箱"算法与强人工智能化身成为经营者掠夺市场资源的工具，加剧了数字经济市场的垄断。近年来，国家互联网信息办公室等多个部门相继印发了《关于加强互联网信息服务算法综合治理的指导意见》与《互联网信息服务算法推荐管理规定》，要求严厉打击涉算法违法违规行为。算法默示合谋的隐蔽性与自主性在垄断行为的认定与归责等方面为反垄断规制带来了诸多挑战，在人工智能算法反竞争效应尚不明确的现阶段，反垄断执法机构在不断改良取证方式、完善认定标准、确定责任分担的同时，更应当积极构建算法多元协同治理体系，加强算法监管与反垄断规制的协调，构建算法安全治理机制，以多元参与遏制"黑箱"算法的无序化发展势头，探索一条规制算法默示合谋问题的最佳路径。

参 考 文 献

[1] 陈佳贵：《企业管理学大辞典》，经济科学出版社 2000 年版。

[2] 黄桂田：《产业组织理论》，北京大学出版社 2012 年版。

［3］ 叶光亮、程龙:《论纵向并购的反竞争效应》,载《中国社会科学》2019 年第 8 期。

［4］ 陈兵:《法治经济下规制算法运行面临的挑战与响应》,载《学术论坛》2020 年第 1 期。

［5］ 谢栩楠:《算法合谋反垄断规制的原理、挑战与应对》,载《深圳社会科学》2021 年第 2 期。

［6］ 岑兆琦:《从香蕉卡特尔案看欧盟对协同行为的认定》,载《价格理论与实践》2010 年第 2 期。

［7］ 殷继国、沈鸿艺、岳子祺:《人工智能时代算法共谋的规制困境及其破解路径》,载《华南理工大学学报(社会科学版)》2020 年第 22 卷第 4 期。

［8］ 唐要家、尹钰锋:《算法合谋的反垄断规制及工具创新研究》,载《产经评论》2020 年第 2 期。

［9］ 吴以轩、谭娜娜:《算法默示合谋反垄断规制困境及其对策》,载《竞争政策研究》2020 年第 6 期。

［10］ 杨文明:《算法时代的垄断协议规制:挑战与应对》,载《比较法研究》2022 年第 1 期。

［11］ 曾迪:《算法默示共谋的违法性认定:基于垄断协议视角》,载《产业组织评论》2021 年第 3 期。

［12］ 时建中:《共同市场支配地位制度拓展适用于算法默示共谋研究》,载《中国法学》2020 年第 2 期。

［13］ 焦海涛、宋亭亭:《数字时代共同市场支配地位的认定标准》,载《上海财经大学学报》2021 年第 3 期。

［14］ 黄军:《共同滥用市场支配地位行为的反垄断规制》,载《竞争政策研究》2019 年第 3 期。

［15］ 张晨颖:《共同市场支配地位的理论基础与规则构造》,载《中国法学》2020 年第 2 期。

［16］ Ezrachi, A. and Stucke, M. E., 2017: Artificial Intelligence and Collusion: When Computers Inhibit Competition, *University of Illinois Law Review*, Vol. 10, No. 3.

［17］ Kroll, J., Huey, J., and Barocas, S., 2019: Accountable Algorithms, *University of Pennsylvania Law Review*, Vol. 165, No. 1.

The Regulation Dilemma and Solution of Algorithmic Tacit Collusion Monopolistic Behavior

Jia Yuan　Wanqiu Zhang

Abstract: With the development of digital economy, the extensive application of artificial intelligence algorithms has not only improved the efficiency of market competition and market vitality, but also brought about the monopoly problem caused by algorithmic collusion. The algorithmic express collusion can be directly identified through the traditional monopoly agreement regulation system, while the algorithmic tacit collusion shows the characteristics of concealment, stability and diversity. The application of strong artificial intelligence technology poses new challenges for anti-monopoly law enforcement, which objectively makes it difficult to carry out the identification and investigation of monopoly behavior, Subjectively makes it difficult to identify the subjective collusion purpose of operators. Meanwhile, it will bring problems in determining the responsible subjects and the appointment of liability. Based on the normative implication and economic analysis of the algorithmic tacit collusion behavior, it is suggested to improve the identification standard of monopoly concerted practice by enhancing the effectiveness of indirect evidence, and appropriately introduce the system of abuse of joint dominant position, building a dual identification path and improving the identification and accountability system of algorithmic tacit collusion monopoly behavior.

Keywords: Algorithmic Tacit Collusion   Monopoly Agreement   Concerted Practice   Abuse of Joint Dominant Position

JEL Classification: K21   L41

第 23 卷第 1 辑
2024 年 3 月

产业经济评论（山东大学）
Review of Industrial Economics

Vol. 23　No. 1
March 2024

绿色金融对能源企业可持续
发展绩效的驱动效应研究

程肖君　　叶锦鸿[*]

摘　要： 在"双碳"背景下，绿色金融为能源企业的绿色转型提供了资金支持，对能源企业的可持续发展产生了重要的影响。本文基于 2012~2020 年中国能源上市企业的面板数据，选取绿色信贷、绿色债券、绿色投资和碳金融四个维度测算了每个能源企业的绿色金融融资水平，并从环境绩效和经济绩效两个方面衡量企业可持续发展绩效，实证检验了绿色金融对能源企业可持续发展绩效的动态影响效应及其影响机制。研究发现：（1）绿色金融显著提高了能源企业的可持续发展绩效。绿色金融对环境绩效的影响在获得绿色金融资金后的 1~3 年先减弱后增强，对经济绩效的影响逐年增强。（2）绿色金融通过促进绿色创新、缓解企业融资约束和提高企业的绿色全要素生产率，有效地提升了能源企业的可持续发展绩效。（3）绿色金融对国有能源企业和下游能源企业的可持续发展绩效的正向影响更为显著，对参与可再生能源开发与利用的企业的环境绩效以及不参与可再生能源企业的经济绩效更显著。（4）四种不同的绿色金融工具中，绿色信贷对能源企业可持续发展绩效的影响最大，绿色债券和绿色投资次之，碳金融没有显著影响。基于研究结论，本文对中国绿色金融政策的完善以及能源企业的绿色转型提出了相应的政策建议。

关键词： 绿色金融　可持续发展绩效　绿色创新　融资约束　绿色全要素生产率

一、引　言

2020 年 9 月，习近平主席于第七十五届联合国大会发表重要讲话："中

---

* 基金项目：本文受国家自然科学基金项目"基于网络瓶颈的油气管网企业策略性行为与接入规制研究"（71903180）、国家社科基金重大招标项目"我国制造业低碳化发展的理论体系、政策框架与实践路径研究"（22&ZD102）和教育部人文社会科学项目"中国油气管网公平接入问题研究：网络瓶颈、策略性行为与规制政策"（19YJC790018）资助。
感谢匿名审稿人的专业修改意见！
程肖君：浙江师范大学经济与管理学院；地址：浙江省金华市迎宾大道 688 号；邮编：321001；E-mail：zsdcxj@ zjnu. edu. cn。
叶锦鸿：浙江师范大学经济与管理学院；地址：浙江省金华市迎宾大道 688 号；邮编：321001；E-mail：yejinhong@ zjnu. edu. cn。

国将提高国家自主贡献力度，采取更加有力的政策和措施，二氧化碳排放力争于 2030 年前达到峰值，努力争取 2060 年前实现碳中和。①"而实现"双碳"目标的关键在于能源结构调整，而能源企业是能源体系变革的微观主体，直接影响着能源的生产和消费，由此推进能源企业的清洁能源转型和可持续发展是实现"双碳"目标的重要途径之一。能源企业的绿色转型和可持续发展需要大量的资金支持，在此背景下，绿色金融为能源企业绿色转型提供了强大助力。能源企业利用绿色金融产品和工具进行融资，投资符合条件的绿色项目，可以享受相关优惠政策，大力进行绿色创新，拓展新能源产业，实现可持续发展。因此，探讨绿色金融对能源企业可持续发展绩效的影响及其机制，有助于更好地理解绿色金融在推动能源企业可持续发展中的作用，有助于为绿色金融政策的制定和实施以及能源企业的可持续发展提供针对性的建议。

近年来，随着环境问题的日益凸显，可持续发展绩效逐渐成为学术界关注的焦点之一。企业可持续发展绩效是指用来衡量企业在经济可持续与环境可持续发展目标方面所达到的综合效果的指标（Chowdhury et al.，2022）。企业的可持续发展强调着经济和环境的双赢（王博、康琦，2023），这意味着企业在实现利润增长和长期生存的同时，还能改善环境问题以顺应社会对可持续发展的要求。因此，不少学者采用环境绩效和经济绩效两方面的指标衡量企业可持续发展绩效（解学梅、朱琪玮，2021；姜燕、秦淑悦，2022；席龙胜、赵辉，2022）。

有关绿色金融和企业环境绩效、经济绩效的文献较为丰富，但研究结论尚未达成一致。部分学者认为绿色金融对企业可持续发展绩效有正向影响，即有利于实现环境绩效和经济绩效的双赢（Flammer，2021；王馨、王营，2021；姜燕、秦淑悦，2022；陈奉功、张谊浩，2023）。其他学者发现绿色金融对环境绩效和经济绩效的影响方向并不一致，如吴世农等（2022）指出企业进行绿色债券融资后，环境绩效显著提高，但未直接提高经济绩效；Wu et al.(2023) 发现绿色信贷显著改善了企业的经济绩效，但对环境绩效没有直接影响。部分研究只关注绿色金融对企业环境绩效或经济绩效某一方面的影响。其中，多数研究表明绿色金融改善了企业环境绩效（斯丽娟、曹昊煜，2022；苏冬蔚、刘子茗，2023），但对企业经济绩效的影响争论较大。Zhou et al.(2020) 认为企业绿色债券融资会吸引更多机构投资者投资，进而导致企业长期价值的增长，而陈志刚、弓怡菲（2022）发现绿色信贷政策抑制了重污染企业的经济绩效，这种抑制作用呈现 U 形。在绿色金融影响企业的微观作用机制方面，现有文献主要从资金支持效应（Fan et al.，2021）、优化资源配置（Climent and Soriano，2011；陆菁等，2021）、科技创新效应（王馨、王营，2021；王玉林、周亚虹，2023）来讨论绿色金融的政策效果。

　　尽管一些研究涉及绿色金融和企业环境绩效、经济绩效的联系，但系统分析绿色金融影响企业可持续发展绩效作用机制的研究较少。部分文献在研究绿色金融对绿色技术创新的影响时会进一步讨论绿色技术创新的环境经济后果，如王馨、王营（2021），吴世农等（2022）。然而，鲜有文章直接深入探讨绿色金融与企业可持续发展绩效之间的关系以及相关的作用机制。因此，有必要在理论和实证层面，对绿色金融政策对企业可持续发展绩效的影响机制进行更为系统和深入的探讨。鉴于此，本文基于 2012~2020 年中国 A 股能源上市企业的面板数据，从绿色信贷、绿色债券、绿色投资和碳金融四个维度运用熵值法测算了能源企业绿色金融融资水平综合指数，实证检验了绿色金融对能源企业可持续发展绩效的影响及其影响机制。

　　区别于现有研究，本文主要有以下三个边际贡献：（1）以中国能源上市企业为研究对象，重点探究绿色金融对能源企业可持续发展绩效的动态影响。现有文献关于可持续发展企业绩效的研究主要聚焦在重污染或制造业企业，较少涉及能源企业。而且，这些研究多数探讨数字化转型（於军、隋昙，2023）、碳排放交易机制（王欢等，2023）或绿色信贷（姜燕、秦淑悦，2022）对企业可持续发展绩效的影响。然而，能源企业是绿色转型主力军之一，能源企业的绿色发展在中国环境治理中起着重要作用。由于绿色金融对不同类型企业可持续发展绩效的影响存在差异，因此需要专门研究绿色金融对能源企业可持续发展绩效的影响。（2）测算了每个能源企业的绿色金融融资水平，并考察企业自身的绿色金融融资水平对其可持续发展绩效的影响。能源企业的绿色转型对于实现"双碳"目标至关重要，一些绿色金融产品，如碳排放权交易，最早在能源企业中进行试点。然而，现有研究多数从绿色信贷或碳排放交易机制等单一维度考察对企业可持续发展绩效的影响，较少全面考察绿色信贷、绿色债券、绿色投资和碳金融等多种绿色金融工具对能源企业可持续发展绩效的综合影响。因此，本文选取了绿色信贷、绿色债券、绿色投资和碳金融这四个维度，测算了每家能源企业的绿色金融融资水平综合指数，以全面考察四种绿色金融工具对能源企业可持续发展绩效的综合影响。本文将为这四种绿色金融政策的制定与完善提供更为细致的理论依据。（3）本文从融资约束和企业生产效率角度揭示了绿色金融对能源企业可持续发展绩效的影响机制。现有研究多数从绿色创新角度探讨数字化转型或绿色信贷对企业可持续发展绩效的影响机制，然而绿色金融缓解了企业的融资约束并促进了企业生产效率的提升，最终也会推动企业的可持续发展。因此，本文的研究将丰富关于企业可持续发展绩效的影响机理研究。

二、理论分析与研究假设

（一）绿色金融对企业可持续发展绩效的影响

根据自然资源基础观，生态环境是一种重要资源，企业在自然环境约束下实现经济目标，而可持续的发展方式是企业的竞争优势所在（Barney，1991）。绿色金融为企业的可持续发展提供了资金支持，通过将环境问题的外部性内生化，引导企业增加绿色投资，减少污染投资。有关绿色金融和企业可持续发展绩效的文献较为丰富，但研究结论尚未达成一致，尤其是绿色金融对企业经济绩效的影响的争论较大。部分研究表明绿色金融政策抑制了企业的经济绩效。这可能是因为绿色金融通过引导资金从污染投资流向环保投资，加大了重污染企业的经营风险和融资约束（陈国进，2021），企业不得不减少生产性投资，缩小规模，对企业经济绩效产生了一定的负面影响（陈志刚、弓怡菲，2022）。再者，一些企业绿色创新的规模较小，不足以促进经济绩效的提高（王馨、王营，2021）。

然而，本文认为绿色金融既能改善企业的环境绩效，又能提高企业的经济绩效。在环境方面，绿色金融作为一项政策性金融服务，既能为企业的环境治理和绿色创新项目提供资金支持，又能监督企业的绿色转型行为。绿色金融政策明确规定要将绿色金融资金流向"支持环境改善、应对气候变化和资源节约高效利用的经济活动"，这就要求企业必须减少环境污染和资源浪费，提高环境绩效。此外，绿色金融通常严格要求企业提供翔实的环境信息披露。企业为获得更多绿色金融资金支持，必须承担环境社会责任（沈璐、廖显春，2020）和开展环境信息披露，通过良好的环境、社会与治理绩效向社会传达积极自身"漂绿"的信号。因此，绿色金融既能提高企业解决污染问题的积极性和主动性，又能规范企业将资金用于环境保护项目中，从而极大地提高了企业的环境绩效。

在经济绩效方面，企业通过绿色金融进行融资可以向政府和公众释放主动履行绿色社会责任的信号，获得良好的声誉并增强利益相关者的信心。声誉效应能够在企业遭受负面冲击时降低企业经营风险，还能够吸引更多投资者的参与，降低企业融资约束，最终提高企业竞争力和经济绩效。另外，绿色金融为企业融资设立了"环境门槛"，当污染治理成本超过绿色创新成本，环境问题造成的融资约束会倒逼企业增强绿色技术研发（Fan et al.，2021），绿色技术创新能进而提高了企业经济绩效（吴世农等，2022）。据此，本文提出假设1：

H1：绿色金融能够提高能源企业环境绩效和经济绩效，对能源企业可持续发展绩效有显著的正向影响。

（二）绿色金融对企业可持续发展绩效的影响机制

1. 绿色创新机制

根据熊彼特创新理论和可持续发展理论可知，绿色创新是企业实现可持续发展的动力源泉。然而，创新研发的周期长、风险大，并且需要大量的资金投入。绿色金融从其金融本质出发，通过资金配置、风险管理功能影响企业绿色技术创新进而影响企业可持续发展绩效。首先，资金配置为企业绿色创新提供资金支持。在绿色金融工具的多种组合下，企业不同层次的绿色研发活动融资需求都可以得到有效满足，解决了企业的绿色技术创新项目融资难的问题。其次，风险管控为企业绿色创新不利托底。绿色金融多样化的融资渠道可以分散融资风险。通过长期风险分担金融体系，绿色金融有效降低了流动性风险，使绿色创新等长期投资成为可能（王丽萍等，2021）。此外，绿色金融具有环境规制的政策属性，根据波特假说，适当的环境规制可以在一定程度上激发企业创新，带来经济效益和社会效益的双重收益（Porter and Linde，1995）。

已有研究表明，绿色创新有利于提高企业可持续发展绩效。一方面，绿色创新通过从源头上减少污染排放，改善企业环境绩效。绿色工艺创新通过脱硫技术、节能技术、循环利用等工艺改造减少生产过程中的污染排放，绿色产品创新通过研发可再生能源等绿色产品来降低对环境的污染（Huang and Li，2017）。另一方面，绿色创新通过降低生产成本和提高生产效率，提高企业经济绩效。能源企业由于资源错配问题突出、管理运行效率低下、支付排污费等原因导致生产成本较大。通过绿色技术创新可以改善这些问题，如废物回收、循环发电等绿色技术可充分发挥资源的利用价值，减少原材料的浪费，降低生产成本（Song et al.，2022），继而提高企业经济绩效（马艳艳等，2023）。此外，企业引入新的工艺和设备提高产品质量，减少劣质产品的产量，精简生产流程，可以提高生产效率并提高企业经济绩效。绿色技术进步还可以提高企业的学习能力，使企业通过产品改革和创新，开发先进的生产技术和管理经验，提高生产效率（Cohen and Levintha，1989）。据此，本文提出假设 2：

H2：绿色金融通过促进绿色创新，进而提升能源企业可持续发展绩效。

2. 融资约束机制

融资约束理论认为，企业融资方式可分为内源融资和外源融资，许多企业更倾向于成本更小的内源融资方式。然而，企业绿色转型的资金需求较大，内源融资的资金有限，而绿色金融是一种基于环境约束的外源融资手段，可以为企业的绿色生产活动提供资金支持。关于绿色金融对企业融资约束影响的研究较多，但没有得出一致的结论。一种观点认为绿色金融增加了重污染企业的融资约束，表现出融资惩罚效应（苏冬蔚、连莉莉，2018；王康仕等，2019），减少了重污染企业的信贷融资，特别是减少了从银行获得的长期借款（曹廷求等，2021；张小可、葛晶，2021）。另一种观点认为，绿色金融有利于缓解企业融资约束，促进了企业的投融资。绿色金融的"绿色"标签和政策属性界定了绿色金融的投融资范围，即针对环境保护和可持续发展的投融资，符合环境标准的绿色金融融资通常能够获得低利率、贴息、补贴等优惠政策，降低了融资成本（牛海鹏等，2020）。此外，企业进行绿色融资的过程中伴随着环境信息的披露，可以缓解金融市场与企业之间的信息不对称，也有利于降低企业的融资约束（刘珊、马莉莉，2023）。

融资约束降低意味着企业有更多的资金用于投资有前景的可持续发展项目，这些投资带给企业环境绩效和绿色创新能力的持续改善，提高企业竞争力（喻旭兰、周颖，2023），进一步提高经济绩效。此外，缓解融资约束还有助于降低财务风险，增加企业的超额盈余。因此，绿色金融对积极进行绿色创新、谋求绿色转型的能源企业给予大量资金支持，提高这些企业在资金获取上的可得性和便利性，有利于能源企业增加研究循环经济、研发绿色创新技术、更换节能减排设备等环保项目的投资，扩大清洁能源产业规模，从而提高企业可持续发展绩效。由此，本文提出假设 3：

H3：绿色金融通过缓解融资约束，进而提升能源企业可持续发展绩效。

3. 绿色全要素生产率机制

绿色全要素生产率（green total factor productivity，GTFP）的提升是企业实现可持续发展的基本特征和内在动力。GTFP 是考虑了环境因素的生产率，综合了企业在资源配置效率（杨汝岱，2015）、经营绩效（钱雪松等，2018）、环境绩效（何凌云、祁晓凤，2022）等多方面的表现。然而目前关于绿色金融与 GTFP 的研究主要集中在宏观层面，在企业层面研究这两者关系的文献较少。以往研究多将 GTFP 作为绩效指标，但胡玉凤、丁友强（2020）发现 GTFP 在碳排放权交易机制对企业经济效益影响中发挥中介作用。碳交易市场涉及绿色金融的运作，由此本文认为，GTFP 也是绿色金融影响企业可持续发展绩效的重要机制。绿色金融发挥资金支持效应，助力能源企业研发节能减排技术、开发清洁能源，实现了生产效率和环境绩效的同步增长，从而提升企业 GTFP。此外，在环境规制的政策导向效应下，能源企业受到社会监督，面临的"绿色转型"压力增强，会有意识地提高绿色生产效率和能源效率（张茜等，2018）。

GTFP 增长本身包含着环境和经济的双赢，是企业实现可持续发展的表现（何凌云、祁晓凤，2022）。此外，GTFP 的增长可以促进环境绩效和经济绩效的进一步增长，提高可持续发展绩效。第一，GTFP 提高意味着企业在生产过程中更加有效地利用资源，减少资源消耗，提高经济绩效。同时，减少资源消耗也有助于降低环境污染和生态破坏，提升环境绩效。第二，GTFP 提高意味着企业的创新水平有了实质性的提高。脱硫技术、节能技术、循环利用等绿色工艺改造减少了生产过程中的污染排放，绿色产品创新通过研发可再生能源等绿色产品降低了对环境的污染，两者都对企业环境绩效有正向影响（Huang and Li，2017）。生产成本的降低和生产效率的提升帮助企业提升竞争优势从而提高了企业经济绩效。据此，本文提出假设 4：

H4：绿色金融通过促进绿色全要素生产率，进而提升能源企业可持续发展绩效。

综上，绿色金融对能源企业可持续发展绩效的作用机理如图 1 所示。

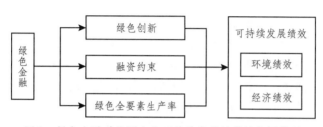

图 1　绿色金融对能源企业可持续发展绩效的作用机理

三、研究设计

（一）样本选择和数据来源

本文选择 2012～2020 年的 A 股能源上市企业数据作为研究样本，实证检验绿色金融对企业可持续发展绩效的影响。选择 2012 年作为起点的原因在于，2012 年银监会发布的《绿色信贷指引》标志着我国绿色信贷政策的明确制定和实施，而绿色信贷是绿色金融中占比最大的一部分。传统能源企业碳排放量高、污染严重，是绿色金融资金重点流向之一。此外，能源企业的经营状况和发展也对国家的能源结构和经济可持续发展产生重要影响。因此本文选择了上市的能源企业作为研究对象，包括以下具体行业：煤炭开采和洗选业，石油和天然气开采业，石油加工、炼焦和核燃料加工业，电力、热力生产和供应业，燃气生产和供应业。这些行业对应的《上市公司行业分类指引（2012 年修订版）》二位数行业代码分别为 B06、B07、C25、D44 和 D45。剔除一些关键数据缺漏的样本和 ST 企业、ST* 企业，最终筛选出 106 家能源上市企业，得到 954 个样本量。

本文的被解释变量经济绩效采用托宾 Q 值表示，数据来源于 CSMAR 数据库；环境绩效采用企业环保投资与营业收入的比值来表示，其中环保投资是从企业年报中"在建工程"附注中手工搜集所得。主要解释变量绿色金融由绿色信贷、绿色债券、绿色投资、碳金融等指标通过熵值法测算获得，涉及的原始数据大部分来源于 CSMAR 数据库，绿色债券数据来源于 Wind 数据库，绿色环保业务占比和政府环保补助数据是从企业年报中手动搜集得到，其中绿色环保业务占比采用绿色环保项目投入资金占全部资金投入的比值表示。能源上市企业绿色技术创新的数据来源于国家专利产权局。其他控制变量数据来源于 CSMAR 数据库。为避免异常值的影响，本文对主要连续变量在上下 1% 的水平上进行了缩尾（winsorize）处理。

（二）指标选取

1. 被解释变量

本文从环境绩效和经济绩效两个方面衡量能源企业的可持续发展绩效，因此被解释变量为环境绩效和经济绩效，具体指标说明如下：

环境绩效是指企业在资源利用、环境保护和污染治理等方面取得的成绩和效果。国内外衡量企业环境绩效的指标主要有污染物排放强度（苏丹妮、盛斌，2021；邵朝对，2021）、环保投资（黎文靖、路晓燕，2015）、因环境问题获得的奖励或惩罚（王馨、王营，2021；陈宇峰、马延柏，2021）和环境绩效评分（Li et al.，2022；吴育辉等，2022；李俊成、王文蔚，2022）。通过比较可以发现，对于污染物排放法，我国尚缺乏上市企业污染物排放强度的权威披露数据；因环境问题获得的奖励或惩罚通常是基于特定的环境事件或行为而给予的，无法全面评估企业整体的环境；环境绩效评分方法由于其指标选取和计算方法没有统一标准，不可避免受主观性影响。因此，本文选取能源企业环保投资与营业收入的比值作为衡量环境绩效的指标。该指标主要有以下优势：第一，反映企业环保投入规模，该比值越高，意味着企业在环境保护方面投入的资金相对于其经营规模的比例越大，这些投资可以提升企业的环境管理能力，降低环境风险，改善资源利用效率；第二，反映企业对环境保护的重视程度，较高的比值表明企业愿意为环境治理承担更多的成本，以改善环境问题从而提高可持续性。

经济绩效是对企业盈利能力和成长能力的综合反映。常用于衡量企业经济绩效的指标主要分为财务价值指标和市场价值指标：（1）财务价值指标主要是基于杜邦分析法来衡量企业绩效的指标，包括净资产收益率、资产报酬率、净利润等（Soliman，2008；Shahnia and Endri，2020）。杜邦分析法以净资产收益率为综合指标，以总资产报酬率和权益乘数为核心，进行层层分解，反映了多个财务指标之间的关系。（2）市场价值指标以托宾 Q、经济附加值等为代表，其中，托宾 Q 比率为企业市场价值与重置成本的比率，反映了企业长期投资的价值和企业成长性。财务价值指标注重企业当期经营业绩，对企业长期价值创造关注不够，而市场价值指标既反映了资本的现期获利性，又反映了预期的未来获利性。因此本文借鉴陈志刚、弓怡菲（2022），采用托宾 Q 比率（TQ）衡量企业的经济绩效。

2. 核心解释变量

本文的核心解释变量是绿色金融（GF）。目前学术界对绿色金融的度量没有统一的标准，部分学者选取绿色信贷或绿色债券等单一维度表示绿色金融（Hu et al.，2022；Li et al.，2022；肖黎明、李秀清，2020）。单一指标无法衡量绿色金融多个维度的发展水平，存在片面性。本文参考张莉莉等（2018）的做法，并基于数据的可得性，利用企业从金融机构和金融市场获得的各项绿色金融资金数据，选取绿色信贷、绿色债券、绿色投资和碳金融四个维度构建能源企业绿色金融融资水平评价指标体系。其中，各个维度的具体度量方法如下：

（1）绿色信贷。绿色信贷是指银行为符合其环境标准的企业或项目发放的贷款（He et al.，2019），表示为资产负债表中长短期贷款金额之和与企业当年绿色环保业务占比的乘积（张莉莉等，2018）。

（2）绿色债券。绿色债券是指企业为支持绿色项目发行的债券，本文所使用的绿色债券定义比一般绿色债券的内涵要广，既包括企业发行的以"××绿色债券"命名的债券，也包括用于支持绿色项目但不是以绿色债券命名的债券（肖黎明、李秀清，2020）。

（3）绿色投资。绿色投资是指政府或风险投资机构对企业绿色环保项目的资金支持（史代敏、施晓燕，2022），鉴于政府财政投资力度更大和数据的可得性，本文的绿色投资只包括节能环保财政支出，采用财务报表附注中支持绿色环保项目的政府补助的金额衡量。

（4）碳金融。碳金融是指相关企业获得的限制温室气体排放的融资金额以及参与碳权交易的金额（张莉莉等，2018），鉴于碳权交易的覆盖面更广和数据的可得性，本文采用参与碳排放权交易所获得的收入来衡量碳金融。

本文选取的绿色金融相关指标及其含义如表 1 所示。

表 1　　　　　　　　　　　　　　　绿色金融的指标构成

一级指标	二级指标	指标含义
绿色信贷	相关企业获得的各类金融机构的符合其环境标准的长短期贷款	长短期贷款金额之和与企业当年绿色环保业务占比的乘积
绿色债券	企业为绿色项目发行的各种长短期债券	企业发行的以"××绿色债券"命名的债券以及其他用于支持绿色项目的债券
绿色投资	企业因从事绿色项目收到的政府补助金额	支持绿色环保项目的政府补助的金额
碳金融	企业获得的限制温室气体排放的融资金额以及参与碳权交易的金额	参与碳排放权交易所获得的收入

基于以上四个维度的指标，本文采用熵值法测算能源企业绿色金融融资水平。熵值法依据计算得出的信息熵的具体数值来分配比重，计算出的信息熵越大，则所占比重就越小，反之则越大。具体计算过程如下：

首先，将各指标进行标准化处理：

$$Y_{ij} = \frac{X_{ij} - \min(X_i)}{\max(X_i) - \min(X_i)} \tag{1}$$

其次，计算各指标的信息熵：

$$E_j = -\ln(n)^{-1} \sum_{j=1}^{n} p_{ij} \ln p_{ij} \tag{2}$$

$$p_{ij} = \frac{Y_{ij}}{\sum_{j=1}^{n} Y_{ij}} \tag{3}$$

然后确定各指标的权重为：

$$W_j = \frac{1 - E_j}{k - \sum E_j} \quad (j = 1, 2, \cdots, k) \tag{4}$$

最后，计算各企业的绿色金融融资水平为：

$$S_i = \sum_{j=1}^{n} W_j p_{ij} \tag{5}$$

3. 控制变量

影响企业绩效的因素有很多，本文基于现有研究，选取控制变量如下：企业规模 Size、财务杠杆 Lev、资产结构 Fixed、盈利能力 ROA、企业年龄 Age、股权结构 Top1、总资产周转率 ATO 和机构投资者占比 Inst。另外，本文在基准回归中控制了时间固定效应和个体固定效应。

所有变量的定义和描述性统计如表 2 所示。

表 2　　　　　　　　　　　　变量的定义和描述性统计

变量性质	变量定义	符号表示	变量解释	样本量	均值	标准差	最大值	最小值
被解释变量	环境绩效	EP	环保投资/营业收入	954	0.048	0.106	0.636	0
	经济绩效	TQ	公司市场价值/资产重置成本	954	1.345	0.688	5.596	0.788
核心解释变量	绿色金融	GF	利用熵值法定权重求得指标体系的综合得分	954	0.018	0.050	0.290	0
控制变量	企业规模	Size	企业总资产取自然对数	954	23.54	1.557	28.18	20.26
	财务杠杆	Lev	总负债与总资产的比值	954	0.546	0.176	0.902	0.068
	资产结构	Fixed	固定资产净值/总资产	954	0.455	0.190	0.860	0.018
	盈利能力	ROA	净利润/总资产平均余额	954	0.030	0.043	-0.147	0.148
	企业年龄	Age	企业年龄取自然对数	954	3.011	0.272	3.466	2.079

续表

变量性质	变量定义	符号表示	变量解释	样本量	均值	标准差	最大值	最小值
控制变量	股权结构	Top1	第一大股东持股数量/总股数	954	0.431	0.181	0.841	0.064
	总资产周转率	ATO	营业收入/平均资产总额	954	0.519	0.452	0.070	2.750
	机构投资者持股比例	Inst	机构投资者持股数/总股数	954	0.553	0.225	0.987	0

（三）计量模型

在前文关于绿色金融对企业环境绩效和经济绩效影响的理论分析的基础上，本文选用 2012 ~ 2020 年能源上市企业的面板数据，构建如下模型对假设 1 进行检验：

$$Performance_{i,t+2} = \alpha + \beta GF_{i,t} + \sum_{\gamma} \gamma Control_{i,t} + \delta_i + \lambda_t + \varepsilon_{i,t} \quad (6)$$

其中，被解释变量 $Preformance_{i,t+2}$ 代表企业 i 在第 t + 2 年的环境绩效或经济绩效。由于绿色金融从资金获取到资金投入，再到实现减排绩效之间存在一个时间滞后（Hart and Ahuja，1996），因此因变量 EP 和 TQ 都采用了提前两期的数据。关键解释变量 $GF_{i,t}$ 是绿色金融指数，代表企业 i 在 t 年的绿色金融融资水平，由绿色信贷、绿色债券、绿色投资和碳金融四个维度构成，并通过熵值法测算得到。$Control_{i,t}$ 包括企业规模、财务杠杆、盈利能力、资产结构、企业年龄、总资产周转率、机构投资者持股比例等一系列的控制变量。δ_i 和 λ_t 分别表示个体固定效应和时间固定效应，$\varepsilon_{i,t}$ 为随机扰动项。

四、绿色金融对能源企业可持续发展绩效影响的实证分析

（一）基准回归

表 3 报告了绿色金融对能源企业可持续发展绩效的基准回归结果。表 3 列（1）为不包含控制变量，绿色金融对环境绩效的回归结果，GF 的系数显著为正，说明绿色金融显著提高了企业的环境绩效。表 3 列（2）是加入控制变量后的结果，GF 系数为 0.855，仍然显著为正。这说明绿色金融增加了能源企业购买环保设备、实施清洁能源开发项目、研发绿色创新技术等方面的环境支出，有助于降低企业的环境排放、减少废物生成，从而提升环境绩效。表 3 列（3）和列（4）的 GF 系数表明，无论是否加入控制变量，绿色

金融都对企业的经济绩效有显著的正向影响。这是因为绿色金融为能源企业绿色转型提供资金支持，还会给市场传递自身追求环保和可持续发展的积极信号，有助于上市企业获取投资者的信任、提高品牌价值，增加销售和市场份额，从而提升企业的财务绩效和市场价值。总的来说，企业绿色金融融资能够实现环境绩效和经济绩效的双赢，有利于能源企业的可持续发展，假设 1 成立。

表 3　　　　　　　　　　　　　　基准回归结果

变量	(1)	(2)	(3)	(4)
	EP（t+2）	EP（t+2）	TQ（t+2）	TQ（t+2）
GF	0.822* (0.415)	0.855** (0.429)	1.405** (0.620)	1.696** (0.693)
Size		-0.0197** (0.00844)		-0.0139 (0.0863)
Lev		-0.00681 (0.0359)		0.544 (0.551)
Fixed		-0.0392 (0.0335)		0.172 (0.219)
ROA		0.176* (0.0894)		0.275 (0.745)
Age		-0.131 (0.123)		2.343*** (0.857)
Top1		0.00694 (0.0460)		-0.406 (0.437)
ATO		0.00448 (0.0147)		-0.0647 (0.132)
Inst		0.0337 (0.0236)		0.322*** (0.120)
Constant	0.0226** (0.00953)	0.836** (0.390)	1.511*** (0.0385)	-5.069 (3.607)
Firm FE	Yes	Yes	Yes	Yes
Year FE	Yes	Yes	Yes	Yes
N	742	742	742	742
R^2	0.054	0.078	0.253	0.295

注：括号内的数值为聚类到企业层面的稳健标准误，***、**、*分别表示1%、5%、10%的显著性水平。

（二）稳健性检验

1. 替换被解释变量

对于环境绩效指标，本文参考陈宇峰、马延柏（2021），采用企业环境处罚的虚拟变量（EF）对企业环境绩效变量进行替换。该变量为逆向指标，企业受到环境处罚的概率越低，其环境绩效越高。由于企业环境处罚是 0 ~ 1 虚拟变量，本文采用 probit 模型进行回归。结果如表 4 列（1）所示，绿色金融融资会降低能源企业受到环境处罚的概率，说明绿色金融减少了企业环境违规行为，提高了环境绩效。对于经济绩效指标，本文采用 TQ1 = 市值/（资产总计 – 无形资产净额 – 商誉净额）重新测算托宾 Q 值，对原来的 TQ 进行替换。表 4 列（2）是采用重新测算的 TQ1 替换 TQ 的结果，表现为显著的正效应。这说明在替换被解释变量后，原来的结论不变。

表 4　　　　　　　　　替换主要变量的稳健性检验结果

变量	替换被解释变量		替换核心解释变量	
	（1）	（2）	（3）	（4）
	EF（t + 2）	TQ1（t + 2）	EP（t + 2）	TQ（t + 2）
GF	– 8.406 *** (2.785)	2.468 ** (1.206)		
GF1			0.0308 * (0.0163)	0.0785 *** (0.0271)
Constant	– 4.959 *** (1.383)	– 3.309 (5.572)	0.856 ** (0.392)	– 5.070 (3.591)
Controls	Yes	Yes	Yes	Yes
Firm FE	Yes	Yes	Yes	Yes
Year FE	Yes	Yes	Yes	Yes
N	742	742	742	742
R^2	0.0605	0.123	0.074	0.296

注：括号内的数值为聚类到企业层面的稳健标准误，***、**、* 分别表示1%、5%、10%的显著性水平。

2. 替换核心解释变量

采用主成分分析方法重新测算绿色金融指数，对原解释变量进行替换。首先对多维指标进行 KMO 检验和 Bartlett 球形检验，结果显示 KMO 值为

0.619 大于 0.5，Bartlett 检验的卡方值为 689.655，在 1% 的水平上显著，表明该指标体系适合做主成分分析。对绿色金融 4 个维度的指标进行降维处理，提取主成分后，显示第一主成分的特征值为 1.943 大于 1，因此第一主成分可以作为绿色金融的替代变量。根据获得的因子载荷系数，第一主成分 = 0.44 × 绿色信贷 + 0.45 × 绿色债券 + 0.33 × 绿色投资 + 0.13 × 碳金融。将第一主成分作为解释变量代入原模型中重新回归，结果见表 4 列（3）和列（4）。解释变量 GF1 的系数分别在 10% 和 1% 的水平上显著为正，与原结论一致。

3. 替换回归模型

已有研究表明环境绩效和经济绩效之间存在相关性，企业可以通过减少环境问题来获得财务绩效和可持续的竞争优势（胡曲应，2012）。考虑到企业环境绩效和经济绩效之间可能存在的相关性，本文还采用似不相关（SUR）模型替换固定效应模型进行回归。B – P 独立性检验拒绝了两个方程的扰动项相互独立的假设，说明通过 SUR 模型进行系统回归能够提高估计效率。表 5 中列（1）和列（2）的 SUR 回归结果显示，绿色金融对能源企业环境绩效和企业价值的影响都显著为正，这与基准回归结果基本一致。SUR 回归系数和 OLS 回归系数的差异正是由两个方程的残差项的相关性所致。

表 5 替换回归模型和排除其他政策干扰的稳健性检验结果

变量	似不相关（SUR）回归		排除其他政策干扰	
	（1）	（2）	（3）	（4）
	EP（t+2）	TQ（t+2）	EP（t+2）	TQ（t+2）
GF	0.855 ***	1.696 *	0.326 ***	2.114 **
	(0.198)	(0.988)	(0.0558)	(0.674)
Constant	1.032 ***	– 5.859 ***	0.521 *	– 6.047 *
	(0.388)	(1.939)	(0.202)	(2.739)
Controls	Yes	Yes	Yes	Yes
Firm FE	Yes	Yes	Yes	Yes
Year FE	Yes	Yes	Yes	Yes
N	742		636	636
R^2	0.574		0.043	0.290

注：括号内的数值为聚类到企业层面的稳健标准误，***、**、* 分别表示 1%、5%、10% 的显著性水平。

4. 排除其他政策干扰

《中华人民共和国环境保护税法》（以下简称《环境保护税法》）于 2018

年 1 月 1 日正式实施，规定直接向环境排放污染物的企业需要缴纳环境保护税。这一政策可能会对高污染高排放的能源企业的环境治理成本产生影响。为排除该政策的干扰，本文通过剔除 2018 年以后的数据样本来进行分析。表 5 的列（3）和列（4）报告了排除该环境政策干扰后的回归结果，与基准回归的结果保持一致。因此，在剔除了其他政策的影响后，本文的结论依然成立。

5. 动态分析

本文在基准回归中考虑到绿色金融对企业经济绩效和环境绩效有效发挥作用需要几年时间，因此采用了 t + 2 期的绩效指标作为因变量。然而，绿色金融资金一旦投入，必然会对当期和未来一段时期的企业经济环境绩效产生影响。为了更清楚地观察获得绿色金融资金后企业绩效的变化情况，本文以 t、t + 1 年的 EP 和 TQ 数据为因变量，进一步探讨绿色金融对企业经济绩效和环境绩效的动态影响。表 6 列（1）至列（3）是环境绩效的结果，GF 的系数都显著为正，表明企业进行绿色金融融资有助于提高环境绩效，这种正向作用在企业进行绿色金融融资的当年便展现出来了，且具有持续性。GF系数的大小先下降后上升，说明绿色金融增加了企业环境支出，通过事后污染治理在短期内提升了环境绩效，在滞后一期，绿色金融对环境绩效的正向影响减弱，在滞后三期，绿色金融促进了企业绿色创新，增强了企业的污染事前预防能力，进一步改善了企业环境绩效。

表 6　　　　　　　　　　　　　　　动态分析结果

变量	(1)	(2)	(3)	(4)	(5)	(6)
	EP	EP (t + 1)	EP (t + 2)	TQ	TQ (t + 1)	TQ (t + 2)
GF	0.636 ***	0.632 **	0.855 **	1.075 **	1.377 **	1.696 **
	(0.228)	(0.268)	(0.429)	(0.526)	(0.640)	(0.693)
Constant	− 0.167	0.238	0.836 **	11.29 ***	4.248	− 5.069
	(0.382)	(0.357)	(0.390)	(3.389)	(2.897)	(3.607)
Controls	Yes	Yes	Yes	Yes	Yes	Yes
Firm FE	Yes	Yes	Yes	Yes	Yes	Yes
Year FE	Yes	Yes	Yes	Yes	Yes	Yes
N	954	848	742	954	848	742
R^2	0.110	0.084	0.078	0.408	0.302	0.295

注：括号内的数值为聚类到企业层面的稳健标准误，*** 、** 分别表示1%、5%的显著性水平。

表 6 列（4）至列（6）是经济绩效的回归结果，GF 的系数都显著为正且逐年递增，表明绿色金融对经济绩效的正向影响在绿色金融资金投入后的

1~3 年逐年递增。这是因为托宾 Q 衡量企业的长期投资价值，注重企业未来的成长能力。企业获得绿色金融支持向社会传递了注重环境问题的积极信号，提高了投资者对公司个股的投资情绪。绿色金融降低企业投资约束，促进绿色创新，对企业长期发展更是十分利好。

五、进一步讨论：机制检验和异质性分析

（一）影响机制分析

根据前文的理论机制分析，绿色金融主要通过缓解融资约束、促进绿色创新、提高 GTFP，进而促进能源企业可持续发展绩效的提升。本文参考魏建、李世杰（2023），构建如下机制检验模型：

$$Mechanism_{i,t} = \beta_0 + \beta_1 GF_{i,t} + \sum_j \beta_j Control_{i,t} + \delta_i + \lambda_t + \varepsilon_{i,t} \qquad (7)$$

其中，$Mechanism_{i,t}$ 是机制变量，包括融资约束（SA）、绿色创新（GI）和 GTFP，其余变量与式（6）保持一致。

1. 绿色创新机制

绿色创新有利于降低企业的资源消耗和环境成本，帮助企业提高竞争优势和财务绩效。此外，绿色创新通过脱硫技术、节能技术、循环技术等工艺改造以及绿色产品研发，减少废弃物排放的同时提高废物利用率，有利于降低对环境的污染。已有文献已经证明了绿色创新对企业可持续发展绩效的促进作用（席龙胜、赵辉，2022；姜燕、秦淑悦，2022；王海花等，2023），因此本文在机制分析中仅考虑绿色金融对绿色创新的影响。绿色创新 GI 采用企业当年绿色专利申请数量加一的自然对数衡量，绿色创新机制检验的结果如表 7 所示。由 GF 系数可知，绿色金融显著促进了能源企业的绿色创新，说明绿色金融通过促进能源企业的绿色创新进而改善可持续发展绩效，假设 2 成立。

表 7   绿色创新机制检验结果

变量	(1)	(2)	(3)
	GI	GI1	GI2
GF	3.885 ***	2.932 ***	3.866 **
	(0.752)	(0.286)	(0.925)
Constant	− 8.761 **	− 6.493	− 6.286 *
	(2.518)	(4.128)	(2.577)
Controls	Yes	Yes	Yes
Firm FE	Yes	Yes	Yes

续表

变量	（1）	（2）	（3）
	GI	GI1	GI2
Year FE	Yes	Yes	Yes
N	954	954	954
R^2	0.248	0.220	0.244

注：括号内的数值为聚类到企业层面的稳健标准误，***、**、* 分别表示 1%、5%、10% 的显著性水平。

　　本文进一步将企业绿色创新专利的类型区分为绿色发明专利和绿色实用新型专利，分别表示企业的实质性绿色创新 GI1 和策略性绿色创新 GI2 情况，检验绿色金融能否真正促进企业提升绿色创新能力。GI1 和 GI2 均采用企业当年专利申请数量加 1 的对数表示。表 7 列（2）和列（3）的回归结果表明，绿色金融既增加了企业绿色发明专利申请量，又增加了绿色新型实用型专利申请量。这说明绿色金融为企业绿色创新提供资金支持，降低创新风险，提高了企业进行绿色创新的积极性，进而真正有效提高了企业的实质性绿色创新水平。由此，绿色金融通过提高能源企业的绿色创新水平进而改善可持续发展绩效，进一步证明假设 2 成立。

2. 融资约束机制

　　降低融资约束使企业有更多资金用于投资有前景的可持续发展项目、优化资本结构、降低财务风险等，有利于提升经济绩效和环境绩效（马亚明等，2020；陈奉功、张谊浩，2023）。本文采用 SA 指数衡量企业融资约束程度，$SA = -0.737 \times Size + 0.443 \times Size^2 - 0.04 \times Age$，并取绝对值处理，SA 指数绝对值越大代表企业面临的融资约束越大。绿色金融影响企业融资约束的结果如表 8 列（1）所示，其中 GF 系数为 -0.598，在 1% 的水平上显著为负，说明绿色金融的获取有利于使企业以较低的成本为绿色项目获取资金支持，从而降低企业的融资约束，进而促进企业的可持续发展绩效。在表 8 列（2）至列（5），进一步将样本企业根据融资约束高于中位数和低于中位数分为融资约束高和融资约束低两组，进行绿色金融对企业可持续发展绩效的分组回归，进一步验证融资约束机制。可以看到，绿色金融对融资约束低的一组企业的可持续发展绩效具有显著的正向影响，而对于融资约束高的一组企业的影响不显著。因此，绿色金融通过缓解企业的融资约束，增加了企业用于环境治理和绿色技术研发的资金，提升了企业的环保治理能力和生产效率，进而提高了企业的环境和经济绩效。由此，绿色金融通过减轻能源企业融资约束进而提高了企业可持续发展绩效，假设 3 得以成立。

3. 绿色全要素生产率机制

　　GTFP 是提高企业可持续发展绩效的关键动力。GTFP 提升意味着在控制环境污染问题的情况下，企业创新能力、资源利用效率、要素配置等方面的全面增强，进而促进企业可持续发展绩效的提高。因此，本文通过考察绿色金融对 GTFP 的影响，检验 GTFP 在绿色金融与企业可持续发展绩效关系中的机制作用，回归结果如表 9 列（1）所示。结果显示绿色金融显著提高了能源企业的 GTFP，说明绿色金融有利于企业在环境绩效改善的情况下提高资源利用效率和优化要素配置，从而推动企业可持续发展绩效提升。进一步根据 GTFP 中位数大小将所有能源企业划分为 GTFP 水平高的企业和 GTFP 水平低的企业两组，分别进行式（6）的回归，结果如表 9 中列（2）至列（5）所示。由 GF 的系数可知，绿色金融对两组企业的环境绩效均有显著的正向影响，但只对 GTFP 水平高这一组企业的经济绩效的促进作用更显著，即绿色金融促进了 GTFP 高的能源企业的可持续发展绩效。因此，绿色全要素生产率的绿色金融促进能源企业可持续发展绩效提升的机制之一，假设 4 得以验证。

表 8　　　　　　　　　融资约束机制检验结果

变量	约束结果	融资约束低		融资约束高	
	（1）	（2）	（3）	（4）	（5）
	SA	EP（t+2）	TQ（t+2）	EP（t+2）	TQ（t+2）
GF	-0.598*** (0.155)	0.916** (0.449)	1.043* (0.555)	-0.156 (0.854)	1.721 (2.059)
Constant	4.144*** (0.542)	0.170 (0.393)	1.701 (3.833)	2.874 (3.107)	-48.40*** (15.90)
Controls	Yes	Yes	Yes	Yes	Yes
Firm FE	Yes	Yes	Yes	Yes	Yes
Year FE	Yes	Yes	Yes	Yes	Yes
N	954	411	411	331	331
R^2	0.808	0.077	0.190	0.119	0.491

注：括号内的数值为聚类到企业层面的稳健标准误，***、**、*分别表示1%、5%、10%的显著性水平。

表 9　　　　　　　　　GTFP 机制检验结果

变量	回归结果	GTFP 高		GTFP 低	
	（1）	（2）	（3）	（4）	（5）
	GTFP	EP（t+2）	TQ（t+2）	EP（t+2）	TQ（t+2）
GF	-0.598*** (0.155)	0.852*** (0.281)	1.234*** (0.219)	0.595*** (0.203)	1.371 (1.056)
Constant	4.144*** (0.542)	0.300 (0.674)	-2.804 (2.967)	1.329* (0.760)	-8.877 (6.249)

续表

变量	回归结果	GTFP 高		GTFP 低	
	（1）	（2）	（3）	（4）	（5）
	GTFP	EP（t+2）	TQ（t+2）	EP（t+2）	TQ（t+2）
Controls	Yes	Yes	Yes	Yes	Yes
Firm FE	Yes	Yes	Yes	Yes	Yes
Year FE	Yes	Yes	Yes	Yes	Yes
N	954	334	334	408	408
R^2	0.808	0.137	0.466	0.096	0.316

注：括号内的数值为聚类到企业层面的稳健标准误，***、* 分别表示 1%、10% 的显著性水平。

（二）异质性检验

1. 区分企业所有制的异质性检验

基准回归结果证明，绿色金融对能源企业的可持续发展绩效具有显著促进作用。然而不同区域的金融水平有所差异，可能导致不同地区能源企业获得绿色金融支持力度不同。因此，本文根据企业所在区域将样本分为东部、中部、西部三个子样本，考察绿色金融对不同地区的能源企业可持续发展绩效的影响是否有所差异。结果如表 10 所示。就环境绩效而言，绿色金融对国有企业的环境绩效表现为显著的正向影响，而对非国有企业的环境绩效表现为负向影响，这说明绿色金融对国有企业的环境绩效提升效果更好，对非

表 10　　　　　　　　　　区分企业所有制的异质性检验结果

变量	国有企业		非国有企业	
	（1）	（2）	（3）	（4）
	EP（t+2）	TQ（t+2）	EP（t+2）	TQ（t+2）
GF	0.859** (0.431)	1.202** (0.489)	-4.892** (2.190)	25.58** (11.66)
Constant	(0.0298) 1.085**	(0.108) -1.424	(0.0410) 0.296	(0.459) -10.22
Controls	(0.514)	(3.441)	(0.413)	(6.770)
Firm FE	Yes	Yes	Yes	Yes
Year FE	Yes	Yes	Yes	Yes
N	Yes	Yes	Yes	Yes
R^2	601	601	141	141

注：括号内的数值为聚类到企业层面的稳健标准误，** 表示 5% 的显著性水平。

国有企业的环境绩效没有改善。就经济绩效而言，表 10 列（2）和列（4）的 GF 系数均在 5% 的水平上显著为正，说明绿色金融显著提高了国企和非国企能源企业的经济绩效。这说明绿色金融对不同所有制企业的经济绩效都具有显著的促进作用，但环境绩效的情况相反。由于国有企业承担更多的环境政策导向性任务，因此国有企业切实提高了环保投入，从而提高了环境绩效。而非国有企业更偏向于经济绩效的提高，甚至可能为了更多的经济利润而产生"漂绿"行为。

2. 区分企业所在产业链环节的异质性检验

由于上下游能源企业在产业链中所处的位置和作用的差异性，绿色金融对上下游企业可持续发展绩效的影响可能有所差异。本文根据企业所在的产业链环节的不同而将能源企业分为上游和下游能源企业。上游能源企业包括煤炭和石油开采业，对应的行业代码是 B06、B07，而下游能源企业包括石油加工业以及电力、燃气供应业，对应的行业代码是 C25、D44、D45，对两组样本分别进行回归。结果如表 11 所示，绿色金融对下游能源企业的可持续发展绩效表现为显著的正向影响，而对上游能源企业的可持续发展绩效的影响不显著。这可能是因为以电力和燃气企业为代表的下游能源企业直接面对市场需求，对环保标准要求更为敏感。这使得它们更有动力投入绿色技术和清洁能源产品的研发，更容易受到绿色金融所带来的正向激励，从而提升可持续发展绩效。而以煤炭、石油开采和加工业为代表的上游能源企业比较依赖化石能源原材料，因此绿色金融对上游能源企业可持续发展绩效的影响不显著。

表 11　　　　　　　　区分企业所在产业链环节的异质性检验结果

变量	上游能源企业		下游能源企业	
	（1）	（2）	（3）	（4）
	EP（t+2）	TQ（t+2）	EP（t+2）	TQ（t+2）
GF	0.318 (0.493)	1.034 (0.923)	0.911* (0.472)	1.651* (0.881)
Constant	0.823 (0.585)	2.242 (2.703)	0.505 (0.481)	−6.901 (4.745)
Controls	Yes	Yes	Yes	Yes
Firm FE	Yes	Yes	Yes	Yes
Year FE	Yes	Yes	Yes	Yes
N	196	196	546	546
R^2	0.127	0.496	0.090	0.302

注：括号内的数值为聚类到企业层面的稳健标准误，* 表示 10% 的显著性水平。

3. 区分企业是否涉及可再生能源开发与利用的异质性检验

能源企业绿色转型的重点是减少对化石燃料的依赖，同时提高可再生能源的开发和利用。近年来，越来越多的能源企业开始布局可再生能源产业，这些积极的举措也使企业更易于获得绿色融资。为了检验绿色金融对能源企业可持续发展绩效的影响是否因其可再生能源发展而异，本文将样本企业分为涉及可再生能源和不涉及可再生能源的企业两个子样本进行回归。参考 Tan et al. （2022）的做法，将包含太阳能、风能、地热、氢气、绿色能源、光伏设备、风能设备和生物质发电其中一种或多种产业的企业归为涉及可再生能源的一组，将不包含这些产业的企业归为不涉及可再生能源的一组①，对两组样本分别进行回归。回归结果如表 12 所示。表 12 列（1）和列（2）为参与可再生能源开发利用的企业的情况，绿色金融对环境绩效具有显著的促进作用，但对经济绩效没有影响。这可能是因为涉及可再生能源的企业将绿色金融资金主要用于可再生能源项目和绿色创新投入方面，这些项目改善了企业环境绩效。然而绿色项目前期投入大，带来收益的周期长，前期可能无法带来经济效益，甚至会对财务绩效产生一些不利影响。表 12 列（3）和列（4）为仅含化石能源的企业的结果，根据 GF 系数可知绿色金融对经济绩效有显著的正向影响，而对环境绩效没有影响。这可能是因为不涉及可再生能源的企业仍然以传统化石能源为主要产业，一方面这些企业获得的绿色金融支持可能更少，对环境绩效的影响不明显；另一方面这些传统能源企业可能将绿色金融资金更多地用于短期对企业有利的项目而没有真正用于绿色转型，以至于经济绩效有所提升，环境绩效没有得到实质改善。

表 12　　　区分企业是否涉及可再生能源开发与利用的异质性检验结果

变量	涉及可再生能源		不涉及可再生能源	
	（1）	（2）	（3）	（4）
	EP（t+2）	TQ（t+2）	EP（t+2）	TQ（t+2）
GF	0.908* (0.474)	0.573 (0.676)	0.321 (0.484)	2.763* (1.394)
Constant	1.000 (0.910)	-10.04** (4.428)	0.475 (0.346)	1.755 (5.899)
Controls	Yes	Yes	Yes	Yes
Firm FE	Yes	Yes	Yes	Yes
Year FE	Yes	Yes	Yes	Yes
N	455	455	287	287
R^2	0.106	0.325	0.092	0.395

注：括号内的数值为聚类到企业层面的稳健标准误，**、* 分别表示 5%、10% 的显著性水平。

---

① 相关数据来自东方货币数据库（https：//data. eastmoney. com）。

4. 区分绿色金融工具类型的异质性检验

为了更清晰地考察不同绿色金融工具对能源企业可持续发展绩效的影响，本文基于绿色信贷（Gcredit）、绿色债券（Gbond）、绿色投资（Ginvest）和碳金融（Carbonfin）四个方面进行实证检验，回归结果如表 13 所示。由表 13 可知，绿色信贷对企业可持续发展绩效有显著的正向影响。绿色债券对企业环境绩效有显著的正向影响，但对经济绩效的影响不显著。绿色投资对企业经济绩效有显著的正向影响，但对环境绩效的影响不显著。碳金融对可持续发展绩效没有显著影响。这一检验结果表明，不同绿色金融工具发展水平对企业 GTFP 的影响是有明显差异的，在四个绿色金融工具中，绿色信贷对能源企业可持续发展绩效的激励作用最明显。绿色债券所筹集的资金可能更多地被用于绿色项目，对企业的环境绩效产生了明显的提升。而政府获得的绿色投资可能更多地用于有经济效益的项目，这可能是因为政府对于绿色投资的事后监管不够严格，企业并未将绿色投资资金真正用于环保项目。碳金融对企业可持续发展绩效的影响不显著，原因在于我国碳交易市场刚刚起步，在样本期仅有少数试点地区的企业参与了碳交易，这导致碳金融的影响暂未显现。

表 13　　　　　　区分绿色金融工具类型的异质性检验结果

变量	绿色信贷		绿色债券		绿色投资		碳金融	
	(1)	(2)	(3)	(4)	(5)	(6)	(7)	(8)
	EP (t+2)	TQ (t+2)	EP (t+2)	TQ (t+2)	EP (t+2)	TQ (t+2)	EP (t+2)	TQ (t+2)
Gcredit	0.000152 * (0.0000801)	0.000762 ** (0.000305)						
Gbond			0.00123 ** (0.000535)	0.000624 (0.000561)				
Ginvest					0.00414 (0.0146)	0.105 *** (0.0370)		
Carbonfin							−0.0383 (0.127)	−0.696 (0.570)
Constant	0.909 ** (0.390)	−4.982 (3.610)	0.909 ** (0.381)	−4.897 (3.608)	0.914 ** (0.392)	−5.222 (3.600)	0.926 ** (0.389)	−4.916 (3.612)
Controls	Yes	Yes	Yes	Yes	Yes	Yes	Yes	Yes
Firm FE	Yes	Yes	Yes	Yes	Yes	Yes	Yes	Yes
Year FE	Yes	Yes	Yes	Yes	Yes	Yes	Yes	Yes
N	742	742	742	742	742	742	742	742
R^2	0.059	0.296	0.096	0.293	0.055	0.297	0.055	0.293

注：括号内的数值为聚类到企业层面的稳健标准误，***、**、* 分别表示1%、5%、10%的显著性水平。

六、研究结论与政策建议

本文以 2012～2020 年中国能源上市企业的面板数据为研究样本，实证分析了绿色金融对能源企业可持续发展绩效的影响及其影响机制。主要结论如下：（1）绿色金融显著提高了能源企业的可持续发展绩效。绿色金融对环境绩效的影响在获得绿色金融资金后的 1～3 年先减弱后增强，对经济绩效的影响逐年增强。（2）绿色金融主要通过缓解融资约束、促进绿色创新和提升绿色全要素生产率这三个机制提高能源企业的可持续发展绩效。（3）绿色金融对能源企业可持续发展绩效的影响存在企业产权、所在产业链阶段、是否参与可再生能源开发与利用的异质性。绿色金融对国有能源企业和下游能源企业的可持续发展绩效的正向影响更为显著，对参与可再生能源开发与利用的企业的环境绩效以及不参与可再生能源企业的经济绩效更显著。（4）不同绿色金融工具对能源企业可持续发展绩效的影响存在差异。其中，绿色信贷对能源企业可持续发展绩效有显著的正向影响。绿色债券对企业环境绩效有显著的正向影响，但对经济绩效的影响不显著。绿色投资对企业经济绩效有显著的正向影响，但对环境绩效的影响不显著。碳金融对可持续发展绩效没有显著影响。基于上述结论，本文提出如下政策建议：

第一，完善绿色金融体系建设，增大绿色金融规模。本文的研究表明，绿色金融整体上对我国能源企业的可持续发展绩效有显著的正向影响，说明绿色金融的确是推动我国能源结构优化进而实现"双碳"目标的有效手段。然而，我国绿色金融发展水平还处于初级阶段，绿色金融规模与传统金融相比较小。绿色金融工具发展不全面，绿色金融产品以绿色信贷和绿色债券为主。而且，作为碳金融的核心部分，碳排放权交易自 2021 年才开始大面积启动。绿色保险的发展更是处于起步阶段。因此我国应该加大绿色金融投入，出具相关的扶持政策鼓励更多金融机构设计更加多元化和有针对性的绿色金融产品，利用绿色金融手段将金融资源投入到绿色产业中。

第二，将绿色金融与其他激励措施相结合，增加能源企业绿色转型专项的财政支持。本文的研究表明，绿色金融对上游能源企业可持续发展绩效的激励不足，且只对涉及可再生能源的企业的环境绩效具有促进作用，但对经济绩效的作用不明显。能源企业正处于绿色转型期，新能源发电领域还存在很多技术难关需要攻克，这需要大量的资金支持相关技术的研发。然而，仅靠绿色金融可能无法满足能源企业绿色转型的巨大投入，并且绿色金融"差异化"的标准不利于想要绿色转型的重污染企业。因此，应该增加能源企业绿色转型专项的财政资金支持，为能源企业绿色转型保驾护航。具体做法是：对于一些转型顺利、积极开发可再生能源的能源企业，充分利用绿色金融手段，为这些企业提供一条便捷的融资渠道。对于煤炭、石油等转型困难、环境信息难以量化的传统能源企业，政府应该更多地采取政策性环境规制手段，例如增加环保补助鼓励企业关停一些环境污染严重的工厂。另外，政府应该充分发挥对能源市场投资的宏观调控的作用，逐步减少对煤炭、石油等一次化石能源的投资，增加对天然气、清洁能源发电的投资。还要完善我国碳市场的制度，充分发挥价格机制对能源消费的市场调节作用，推动能源企业绿色转型。

第三，能源企业应该将绿色创新确立为发展战略重点，设定明确的绿色创新目标和长期的创新规划。本文的结论表明，绿色创新是绿色金融对能源企业的可持续绩效激励作用的重要机制。因此，能源企业应该积极进行绿色技术创新，包括内部研发、与科研机构和创新初创企业合作，通过促进绿色创新提高企业可持续绩效。首先，应该加大绿色研发投入。技术创新的资金需求大，仅依靠银行贷款可能无法弥补绿色创新的资金缺口，企业应积极利用绿色金融工具进行绿色融资。新能源企业还应积极参与碳排放权交易，通过出售多余的碳配额获得额外收益。其次，有针对性地研发绿色低碳技术。石油、天然气、煤炭开采等上游能源开采企业应该碳捕获和封存技术，加强温室气体的捕获、储存与利用，从源头上减少碳排放；改进采矿、提炼和开采技术，提高能源的利用效率，减少能源浪费。电力、燃气供应等下游能源企业应大力发展可再生能源，例如电力企业增加太阳能、风能等清洁能源的比例，燃气企业积极研发生物甲烷、氢能等清洁气体。但是发展新能源需要"先立后破"，在目前仍然依赖化石能源的情况下，应该推广使用天然气，作为传统化石能源向新能源过渡的"桥梁"。

参 考 文 献

[1] 曹廷求、张翠燕、杨雪：《绿色信贷政策的绿色效果及影响机制——基于中国上市公司绿色专利数据的证据》，载《金融论坛》2021 年第 5 期。

[2] 陈奉功、张谊浩：《企业发行绿色债券的经济与环境后果研究》，载《广东财经大学学报》2023 年第 3 期。

[3] 陈国进、丁赛杰、赵向琴、蒋晓宇：《中国绿色金融政策、融资成本与企业绿色转型——基于央行担保品政策视角》，载《金融研究》2021 年第 12 期。

[4] 陈宇峰、马延柏：《绿色投资会改善企业的环境绩效吗——来自中国能源上市公司的经验证据》，载《经济理论与经济管理》2021 年第 5 期。

[5] 陈志刚、弓怡菲：《绿色金融对企业绩效的影响及机制分析》，载《经济与管理评论》2022 年第 5 期。

[6] 何凌云、祁晓凤：《环境规制与绿色全要素生产率——来自中国工业企业的证据》，载《经济学动态》2022 年第 6 期。

[7] 胡曲应：《上市公司环境绩效与财务绩效的相关性研究》，载《中国人口·资源与环境》2012 年第 6 期。

［8］ 胡玉凤、丁友强：《碳排放权交易机制能否兼顾企业效益与绿色效率?》，载《中国人口·资源与环境》2020 年第 3 期。

［9］ 姜燕、秦淑悦：《绿色信贷政策对企业可持续发展绩效的促进机制》，载《中国人口·资源与环境》2022 年第 12 期。

［10］ 解学梅、朱琪玮：《企业绿色创新实践如何破解"和谐共生"难题?》，载《管理世界》2021 年第 1 期。

［11］ 黎文靖、路晓燕：《机构投资者关注企业的环境绩效吗?——来自我国重污染行业上市公司的经验证据》，载《金融研究》2015 年第 12 期。

［12］ 李俊成、王文蔚：《谁驱动了环境规制下的企业风险承担："转型动力"还是"生存压力"?》，载《中国人口·资源与环境》2022 年第 8 期。

［13］ 刘珊、马莉莉：《绿色金融对制造业企业绿色化转型的影响》，载《资源科学》2023 年第 10 期。

［14］ 陆菁、鄢云、王韬璇：《绿色信贷政策的微观效应研究——基于技术创新与资源再配置的视角》，载《中国工业经济》2021 年第 1 期。

［15］ 马亚明、胡春阳、刘鑫龙：《发行绿色债券与提升企业价值——基于 DID 模型的中介效应检验》，载《金融论坛》2020 年第 9 期。

［16］ 马艳艳、刘洁、范佳颖：《数字化转型、技术创新动态能力与企业绩效——来自中国装备制造上市企业的经验证据》，载《产业经济评论（山东大学）》2023 年第 1 期。

［17］ 牛海鹏、张夏羿、张平淡：《我国绿色金融政策的制度变迁与效果评价——以绿色信贷的实证研究为例》，载《管理评论》2020 年第 8 期。

［18］ 钱雪松、康瑾、唐英伦、曹夏平：《产业政策、资本配置效率与企业全要素生产率——基于中国 2009 年十大产业振兴规划自然实验的经验研究》，载《中国工业经济》2018 年第 8 期。

［19］ 邵朝对：《进口竞争如何影响企业环境绩效——来自中国加入 WTO 的准自然实验》，载《经济学（季刊）》2021 年第 5 期。

［20］ 沈璐、廖显春：《绿色金融改革创新与企业履行社会责任——来自绿色金融改革创新试验区的证据》，载《金融论坛》2020 年第 10 期。

［21］ 史代敏、施晓燕：《绿色金融与经济高质量发展：机理、特征与实证研究》，载《统计研究》2022 年第 1 期。

［22］ 斯丽娟、曹昊煜：《绿色信贷政策能够改善企业环境社会责任吗——基于外部约束和内部关注的视角》，载《中国工业经济》2022 年第 4 期。

［23］ 苏丹妮、盛斌：《服务业外资开放如何影响企业环境绩效——来自中国的经验》，载《中国工业经济》2021 年第 6 期。

［24］ 苏冬蔚、连莉莉：《绿色信贷是否影响重污染企业的投融资行为?》，载《金融研究》2018 年第 12 期。

［25］ 王博、康琦：《数字化转型与企业可持续发展绩效》，载《经济管理》2023 年第 6 期。

［26］ 王海花、谭钦瀛、李烨：《数字技术应用、绿色创新与企业可持续发展绩效——制度压力的调节作用》，载《科技进步与对策》2023 年第 7 期。

［27］ 王欢、王之扬、夏凡、张娱：《碳排放权交易机制是否能够提高企业可持续发展绩效?——基于碳排放试点政策的准自然实验》，载《金融理论与实践》2023 年

第 8 期。

[28] 王康仕、孙旭然、王凤荣：《绿色金融、融资约束与污染企业投资》，载《当代经济管理》2019 年第 12 期。

[29] 王丽萍、徐佳慧、李创：《绿色金融政策促进企业创新的作用机制与阶段演进》，载《软科学》2021 年第 12 期。

[30] 王馨、王营：《绿色信贷政策增进绿色创新研究》，载《管理世界》2021 年第 6 期。

[31] 王玉林、周亚虹：《绿色金融发展与企业创新》，载《财经研究》2023 年第 1 期。

[32] 魏建、李世杰：《不确定性感知与企业绿色技术创新——基于区域与企业异质性视角的分析》，载《重庆大学学报（社会科学版）》2023 年。

[33] 吴世农、周昱成、唐国平：《绿色债券：绿色技术创新、环境绩效和公司价值》，载《厦门大学学报（哲学社会科学版）》2022 年第 5 期。

[34] 吴育辉、田亚男、陈韫妍、徐倩：《绿色债券发行的溢出效应、作用机理及绩效研究》，载《管理世界》2022 年第 6 期。

[35] 席龙胜、赵辉：《高管双元环保认知、绿色创新与企业可持续发展绩效》，载《经济管理》2022 年第 3 期。

[36] 肖黎明、李秀清：《绿色证券对企业绿色投资效率的影响——基于六大高耗能行业上市企业的检验》，载《金融监管研究》2020 年第 12 期。

[37] 杨汝岱：《中国制造业企业全要素生产率研究》，载《经济研究》2015 年第 2 期。

[38] 於军、隋艮：《数字化转型如何影响企业可持续绩效——来自 fsQCA 的发现》，载《软科学》2023 年。

[39] 喻旭兰、周颖：《绿色信贷政策与高污染企业绿色转型：基于减排和发展的视角》，载《数量经济技术经济研究》2023 年第 7 期。

[40] 张莉莉、肖黎明、高军峰：《中国绿色金融发展水平与效率的测度及比较——基于1040 家公众公司的微观数据》，载《中国科技论坛》2018 年第 9 期。

[41] 张茜、刘宏笪、孙华平等：《环境规制、能源效率与电力行业协同减排——基于长三角地区的实证研究》，载《产业经济评论（山东大学）》2018 年第 3 期。

[42] 张小可、葛晶：《绿色金融政策的双重资源配置优化效应研究》，载《产业经济研究》2021 年第 6 期。

[43] Barney, J., 1991: Firm Resources and Sustained Competitive Advantage, *Journal of Management*, Vol. 17, No. 1.

[44] Chowdhury, S., Dey, P. K., and Rodríguez - Espíndola, 2022: Impact of Organisational Factors on the Circular Economy Practices and Sustainable Performance of Small and Medium - Sized Enterprises in Vietnam, *Journal of Business Research*, Vol. 147, No. 8.

[45] Climent, F. and Soriano, P., 2011: Green and Good? The Investment Performance of US Environmental Mutual Funds, *Journal of Business Ethics*, No. 2.

[46] Cohen, W. and Levinthal, D., 1989: Innovation and Learning: Two Faces of R&D, *The Economic Journal*, Vol. 99, No. 397.

[47] Fan, H., Peng, Y., Wang, H., and Xu, Z., 2021: Greening through Finance? *Journal of Development Economics*, Vol. 152.

[48] Flammer, C., 2021: Corporate Green Bonds, *Journal of Financial Economics*, Vol. 142, No. 2.

[49] Hart, S. L. and Ahuja, G., 1996: Does It Pay to be Green? An Empirical Examination of the Relationship between Emission Reduction and Firm Performance. *Business Strategy and the Environment*, Vol. 5, No. 1.

[50] Hu, Q. Q., Li, X., and Feng, Y. H., 2022: Do Green Credit Affect Green Total Factor Productivity? Empirical Evidence from China, *Frontiers in Energy Research*, No. 9.

[51] Huang, J. W. and Li, Y. H., 2017: Green Innovation and Performance: The View of Organizational Capability and Social Reciprocity, *Journal of Business Ethics*, Vol. 145, No. 2.

[52] Li, C., Qi, Y., Liu, S., and Wang, X., 2022: Do carbon ETS Pilots Improve Cities' Green Total Factor Productivity? Evidence from a Quasi-natural Experiment in China, *Energy Economics*, Vol. 108.

[53] Li, Y. S., Mao, J. Z., and Chen, S. D., 2022: Tax-reducing Incentive and Corporate Green Performance: What We Learn from China, *Renewable Energy*, Vol. 199.

[54] Porter, M. E. and Linde, C., 1995: Toward a New Conception of the Environment – Competitiveness Relationship, *Journal of Economic Perspectives*, Vol. 9, No. 4.

[55] Shahnia, C. and Endri, E., 2020: Dupont Analysis for the Financial Performance of Trading, Service & Investment Companies in Indonesia, *International Journal of Innovative Science and Research Technology*, Vol. 5, No. 4.

[56] Soliman, M. T., 2008: The Use of Dupont Analysis by Market Participants, *The Accounting Review*, Vol. 83, No. 3.

[57] Song, M., Peng, L., and Shang, Y., 2022: Green Technology Progress and Total Factor Productivity of Resource – Based Enterprises: A Perspective of Technical Compensation of Environmental Regulation, *Technological Forecasting and Social Change*, Vol. 174.

[58] Tan, X., Dong, H., and Liu, Y., 2022: Green Bonds and Corporate Performance: A Potential Way to Achieve Green Recovery, *Renewable Energy*, Vol. 200.

[59] Wu, S., Zhou, X. Y., and Zhu, Q. J., 2023: Green Credit and Enterprise Environmental and Economic Performance: The Mediating Role of Eco-Innovation, *Journal of Cleaner Production*, Vol. 382.

[60] Zhou, X., Tang, X., and Zhang, R., 2020: Impact of Green Finance on Economic Development and Environmental Quality: A Study Based on Provincial Panel Data from China, *Environmental Science and Pollution Research*, Vol. 27.

Research on the Driving Effects of Green Finance on the Sustainable Development Performance of Energy Enterprises

Xiaojun Cheng　Jinhong Ye

Abstract: In the context of the "dual carbon" framework, green finance provides financial support for the green transformation of energy enterprises, significantly influencing their sustainable development. Based on panel data from Chinese energy-listed companies between 2012 and 2020, this paper measures the green finance funding levels for each energy enterprise across four dimensions: green credit, green bonds, green investment, and carbon finance. The study evaluates the sustainable development performance of companies from both environmental and economic perspectives, empirically examining the dynamic impact and mechanisms of green finance on the sustainable development performance of energy enterprises. The findings are as follows: (1) Green finance significantly enhances the sustainable development performance of energy enterprises. The impact of green finance on environmental performance weakens in the first three years after obtaining green finance funds, followed by a strengthening trend, while the impact on economic performance increases year by year. (2) Green finance primarily enhances the sustainable development performance of energy enterprises by promoting green innovation, alleviating financial constraints, and improving GTFP. (3) The positive impact of green finance on the sustainable development performance is more pronounced for state-owned energy enterprises and downstream energy enterprises. It is also more significant for the environmental performance of enterprises involved in renewable energy development and utilization, as well as for the economic performance of those not engaged in renewable energy enterprises. (4) Among the four different green finance instruments, green credit has the greatest impact on the sustainable development performance of energy enterprises, followed by green bonds and green investment, while carbon finance has no significant impact. Based on the research conclusions, this paper provides corresponding policy suggestions for improving China's green finance policies and facilitating the green transformation of energy enterprises.

Keywords: Green Finance　Sustainable Development Performance　Green Innovation　Financing Constraints　Green Total Factor Productivity

JEL Classification: D22　G32　L52　Q48

第 23 卷第 1 辑　　　　　　产业经济评论（山东大学）　　　　　Vol. 23　No. 1
2024 年 3 月　　　　　Review of Industrial Economics　　　　　March 2024

经济政策不确定性与垂直专业化分工

——来自中国制造业企业的微观证据

聂爱云　　江春云　　沈立锦[*]

摘　要： 近年来，不确定性冲击成为中国企业面临的重大挑战。本文理论分析表明，经济政策不确定性会增加企业的交易成本并加剧融资约束，进而对企业分工水平产生重要影响。基于中国制造业企业数据和不确定性指数，实证研究发现：（1）经济政策不确定性上升显著降低了中国制造业企业的专业化分工水平，这一结论在一系列稳健性检验下依然成立。（2）机制检验表明，增加外部交易成本和加剧融资约束是经济政策不确定性降低专业化分工水平的两大主要途径。（3）在资产专用性更高的企业、小规模企业以及市场规模较小的企业，不确定性对分工的抑制作用更加显著。（4）进一步分析表明，经济政策不确定性不利于企业专业化生产，并最终降低了企业生产率。本文为认识不确定性冲击与企业边界调整提供了经验证据，也为政府更好地平抑不确定性冲击的负面影响提供了重要的政策启示。

关键词： 经济政策不确定性　专业化分工　交易成本　融资约束

一、引　　言

2020 年初开始的新冠肺炎疫情对世界各国经济运行、企业生存造成了重大的不确定性冲击。新冠肺炎疫情期间为应对这一冲击，政府相继出台一系列紧急救助政策，如减税降费、创业担保贷款、就业服务和补贴等，但是频繁出台各项政策进一步加剧了政策的不稳定性以及不可预期性，最终导致企

---

[*] 本文受国家社会科学基金重点项目"人工智能对制造业转型升级的影响研究"（23AZD085）、国家自然科学基金项目"机器人使用的就业与收入效应：理论机制、微观证据与政策设计"（72163016）、江西师范大学教改课题：基于"新文科"建设的公共管理专业人才培养模式研究（JXSDJG2357）资助。

感谢匿名审稿人的专业修改意见！

聂爱云：江西师范大学政法学院；地址：江西省南昌市紫阳大道 99 号，邮编 330022；E-mail：nieaiyun@126.com。

江春云：江西省青云谱区新经济产业集聚区管理委员会；地址：南昌市青云谱区新地路 222号，邮编：330001；E-mail：1905350464@qq.com。

沈立锦：江西财经大学应用经济学院；地址：江西省南昌市昌北国家经济技术开发区双港东大街 169 号，邮编：330013；E-mail：shenlj0726@163.com。

业面临不确定性叠加风险（战相岑等，2021；陈德球等，2016）。《2022 全球宏观经济季度报告》指出：受疫情反复、俄乌冲突、供应瓶颈以及主要经济体刺激政策退出等事件的影响，全球经济运行风险突出，外部环境复杂严峻，不确定性一路攀升。伴随着经济政策不确定性持续攀升，经济增长停滞（Baker et al.，2016）、企业风险骤增（战相岑等，2021）、企业生产发展受限（高越、陈胜发，2022）等问题接踵而至。经济政策不确定性已经成为制约企业健康发展，动摇企业生存根基的关键因素。准确理解经济政策不确定性影响企业的作用机制与经济后果，探索企业应对不确定性冲击的有效途径，不仅能为企业健康稳健发展提供借鉴，还能为政府制定应对政策提供理论依据，具有重要的现实意义。

关于经济政策不确定性对经济增长和企业成长的影响，学术界已有较多研究。在宏观层面，大量的文献表明经济政策不确定性对产出、投资、消费、出口以及就业等宏观经济变量产生了负面影响（金雪军等，2014；Baker et al.，2016；韩亮亮等，2019）。经济政策不确定性还会降低经济周期的稳定性，对投资和就业等方面造成不同程度的负面冲击，最终破坏经济平稳运行（Pastor and Veronesi，2012；Born and Pfeifer，2014；Fernández – Villaverde et al.，2015；王义中、宋敏，2014；李凤羽、杨墨竹，2015）。在微观层面，学者们则聚焦于经济政策不确定性对企业投资（顾海峰、朱慧萍，2021；陈明利，2022）、创新投入（Bhattacharya，2017；马姚、周杰，2021）、企业并购（Garfinkel and Hankins，2011；Duchin and Schmidt，2013）、企业风险（Liu et al.，2017；刘金全、廖文欣，2021）等企业生产经营决策的影响。尽管有大量文献探索了经济政策不确定性与宏观经济波动、微观企业生产之间的关系，但却忽略了企业生产经营的关键一环——专业化分工是否受到经济政策不确定性的影响。不确定性对企业分工产生何种影响，其影响机制和经济后果是什么？厘清这些问题，对于在当前不确定性频发的宏观环境下指导企业更好地应对风险，提高分工合作水平和生产效率，促进高质量增长具有重要意义。

除了不确定性文献，本文还与专业化分工的文献密切相关。在现有关于"垂直专业化分工的影响因素"的文献中，众多研究者发现交易成本是影响专业化分工的一个关键因素（Coase，1937；Williamson，1985；Arnold，2000；Roberts，2001）。根据科斯的交易成本理论，企业专业化分工程度取决于外部交易成本与内部交易成本之间的权衡。Williamson and Klein 等发展了交易费用理论，并认为纵向一体化是避免事后"敲竹杠"的有效工具，企业面临的市场交易成本是决定企业专业化分工程度的重要因素（Coase，1937；Williamson，1985）。沿着这一理论逻辑，后续研究者考察了资产专用性、互联网使用、增值税改革、市场整合、制度环境等因素对企业分工的影响（Fan and Lang，2000；Acemoglu et al.，2010；陈钊、王旸，2016；Fan et al.，

2017；李嘉楠等，2019；施炳展、李建桐，2020），深化了人们对交易成本如何影响企业专业化分工的理解。然而，目前鲜有文献研究经济政策不确定性对企业分工的影响，只有少数学者探讨了外部不确定性对专业化分工的冲击。Donk and Vaart（2005）发现，不确定性增加将激励企业进行垂直整合以抵御不确定性风险。郭策、张腾元（2021）则发现，贸易政策不确定性会通过合约成本敏感度、地理聚集程度这两个渠道影响企业专业化分工。战相岑等（2021）从供应链视角出发，认为不确定性加剧了企业的融资约束，进而推动企业加速垂直一体化。Garfinkel and Hankins（2011）从风险管理的视角发现，现金流不确定性加剧会激励企业进行垂直整合。"外部不确定性和企业边界的关系"虽然是一个重要话题，但相关的研究仍较少，亟待展开更深入的研究。

基于此，本文尝试从交易成本和融资约束的视角阐明经济政策不确定性对企业专业化分工的影响及其机制，构建理论模型与备择假说。进一步地，基于中国制造业企业数据和不确定性指数进行实证检验。研究发现，经济政策不确定性提高显著降低了企业专业化分工水平，并通过提高企业面临的外部交易成本、加剧企业的融资约束这两个机制降低专业化分工水平。异质性检验发现，经济政策不确定性提高对企业专业化分工的抑制效果在资产专用性高、小规模以及市场规模大的企业中更为显著。进一步的研究表明，经济政策不确定性通过降低企业专业化分工水平的方式显著抑制了企业生产率增长。换言之，经济政策不确定性的上升会间接地通过影响企业边界调整行为进而对企业经济绩效产生负面影响。

与现有文献相比，本文的贡献主要有以下几个方面：一是拓展和丰富了经济政策不确定性的经济效应的相关研究。现有研究重点讨论了经济政策不确定性对企业投融资、创新投入和企业风险等生产经营行为的影响，鲜有文献关注其对专业化分工的作用。本文则系统地阐明和验证了经济政策不确定性对企业边界调整和专业化分工的影响效应及其机制。基于企业分工和企业边界调整的视角，本文将宏观环境波动与企业边界结合，探讨经济政策不确定性对企业专业化分工的影响及其内在机理，推进了现有关于经济政策不确定性的经济效应的研究。二是本文从经济政策不确定性的视角探讨企业垂直专业分工问题，补充和丰富了关于专业化分工影响因素的认识。众多文献从交易成本视角探讨分工的决定因素，并进行了拓展（Coase，1937；Williamson，1985；Roberts，2001；陈钊、王旸，2016；Fan et al.，2017；李嘉楠等，2019；李超等，2021）。但是现有研究侧重于关注税收改革、市场分割和交通基础设施等对企业边界与企业分工的影响。而本文从经济政策不确定性角度发现，较高的经济政策不确定性会提高外部交易成本和融资约束，进而抑制企业分工。三是本文还具有重要的政策价值。经济政策不确定性会增加企业交易成本和融资约束，进而促使企业调整边界，这为政府制定和调整平抑不确定性冲击的政策提供了方向和理论依据，同时为企业对冲经济政策不确定性带来的风险、提高经济绩效提供了思路。

本文后续安排如下：第二部分构建理论分析框架与假设；第三部分介绍数据来源、变量定义与模型构建；第四部分是基准结果分析、稳健性检验与异质性检验；第五部分是进一步分析；第六部分是结论与政策启示。

二、理论分析与研究假说

（一）经济政策不确定性、交易成本与企业专业化分工

根据科斯的交易费用理论，企业边界与企业面临的内、外部交易成本息息相关。当企业面临的外部交易成本高于内部交易成本时，企业边界将向内部延伸，即企业将更多地通过内部权威关系组织生产活动；当企业承担的内部交易成本高于外部交易成本时，企业边界将向外部扩张，即企业将通过市场价格机制实现资源配置。由此可见，企业面临的内、外部交易成本是企业边界变动的直接影响因素（Coase，1937；Williamson，1985）。而经济政策不确定性对企业边界的经济冲击可能会通过企业内、外部交易成本这一渠道实现，即影响企业垂直一体化程度或专业化分工水平。基于此，本文借鉴衰淳等（2021）的模型，针对经济政策不确定性、交易成本以及企业专业化分工这三者之间的联系构建数理模型，并提出相关待检验假设。

假设某代表性企业生产一种最终产品需要投入 N 种连续的中间投入品，而每一种中间投入品 i 需要数量为 X_i（$i \in [0, N]$）。假定企业按照如下常数替代弹性（CES）函数进行生产活动：

$$y = \left[\int_0^N (x_i)^{\frac{\sigma-1}{\sigma}} di \right]^{\frac{\sigma}{\sigma-1}} \tag{1}$$

替代弹性 σ（$\sigma > 0$）意味着企业可以选择"仰给于人"即从产业链上的其他中间产品或原材料供应商处购买中间投入品，也可以选择"自给自足"即企业内部生产所需的中间投入品。而企业对两种获取中间投入品的方式的选择取决于企业面临的内、外部交易成本。

当企业选择采取"仰给于人"的方式即专业化分工获得中间投入品 i 时，每一单位的中间投入品购买成本为 $c_i(\theta) \equiv c = p(1 + t(\theta))$，其中 p 为中间投入品的出厂价格；$\theta$ 为经济政策不确定性指数，θ 值越大代表企业面临的不确定性越大，营商环境越波动；$t(\theta) > 0$ 代表由经济政策不确定性引致的企业外部交易成本。企业面临的外部交易成本大致包含几个内容：（1）事前：企业为寻求最佳合作商，对潜在合作商进行资质、信誉、产品价格调查所产生的搜寻成本；与交易对手就交易的产品质量、价格、期限等契约条款进行谈判协商产生的契约成本（施炳展、李建桐，2020）。（2）事后：为确

保高效高质量地执行合约，企业需要承担一些监督管理成本；为应对事后可能出现的"违约"或契约不完善等突发事件，企业可能还需对契约内容进行修改、完善，甚至承担被违约的风险，由此产生了纠正成本（Williamson，1985）。

与此同时，经济政策不确定性的提高将从诸多方面影响企业面临的外部交易成本：（1）经济政策不确定性提高意味着营商环境波动，一方面企业为把握经济发展动向，顺应行业发展趋势，抓住政策指引方向，将更加积极主动地搜集政策动态信息，增加了解政策动向的搜寻成本；另一方面随着经营环境的波动，市场中的参与主体也将逐渐减少，企业寻求合适的合作商的难度提高，进一步地增加了搜寻成本（韩爽等，2019）。具体来说，在经济政策不确定性高的情况下，原中间产品合作商违约行为发生概率提高，迫使企业需要在短时期内与新的替代性合作商签订合约以最小化原合作商违约造成的经济损失，而参与市场交易的经济主体的数量随经济政策不确定性的提高而下降，这将增加了企业搜寻新的适宜合作商的频率与难度，从而提高了搜寻成本（韩爽等，2019）。不仅如此，由于市场中的竞争者减少，中间产品生产商的"不可替代性"增强，垄断势力提高，因此中间产品生产商可能会降低中间投入品的质量以及提高产品价格，进一步增加了企业的外部交易成本（郭策、张腾元，2021）。（2）经济政策不确定性提高将导致交易双方信息不对称程度增强，企业难以准确掌握潜在合作商的资信水平、生产情况、信誉程度等真实信息，降低了标的价格、质量、工艺等相关契约要素的透明度，从而增加了企业间的契约协调、谈判成本（袁淳等，2021）。（3）经济政策不确定性提高意味"突发事件"频现，企业对未来的经营环境的可预期性下降，企业间的交易偏离契约基本框架的概率增加，契约的不充分不完全性提升，这可能导致交易双方采取"机会主义"行为，而为了修正或规避这种"偏离"，企业需要增加交易中的监督管理成本以及协商管理、讨价还价等成本（Lafontaine and Slade，2007）。（4）经济政策不确定性增强将导致营商环境的稳定性下降，贸易市场自由度的降低，企业间先进技术、成熟管理经营以及优质服务等资源无法实现有效共享，甚至加剧了外资波动风险，影响了外资利用效率，进一步导致企业外部交易成本上升（邓军、王丽娟，2020）。

综上所述，经济政策不确定性越高，企业面临的外部交易成本也越高，即 $\frac{\partial t(\theta)}{\partial \theta} > 0$。

当企业选择"自给自足"的方式即垂直一体化获得中间投入品 i 时，假设每一单位的中间投入品的生产成本为 $c \equiv \mu_i$（$\mu > 0$）代表生产的中间投入品在产业链中的层级，μ 越大意味着中间投入品向终端成品的延伸程度，简言之，企业生产低端的中间投入品所费的生产成本最低。而结合现实情况，企业无法生产所有的中间投入品，必将存在一个"自给自足"的临界点 i^*。假设在只考虑企业的生产成本的情况下，当 $i \leq i^*$ 时，企业选择外购中间投入品的外购成本大于自制中间投入品的生产成本；当 $i > i^*$ 时，企业选择外购中间投入品的外购成本小于自制中间投入品的生产成本，也就是说企业将在企业内生产小于临界值的中间投入品，而外购临界值之外的中间投入品。随着临界值 i^* 的增大，企业外购中间投入品的范围在缩小，企业参与专业化分工的水平下降，反之，临界值 i^* 下降意味着自制中间投入品范围缩小，企业的垂直一体化水平下降。然而，企业自制中间投入品不仅需要花费生产成本，还需考虑内部交易成本。企业内部交易成本是指为维系企业内部各部门的生产活动的连续性，对生产过程各环节进行计划、统筹、协调、完善等付出的监督、管理与组织费用（张学军、王国顺，2008）。企业的内部交易成本大致可以分为以下几个方面：（1）产权成本：为明晰产权所花费的相关费用。（2）代理成本：根据委托代理理论，企业所有者与管理者的目标不一致，企业所有者的目标是利润最大化，而管理者倾向于追求自身效用最大化，这种目标的不一致会导致管理者的决策与所有者目标相悖，而为了避免出现"委托代理问题"，企业将承担一些代理成本。具体而言，企业因"委托代理问题"产生的代理成本可以分为以下几个部分：委托方为监督代理方的行为、决策是否符合委托方利益最大化的原则而产生的监督成本；委托方为减少"委托代理问题"发生的概率，增加代理方的违约成本，激励代理方采取正确的经营方针，与代理方签订的确保代理行为适当的契约，从而产生的契约成本；由于代理方对投资决策信息处理存在主观性，导致代理方遵循自己的意志而非委托方掌握的信息而产生的误差成本。（3）影响成本：为激励企业员工尽职尽责，企业内部将优化绩效考核、薪酬分配等利益分配方式，由此产生的影响成本。（4）信息成本：由于企业内部是由各组织层级构成，上下层级之间的信息沟通不完全，下级出于自身效益最大化的动机可能会将错误信息传递到上级，因此产生了信息判断成本。（5）监督与激励成本：多组织层架构成的企业存在上下级信息不对称的问题，容易滋生逆向选择问题（隐瞒信息）以及道德风险（如懈怠偷懒、徇私舞弊），导致机会主义问题的产生，而为了避免此类问题的出现，企业需要付出相应的监督与激励成本（张学军、王国顺，2008；Williamson，1985；Ozbas and Scharfstein，2010）。企业自制中间投入品（垂直一体化）意味着企业面临更加复杂的内部组织结构，而为了确保各分部的生产有序进行，企业将花费更多的内部管控成本（内部交易成本）以维系各部门的运行与衔接。综上，假设企业内部交易成本为 $F(i^*, \theta)$（$F(i^*, \theta) > 0$），内部交易成本随着企业自制中间投入品 i^* 的水平提高而提升，即 $\frac{\partial F(i^*, \theta)}{\partial i^*} > 0$。

具体而言，企业内部的交易成本可能会随着经济政策不确定性的增强而提高：（1）经济政策不确定性增强意味着企业外部"突发事件"频现，企业内部上下层级对"突发事件"及政策出台、调整等信息掌握程度不一，导致企业内部上下级之间的信息不对称程度提升，而为了提高企业上下级之间的信息流通效率，提高企业生产、投资决策的可行性，企业将增加信息成本。（2）经济政策不确定性增强意味着企业生产经营面临更大的调整，而管理者出于自身利益最大化的考虑做出高风险高收益的投资决策，这将使企业陷入更大的风险中，因此为了减少"委托代理问题"造成的效率损失，企业将增加监督管理成本（Chen and Kamal，2016；赵旭光，2020）。因此，经济政策不确定性增强在一定程度上增加了企业的内部交易成本，即 $\frac{\partial F(i^*,\ \theta)}{\partial \theta} > 0$，进而假定企业的边际内部交易成本 $\frac{\partial F(i^*,\ \theta)}{\partial i}$ 将随着经济政策不确定性提高而增加即 $\frac{\partial^2 F(i^*,\ \theta)}{\partial i \partial \theta} > 0$。

假设企业生产前 i^* 种中间投入品，从生产链上的其他企业处购买（$N-i^*$）种中间投入品，根据 CES 生产函数可得企业一单位最终产品的总成本为：

$$C = \left\{ \int_0^{i^*} \mu i^{1-\sigma} di + \int_{i^*}^N [p(1+t(\theta))]^{1-\sigma} di \right\}^{\frac{1}{1-\sigma}} \tag{2}$$

则生产 Q 单位的最终产品的总成本为生产成本加上企业的内部交易成本（内部管控成本）：

$$TC = C = Q\left\{ \int_0^{i^*} (\mu i)^{1-\sigma} di + \int_{i^*}^N [p(1+t(\theta))]^{1-\sigma} di \right\}^{\frac{1}{1-\sigma}} + F(i^*,\ \theta) \tag{3}$$

而企业生产的目标是利润最大化即成本最小化，因此企业会选择成本最小化时的一体化水平，即总成本的一阶条件为 0 时的一体化水平：

$$\frac{Q}{\sigma-1}\left\{ \int_0^{i^*} (\mu i)^{1-\sigma} di + \int_{i^*}^N [p(1+t(\theta))]^{1-\sigma} di \right\}^{\frac{1}{1-\sigma}}$$

$$\left\{ (\mu i^*)^{1-\sigma} - [p(1+t(\theta))]^{1-\sigma} \right\} = \frac{\partial F(i^*,\ \theta)}{\partial i} \tag{4}$$

由式（4）可知左式表示，随着企业一体化程度的提高，企业的边际收益也在提升，这助推了企业增加垂直一体化的动机；而右式意味着企业增加垂直一体化，边际成本也在增加，增加了企业参与专业化分工的动机。

接下来考察在经济政策不确定性提高的情况下，企业边界的变动情况：假设经济政策不确定性提高主要增加企业的外部交易成本，而对边际内部管控的影响不显著，即 $\frac{\partial^2 F(i^*,\ \theta)}{\partial i \partial \theta} \cong 0$。由此可推出：

$$\frac{\partial F(i^*,\ \theta)}{\partial i} = \int_0^\theta \frac{\partial^2 F(i^*,\ \theta^1)}{\partial i \partial \theta^1} d_{\theta^1} \cong 0 \tag{5}$$

代入式（4）中，可得：

$$(\mu i^*)^{1-\sigma} - [p(1 + t(\theta))]^{1-\sigma} = 0 \qquad (6)$$

$$(\mu i^*)^{1-\sigma} = [p(1 + t(\theta))]^{1-\sigma} \qquad (7)$$

$$\mu i^* = p(1 + t(\theta)) \qquad (8)$$

随着经济政策不确定性 θ 提高，外部交易成本提高，即 $\frac{\partial t(\theta)}{\partial \theta} > 0$，$i^*$ 将上升。换言之，经济政策不确定性提高通过增加企业的外部交易成本，扩大了自制中间投入品的范围，降低了企业参与专业化分工的水平。基于此，本文提出假设 1：

H1：经济政策不确定性提高了企业的外部交易成本，进而降低了企业参与专业化分工的水平。

假设经济政策不确定性提高主要增加企业的内部交易成本，而对外部交易成本的影响不显著，因此企业面临的外部交易成本不受经济政策不确定性变化的影响，即 $t(\theta) \cong t$，代入一阶函数可得：

$$\frac{Q}{\sigma - 1}\{\int_0^{i^*} (\mu i)^{1-\sigma} di + \int_{i^*}^N [p(1 + t(\theta))]^{1-\sigma} di\}^{\frac{1}{1-\sigma}}$$

$$\{(\mu i^*)^{1-\sigma} - [p(1 + t)]^{1-\sigma}\} = \frac{\partial F(i^*, \theta)}{\partial i} \qquad (9)$$

由于假设经济政策不确定性提高会增加企业的边际内部交易成本，即 θ 提高，$\frac{\partial^2 F(i^*, \theta)}{\partial i \partial \theta} > 0$，等式右边 $\frac{\partial F(i^*, \theta)}{\partial i}$ 将上升。当 θ 提高时，企业的边际内部交易成本将上升，而为了达到边际收益与边际成本新的均衡点 i^{*1}，企业需要降低自制中间投入品的范围，即降低 i^*。换言之，经济政策不确定性提高可能会通过提高内部交易成本，进而降低一体化程度，提振专业化分工水平，基于此，本文提出假设 2：

H2：经济政策不确定性会导致企业的内部交易成本增加，进而提高了企业参与专业化分工的水平。

（二）经济政策不确定性、融资约束与企业专业化分工

根据金融摩擦理论，银行、金融机构是企业获得信贷资金支持的主要途径，经济政策不确定性提高导致企业与银行、金融机构之间信息不对称程度提升，增加了银行评估企业资产、信誉、经营能力等真实信息的难度。银行出于提高借贷人还款率，降低经营风险的目的，将提高放贷门槛或降低放贷数量，这提高了企业的融资成本，导致企业面临更大的融资约束（战相岑等，2021）。

一般来说，融资约束的形成来源于企业的内、外部融资成本的差异，前者大于后者就形成了融资约束（Fazzari et al.，1988；Kaplan and Zingales，1997）。而形成这种差异的原因可以归结为：一是创新研发项目中存在技术保密的需要，投资者能够获取的项目的可行性与预期收益等信息较小，

为了弥补因信息不对称增加的风险识别成本，投资者要求更高的投资回报（Greenwald et al.，1984）；二是鉴于委托代理问题的存在，投资者无法完全掌控企业决策行为，从而增加了投资失败的风险（Bernanke and Gertler，1989）。

经济政策不确定性提高影响企业的融资约束的渠道可以分为三种：一是资金价格渠道：经济政策不确定性导致企业与银行之间存在信息不对称的问题，使得企业外部融资成本高于企业资产，产生了融资约束。二是资本可获得渠道：在经济政策不确定性高的情况下，银行不具备精准评估企业经营风险、偿付能力以及投资项目的能力，因此银行出于谨慎性动机将要求贷款者提供抵押品。此外，经济政策不确定性提高导致企业出现资金错配、资产价值缩水的问题，这进一步加剧了企业面临的融资约束问题（林建浩、阮萌柯，2016；陈娟娟等，2021；Stiglitz and Greenwald，1990；Pástor L' and Veronesi，2013）。三是现金流渠道：经济政策不确定性上升，股市价格大幅波动，企业面临更复杂的经营环境，投资者面临更大的投资风险，这导致投资者更加谨慎投资，企业面临更为紧张的现金流动问题，因此加深了企业内部融资约束程度（陈娟娟等，2021；郭田勇、孙光宇，2020；Pástor L' and Veronesi，2013）。

经济政策不确定性提高意味着企业外部经营环境愈发不确定，融资约束加紧，企业资金流动性不足，导致上游企业正常生产经营活动受限，产品供给不足，下游企业资金紧张，产品需求短缺，上下游企业供需平衡失调，这一负面冲击通过生产链传导至各个企业，最终使得企业面临供应链断裂的风险，提高了企业持续经营的难度（Gao et al.，2017）。而企业可以通过提高垂直一体化水平，即整合生产环节实现"自给自足"，降低经济政策不确定性提高带来的生产链断裂风险，稳定生产、销售各环节，增强企业抵御风险的能力（吴利华等，2008）。换言之，经济政策不确定性增强加剧企业的融资约束的同时，企业将通过降低参与专业化分工水平的方式缓解融资约束，降低经营风险。基于此，本文提出假设3：

H3：经济政策不确定性加剧了企业的融资约束，从而降低了企业参与专业化分工的水平。

三、计量模型与变量设定

根据本文第二部分模型推导，经济政策不确定性提高对企业专业化分工的最终影响是不确定的。其对分工的影响一方面取决于其对内、外部交易成本的作用方向及效果，另一方面取决于其对融资约束的影响。接下来对经济政策不确定性与企业专业化分工的关系进行实证分析，本部分将说明研究问题的数据来源与核心变量构建。

（一）数据来源与核心变量处理

本文的数据来源于"中国工业企业数据库"，由于构建"专业化分工"这一核心变量所需的中间投入品指标于 2007 年后缺失，因此本文选取 2000 ～ 2007 年"中国工业企业数据库"中的制造业企业作为研究样本。经济政策不确定性指数取自 Jian Yu et al.（2020）构建的 2000 ～ 2017 年中国各省份经济政策不确定性指数，该指数借鉴 Baker et al.（2016）构建经济政策不确定性指数的方法，综合考虑了中国国情及地理区域差异，更加精准、可靠、全面地反映了中国各地区的经济政策不确定性变动情况，因此近年来也为诸多研究所采用（Lei et al.，2022；Amin and Dogan，2021；Chu and Le，2022；Anser et al.，2022；Zhang et al.，2021；Liu and Zhang，2022；Bai et al.，2022）。本文对所选数据作如下处理：一是剔除制造业以外的行业。二是剔除存在大量缺失值的样本。三是为避免实证结果受极端异常值的干扰，将企业层面的相关变量进行 1% 的双侧 Winsorize 处理。

（二）模型构建

为检验经济政策不确定性与企业专业化分工之间的关系，本文借鉴袁淳等（2021）和战相岑等（2021）的方法构建如下回归模型：

$$Spe_{z,i,t} = \alpha_0 + \alpha_1 EPU_{z,t} + \sum Controls + \sum Firm + \sum Industry$$
$$+ \sum Province + \sum Year + \varepsilon_{i,t} \tag{10}$$

其中，z 代表省份，i 代表企业，t 代表年份；Spe 代表企业专业化水平；EPU 代表经济政策不确定性指数；Controls 代表一系列控制变量，$\varepsilon_{i,t}$ 是指误差项。为了解决不随时间而变但随个体而异的遗漏变量问题，本文加入企业个体固定效应 Firm；引入时间固定效应 Year 解决随时间而变但不随个体而异的遗漏变量问题；同理，为控制不随时间变化的行业、省份层级的遗漏变量，本文分别加入行业固定效应 Industry、省份固定效应 Province。

（三）变量定义

1. 解释变量：中国各省经济政策不确定性指数（EPU）

本文采用 Yu et al.（2020）构建的中国各省份经济政策不确定性指数（economic policy uncertainty index）。该指数借鉴 Baker et al.（2016）构建经济政策不确定性指数的方法，结合中国国情进行优化、完善，最终形成可以全面、精准、有效地衡量中国各地经济政策不确定性状况的指标。该指数的构建方法如下：（1）将中国 31 个省份[①]的《日报》作为新闻媒体报道的来源。

---

① 我国台湾、香港、澳门地区不在本次统计范围内。

（2）将"经济政策"或"不确定性"作为搜索的关键词，根据关键词搜集新闻媒体报道作为目标文章。（3）计算每年各省份含关键词"经济政策"或"不确定性"的文章总数与含关键词"经济"的文章总数的比值。（4）计算每个省份比值的标准差，并以此作为各省份的 EPU 指数。

2. 被解释变量：专业化分工程度（Spe）

本文以中间投入品在企业总产值中所占的比重作为衡量企业参与专业化分工程度的指标（郭策、张腾元，2021）。本文借鉴施炳展、李建桐（2020）构建方法，采用工业中间投入品合计与企业工业总产值的百分比来衡量企业参与专业化分工程度，并对其进行 1% 的双侧 Winsorize 处理。需要注意的是工业企业数据库中的工业中间投入合计这一指标涵盖了国内所有进行外购中间品交易活动的企业，并不局限于进出口企业（郭策、张腾元，2021）。

同时，在企业专业化分工的相关研究中，专业化分工与垂直一体化是相反的一组概念，也就是说专业化分工程度越高，垂直一体化水平就越低，反之则反。因此本文将垂直一体化水平作为衡量企业专业化分工水平的另一指标。目前学术界广泛采用价值增加值法（value added to sales，VAS）来测量垂直一体化水平（Adelman，1955）即垂直一体化水平 = 增加值/销售收入，该比值越高说明企业垂直一体化水平越高，专业化分工水平越低。计算如下：

$$\text{Spe} = \frac{\text{工业中间投入总和}}{\text{企业工业总产值}} \times 100\%$$

$$\text{VAS} = 1 - \frac{\text{工业总产值} - \text{工业增加值} + \text{应交增值税}}{\text{销售收入}}$$

其中，销售收入是工业中间投入合计与价值增值的总额，而工业中间投入合计 = 工业总产值 - 工业增加值 + 本期应交增值税。值得注意的是该指标与企业价值链的变化方向契合，即价值链与附加值随着企业垂直一体化水平的提高而延长和增加（李磊等，2011）。

3. 重要变量

（1）交易成本。根据交易成本理论，经济政策不确定性提高可能会同时影响企业面临的内、外部交易成本，进而影响企业参与专业化分工的水平，因此企业的内、外部交易成本都将成为经济政策不确定性影响企业参与专业化分工的途径。本文借鉴吴海民等（2015）、袁淳等（2021）对内、外部交易成本的度量方法构建交易成本变量。

由于企业面临的外部交易成本受到复杂的宏观环境的影响，加大了直接度量企业外部交易成本的难度，因此本文借鉴袁淳等（2021）、吴海民等（2015）的方法，分别从企业、行业、地区三个维度对企业的外部交易成本进行刻画。

第一，企业层面：企业层面的外部交易成本主要涵盖了市场渠道性交易成本和融资性交易成本（吴海民，2015）。而企业面临的市场渠道性交易成本可以用销售费用占主营业务收入的比重来度量。销售费用涵盖了企业在商品销售过程中产生的生产性支出与非生产性支出，生产性支出是指与生产成本直接相关的费用，主要包含了产品运输、包装、装卸、广告宣传、产品展览、产品销售、差旅以及工资福利等，非生产性支出是指与生产成本没有直接关联的费用，主要囊括了入场、好处、公关等。企业面临的融资性交易成本可以用财务费用在总负债中所占的比重来度量。财务费用涵盖了金融机构向贷款企业收取的贷款信息咨询费、信用承诺费、中介费、专家顾问费等。因此，本文用市场渠道性交易成本（Cost_cha）与融资性交易成本（Cost_fin）反映外部交易成本。

第二，行业层面：契约密集度是指产品中资产专用性投入的份额，契约密集度越高意味着资产专用性程度越高，"敲竹杠"行为发生的概率也越高，因此交易成本也更高（李方静、张静，2017）。契约密集度高的行业代表着契约制度化水平越低，在签订契约的过程中需要花费更多的谈判、讨价还价的成本，因此外部交易成本也越高（李坤望、王永进，2010）。本文参考李坤望、王永进（2010）度量契约制度化水平的方法，用行业契约密集度反映契约制度化水平，外部交易成本随行业契约密集度（Contract）的增加而上升。

第三，地区层面：高市场化水平的地区营商环境良好，交易主体之间信息流通速度快、合约执行效率高、产品服务质量高，机会主义、敲竹杠、违约等问题发生概率低，企业面临的外部交易成本也低，反之则反。因此，本文借鉴罗煜等（2016），党印、鲁桐（2014）的方法，采用樊纲等（2011）构建的中国市场化指数中的分项——"政府与市场关系得分"来衡量市场化，该指标来源于企业对其与政府关系的评价，能有效反映政府"看得见的手"的执政效率以及"看不见的手"的自我调节能力，两者之间的良好关系为企业进行市场交易提供了安全、高效的营商环境。因此市场化程度（MktIndex）越高，营商环境越良好，企业面临的外部交易成本越低。

由于企业内部和企业间可能存在的委托代理问题、机会主义行为，为了监督合作商对契约的履行程度，防止企业内部成员搭便车、偷懒等机会主义行为，保障生产经营活动的连续性，企业需要花费大量的监督性交易成本进行企业组织管理（吴海民等，2015）。本文将监督性交易成本（Cost_sup）表示为企业管理费用占总固定资产的比重。

（2）融资约束。尽管测量融资约束的指数很多，如 KZ 指数（Lamont et al.，2001）、WW 指数（Whited and Wu，2006）。这些指数由于包含了很多企业内部的变量（现金流、杠杆），导致融资约束指数与变量之间存在内生性的干扰。为了消除内生性的干扰，Hadlock and Pierce（2009）遵循 KZ 指数的构建方法，利用不随时间变化且具有很强外生性的两个变量—企业年龄和企业规模计算 SA 指数，计算方法如下：

$$SA = -0.737 \times Size + 0.043 \times Size^2 - 0.04 \times Age$$

SA 指数为负，对其取绝对值，绝对值越大，融资约束越大。

4. 控制变量

本文将从企业特征与宏观经济两个维度添加控制变量。企业特征维度的控制变量主要有：企业规模（Size）、年龄（Age）、津贴（Subsidy）、国有资本比例（StataShare），宏观经济的控制变量主要有：市场规模（Marketsize）、地理聚集程度（Proemp）、行业集中度（HHi）、市场分割程度（Segm）、人口总数（Population）。

企业规模（Size）：对企业职工数取对数得到企业规模。企业规模越大意味着企业内部组织结构越完善，越容易实现规模经济，企业越有能力自制中间投入品，因此企业参与专业化分工的动机就越低。

企业年龄（Age）：对企业存续期取对数得到企业年龄。企业存续时间越长，与其他企业建立的合作关系就越多，越有可能参与专业化分工（毛其淋、方森辉，2020）。

企业津贴（Subsidy）：企业获得津贴越多，现金流越稳定，越有可能与外部企业建立合作关系（郭策、张腾元，2020）。

国有资本（StataShare）：国有资本占总资本的比重表示国有资本比例。相对于非国有企业，国有企业资源禀赋高（宋增基等，2014），企业进行一体化生产的可能性大。

市场规模（Marketsize）：企业所在行业的工业总产值比重。市场规模大意味着该行业的产业链发育得越完善，企业之间展开分工合作的基础越稳固（唐东波，2013）。

地理聚集程度（Proemp）：地理集聚程度的计算公式为：

$$Proemp_{z,j,t} = \sum_i \left[employee_{i,t} \times (output_{i,t})/(output_{z,j,t}) \right]$$

$employee_{i,t}$ 是指企业在年份 t 时的职工人数，$output_{i,t}$ 是指企业在年份 t 时的工业总产值，$output_{z,j,t}$ 是指 z 省份中 j 行业在年份 t 中工业总产值之和。地理集聚程度影响了企业之间的运输、合约成本，进一步影响了企业专业化分工。

行业集中度（HHi）：行业集中度采用赫希曼·赫芬达尔指数，计算如下：$HHi = \sum_1^N (X_i/X)^2$，$i = 1, 2, \cdots, N$。N 是指市场中企业总数，X_i 是指企业 i 的市场份额，X 为市场总份额。行业集中度越高，企业间交通运输成本越低，企业参与专业化分工的动机越强（郭策、张腾元，2021）。

市场分割程度（Segm）：市场分割程度是基于相对价格法，计算某省份与接壤省份的产品价格差异程度（桂琦寒等，2006；Parsley，1996）。该指数越大意味着相邻省份之间的商品价格差越大，市场化一体化程度越低，市场分割程度越高（施炳展、李建桐，2020）。该数据取自《中国统计年鉴》。

人口总数（Population）：人口总数会对企业参与专业化分工产生影响。

5. 描述性统计结果

表 1 是本文关键变量的描述性统计结果。在样本期内，经济政策不确定性指数的均值为 20.636，最大值为 53.735，最小值为 1.034，由此可见在样本期内政策变动频繁，经济政策不确定性波动大。企业专业化分工水平的均值是 75.81，最大值为 121.69，最小值为 17.034，这表明在样本期内企业专业化分工水平存在显著差异。由于样本期内的主要变量存在明显变动，描述性统计结果与预期大致相符。

表 1　　　　　　　　　　　　　　　主要变量描述性统计

变量	变量代码	变量名称	N	Mean	Sd	Min	Max
解释变量	EPU	经济政策不确定性指数	1078910	20.636	13.038	1.034	53.735
	EPU_Davis	Davis 构建的 EPU 指数	1258692	51.501	6.499	35.567	60.144
	EPU_miu	EPU 指数均值	1258692	50.780	6.463	36.894	59.18
	EPU_weig	EPU 指数加权平均值	1258692	7.419	0.156	7.169	7.769
	EPU_geo	EPU 指数几何平均值	1258692	49.343	6.486	32.28	57.054
被解释变量	Spe	企业专业化分工水平	1258692	75.81	14.07	17.034	121.69
	Integration	垂直一体化水平	1258027	0.164	8.722	−4898	1
重要变量	Cost_cha	市场渠道性交易成本	1257549	0.048	9.056	−6.708	7729
	Cost_fin	融资性交易成本	1253852	0.067	2.135	−373.09	1065
	Contract	契约密集度	1131139	0.901	0.110	0.483	0.995
	MktIndex	市场化指数	1258691	8.518	1.512	−1.14	10.65
	Cost_sup	监督性交易成本	1258692	0.084	0.142	−1.224	68.127
	SA	融资约束	1258692	2.116	0.838	0.0002	19.0653
控制变量	Size	企业规模	1258692	2.079	0..833	0	3.97
	Age	企业年龄	1258692	2.079	0.833	0	3.97
	Subsidy	企业津贴	1258692	235.47	4724.52	−89855	1492742
	StataShare	国有资本比例	1258692	0.0899	0.273	0	1
	Marketsize	市场规模	1258692	0.0022	0.0056	2.19e−06	0.0397
	Proemp	地理集聚程度	1258692	6.337	1.113	−2.643	11.87
	HHi	行业集中度	1258692	0.166	0.121	0.027	1
	Segm	市场分割程度	1255397	0.0004	0.0004	0.00008	0.0039
	Papulation	人口总数	1258691	5979.69	2639.362	258	9717

四、经济政策不确定性与专业化分工：实证结果与分析

（一）经济政策不确定性与企业专业化分工

本文基准回归模型采用聚类至企业的稳健标准误以缓解可能存在的自相关、异方差等问题（张峰，2019）。为表明实证结果的稳健性，本文通过逐步增加控制变量的方法进行回归估计。此外，为避免实证回归结果受到极端异常值的干扰，本文对所有连续性变量进行了缩尾处理。回归结果如表 2 所示。

表 2　　　　　　　　基准回归：经济政策不确定性与企业专业化分工

变量	（1）	（2）	（3）
	Spe	Spe	Spe
EPU	− 0. 0107 *** （− 5. 05）	− 0. 0097 *** （− 4. 60）	− 0. 0123 *** （− 5. 81）
Constant	75. 8646 *** （1746. 68）	77. 5107 *** （347. 34）	63. 8677 *** （63. 34）
Observations	1056948	1051898	1050124
R^2	0. 369	0. 370	0. 370
Province FE	Yes	Yes	Yes
Industry FE	Yes	Yes	Yes
Year FE	Yes	Yes	Yes
Firm FE	Yes	Yes	Yes
Control	No	Yes	Yes

注：括号内为企业层面的聚类调整后的 t 值，*** 表示在 1% 的水平上显著。

表 2 列（1）在控制了企业、行业、省份以及时间固定效应的基础上，仅对经济政策不确定性指数和企业参与专业化分工的关系进行简单回归，解释变量 EPU 的回归系数为 0. 0107，并且该结果在 1% 的显著性水平上为负，初步证明了经济政策不确定性抑制了企业参与专业化分工的水平。在表 2 列（1）的基础上，列（2）添加了企业规模（Size）、年龄（Age）、津贴（Subsidy）、国有资本比例（StateShare）等象征企业特征的控制变量。在列（2）的基础上，列（3）添加了市场规模（Marketsize）、地理集聚程度（Proemp）、行业集中度（HHI）、市场分割程度（Segm）、人口总数（Population）等宏观经济变量作为控制变量。列（2）、列（3）除解释变量

EPU 的回归系数大小发生了略微变化，系数方向以及显著程度都未表现出实质性变化，因此可以认为该基准回归结果稳健地证明了经济政策不确定性抑制了企业参与专业化分工的水平。以列（3）为例，解释变量的回归系数为 0.0123，从经济意义视角出发，经济政策不确定性每增加一个单位，企业专业化分工水平将下降 0.0123%。从统计意义上看，经济政策不确定性对企业参与专业化分工的影响较小，但考虑企业参与专业化分工的均值，这个回归结果在经济意义上仍是显著的。由此可知，企业参与专业化分工水平随经济政策不确定性指数的增加而下降。

（二）稳健性检验

为增强基准回归结果的稳健性与可靠性，本文从被解释变量、解释变量、内生性等三个方面对实证结果进行敏感性测试。

1. 更换解释变量

本文使用的是 Yu et al.（2021）构建的中国省份经济政策不确定性指数，为增强结果的可靠性和稳健性，将 Davis et al.（2019）构建的中国经济政策不确定性指数（EPU_Davis）作为解释变量的替代指标。同时借鉴饶品贵、方森辉（2017），张峰等（2019），战相岑等（2021）的做法，分别采用 EPU_Davis 指数的平均值（EPU_miu）、几何平均数（EPU_geo）、加权平均数（EPU_weigh）重新估计。稳健性检验结果如表 3 所示，EPU_Davis、EPU_geo、EPU_miu、EPU_weigh 的回归系数均在 1% 的显著性水平上为负，因此表明变换解释变量的度量方式并未实质性改变实证结果。

表 3   稳健性检验—更换解释变量

变量	(1)	(2)	(3)	(4)
	Spe	Spe	Spe	Spe
EPU_Davis	−0.0141 *** (−6.98)			
EPU_geo		−0.0127 *** (−6.06)		
EPU_miu			−0.0136 *** (−7.17)	
EPU_weigh				−0.4000 *** (−5.37)
Constant	87.3556 *** (134.68)	87.3199 *** (134.50)	87.3826 *** (134.76)	90.7027 *** (100.15)
Observations	1226207	1226207	1226207	1226207

续表

变量	(1)	(2)	(3)	(4)
	Spe	Spe	Spe	Spe
R²	0.341	0.341	0.341	0.341
Province FE	Yes	Yes	Yes	Yes
Industry FE	Yes	Yes	Yes	Yes
Firm FE	Yes	Yes	Yes	Yes
Control	Yes	Yes	Yes	Yes

注：括号内为企业层面的聚类调整后的 t 值，*** 表示在 1% 的水平上显著。

2. 更换被解释变量

为进一步增强实证结果的稳健性，确保实证结果可靠，本文选取专业化分工的相对立指标—垂直一体化指数替换专业化分工指数。企业垂直一体化指数越高代表其参与专业化分工水平越低。回归结果如表 4 所示，表 4 中列（1）为仅添加企业、时间、行业、省份固定效应，未纳入一系列控制变量的回归结果，列（2）在列（1）的基础上纳入了企业特征的控制变量，列（3）在列（2）的基础上纳入了宏观层面的控制变量，可以发现列（1）、列（2）、列（3）的回归系数在 1% 的显著性水平上为正。根据实证结果解释经济意义：经济政策不确定性指数提高一个单位，企业的垂直一体化水平增加 0.0001 个单位，因此可以认为经济政策不确定性与企业垂直一体化水平是显著正相关，与企业的专业化分工水平负相关。

表 4　　　　　　　　　稳健性检验——更换被解释变量

变量	(1)	(2)	(3)
	垂直一体化水平	垂直一体化水平	垂直一体化水平
EPU	0.0001 *** (4.66)	0.0001 *** (4.08)	0.0001 *** (4.98)
Constant	0.2128 *** (407.79)	0.1910 *** (68.63)	0.3559 *** (29.36)
Observations	1056601	1051575	1049807
R²	0.316	0.318	0.318
Province FE	Yes	Yes	Yes
Industry FE	Yes	Yes	Yes
Year FE	Yes	Yes	Yes
Firm FE	Yes	Yes	Yes
Control	No	Yes	Yes

注：括号内为企业层面的聚类调整后的 t 值，*** 表示在 1% 的水平上显著。

3. 内生性检验

对于制造业企业而言，虽然经济政策不确定性属于外生冲击，但由于政府制定、出台经济政策需以微观企业的境况为依据，因此实证回归模型中可能出现反向因果的问题（刘贯春，2022）。此外，尽管本文的基准回归模型控制了个体、时间、行业以及省份等固定效应，纳入了企业特征、宏观经济的一系列控制变量，但是也可能存在因遗漏经济政策不确定性与企业专业化分工的共同影响因子引发的内生性问题。

考虑到可能存在的内生性问题，本文拟用工具变量法解决内生性问题。有效的工具变量需要满足两个基本原则：工具变量与解释变量存在相关性；工具变量与误差项无相关性，即严格外生。本文借鉴的经济政策不确定性指数是以《日报》为构建基础，《日报》等新闻媒体不仅是对当下事件的客观陈述，还是基于过去经济变动情况总结。前期新闻媒介争相报道的热点问题也会成为现期新闻媒介讨论的话题，因此当前期报道的"不确定性"相关话题频率高时，现期对这一系列话题的讨论将持续进行，由此可知相邻两期的经济政策不确定性之间存在正相关关系。而前期的企业生产决策并不会受到当前经济政策不确定性的影响，因此将现期的经济政策不确定性指数作为过去一期的经济政策不确定性指数的工具变量满足外生性的原则。基于上述讨论，本文将现期的经济政策不确定性指数作为前期的经济政策不确定性指数的工具变量，工具变量两阶段最小二乘估计结果如表 5 所示。

表 5　　　　　　　　　　　稳健性检验——内生性检验

变量	Spe
EPU	-0.0303^{***} (-6.60)
Observations	1048146
R^2	0.001
Province FE	Yes
Industry FE	Yes
Year FE	Yes
Firm FE	Yes
Control	Yes
Kleibergen – Paap rk LM statistic	4.1e + 04 ***
Cragg – Donald Wald F	4.2e + 05
Wald F statistic	16.38

注：括号内为企业层面的聚类调整后的 t 值，*** 表示在 1% 的水平上显著。

遵循前文思路，本文构建了工具变量，表 5 为两阶段最小二乘法回归结果。同时，Kleibergen – Paap rk LM 统计结果在 1% 显著性水平上显著，因此拒绝工具变量识别不足的原假设；Cragg – Donald Wald F 统计量大于 Stock – Yogo 弱工具变量识别 F 检验在 10% 显著性水平上的临界值，因此拒绝弱工具变量的原假设。根据表 5 结果显示，本文采用的工具变量合理、可靠，佐证了本文经济政策不确定性抑制了企业参与专业化分工的论点。

（三）机制检验

根据前文理论模型推导，经济政策不确定性提高一方面导致企业经营环境动荡，经营风险骤增，企业间信息不对称加剧、进而增加了信息搜寻、契约谈判、修订等一系列外部交易成本，最终降低了企业专业化分工；另一方面导致企业各部门间的"委托代理问题"更加突出，进而增加了企业监督、管理、组织等内部交易成本，最终提高了企业专业化分工。由此可见，经济政策不确定性提高对企业的内、外部交易成本的作用效果是同方向的，而对企业专业化分工水平的作用效果却是反方向的，因此本文的机制检验部分将致力于论证经济政策不确定性通过内、外部交易成本影响企业专业化分工的机制及效果。

与此同时，经济政策不确定性提高可以通过资金价格、资本可获得、现金流这三个渠道来加剧企业融资约束，导致上游企业供给不足、下游企业需求受限，上下游企业供需平衡失调，这一负面冲击通过生产链传导至各个企业，最终使得企业面临供应链断裂的风险，而企业为维持生产经营的持续运行，将采用降低专业化分工水平（或提高垂直一体化水平）的方式减少外部冲击，增强抵御风险能力。本文将针对这一机制进行检验。

1. 交易成本

（1）外部交易成本。

基于前文理论模型推导，经济政策不确定性提高降低了企业专业化分工水平主要是通过提高企业在生产经营过程中产生的外部交易成本来实现的。由此可推测，对于外部交易成本更高的企业，经济政策不确定性提高对其影响更加显著，即经济政策不确定性提高对该类企业参与专业化分工水平的抑制作用更大；而对于外部交易成本更低的企业，经济政策不确定性提高对其影响更小，即经济政策不确定性提高对该类企业参与专业化分工水平的抑制作用较不明显。本文从企业、行业、地区三个层面进行机制检验。

从企业层面来说，本文将 Cost_cha 及交乘项 EPU × Cost_cha、Cost_fin 及 EPU × Cost_fin 加入模型中进行检验。EPU × Cost_cha 的回归系数为负，且在 1% 水平上显著，这意味着企业面临的市场渠道性交易成本越高，经济政策不确定性提高降低企业专业化分工水平的效果就越明显，符合本文预期。

EPU × Cost_fin 的回归系数为负，且在 5% 水平上显著，这意味着经济政策不确定性提高会通过提升企业的融资性交易成本，进而降低企业参与专业化分工的水平，验证了假设 1。总之，从企业层面来看，经济政策不确定性提高降低企业专业化分工的途径主要是通过提高企业的市场渠道性交易成本、融资性交易成本。

从行业层面来说，本文将 Contract 以及 EPU × Contract 加入模型中，结果如表 6 所示，EPU × Contract 的回归系数显著为负，意味着当企业面临的行业契约密集度越高时，经济政策不确定性提高抑制企业专业化分工的作用越强烈，验证了假设 1 成立。

表 6　　　　　　　　　　　　　　机制检验

| 变量 | 外部交易成本 | | | | 内部交易成本 | 融资约束 |
| | 企业 | | 行业 | 地区 | | |
	Cost_cha	Cost_fin	Contract	MktIndex	Cost_sup	FC
EPU × Cost_cha	-0.0726*** (-2.68)					
Cost_cha	2.2247*** (2.67)					
EPU × Cost_fin		-0.0010** (-2.01)				
Cost_fin		0.0292** (1.96)				
EPU × Contract			-0.0291* (-1.87)			
Contract			1.4983* (1.73)			
EPU × MktIndex				0.0168*** (6.11)		
MktIndex				-0.3835*** (-4.66)		
EPU × Cost_sup					-0.0133 (-1.17)	
Cost_sup					1.1118*** (4.24)	

续表

变量	外部交易成本				内部交易成本	融资约束
	企业		行业	地区		
	Cost_cha	Cost_fin	Contract	MktIndex	Cost_sup	FC
EPU × FC						−0.0035 * (−1.93)
FC						0.2187 *** (2.79)
EPU	−0.0094 *** (−4.01)	−0.0124 *** (−5.88)	0.0146 (1.04)	−0.0197 *** (−8.27)	−0.0112 *** (−4.79)	−0.0048 (−1.11)
Constant	63.7744 *** (63.28)	63.9527 *** (63.46)	62.0576 *** (47.73)	61.9982 *** (58.97)	63.3387 *** (62.88)	63.6402 *** (63.00)
Observations	1053132	1049917	943394	1053958	1053939	1050124
R^2	0.370	0.371	0.369	0.370	0.371	0.370
Province FE	Yes	Yes	Yes	Yes	Yes	Yes
Industry FE	Yes	Yes	Yes	Yes	Yes	Yes
Year FE	Yes	Yes	Yes	Yes	Yes	Yes
Firm FE	Yes	Yes	Yes	Yes	Yes	Yes
Control	Yes	Yes	Yes	Yes	Yes	Yes

注：括号内为企业层面的聚类调整后的 t 值，***、** 和 * 分别表示在 1%、5% 和 10% 的水平上显著。

从地区层面来看，本文将 MktIndex 以及 EPU × MktIndex 加入模型中，结果如表 6 所示，EPU × MktIndex 的回归系数为正，且在 1% 水平上显著，意味着当企业面临的市场化程度越低时，企业面临的外部交易成本越高，经济政策不确定性下降对企业参与专业化分工的促进作用越小，验证了前文假设 1 成立。

总之，从企业、行业、地区各个层面来看，企业面临的外部交易成本越高，经济政策不确定性提高对企业参与专业化分工的抑制作用越显著，由此可以验证假设 1：经济政策不确定性提高通过提高外部交易成本这一渠道，最终降低了企业专业化分工水平。

（2）内部交易成本。

根据前文理论，经济政策不确定性提高可能会影响企业内部组织环境，提高企业内部交易成本，从而促进企业参与专业化分工。基于前文理论分析的逻辑，本文将通过检验在不同的内部交易成本的企业中，经济政策不确定性提高对企业专业化分工的提升作用是否存在差异。本文将 EPU × Cost_sup、

Cost_sup 加入模型进行检验。如表 6 中 EPU × Cost_sup 的回归系数不显著，表明经济政策不确定性并不会通过内部交易成本这一渠道传导至企业专业化分工。

表 6 整体结果显示，经济政策不确定性提高时，企业的外部交易成本上升，企业内部交易成本并无明显改变，因此可以得出结论：经济政策不确定性提高主要通过提升企业面临的外部交易成本的方式降低了企业专业化分工。验证了假设 1 的准确性，假设 2 未得到验证。

2. 融资约束

考虑到经济政策不确定性不仅会通过交易成本这一渠道影响企业专业化分工水平，还将利用融资约束这一途径改变企业专业化分工程度。为了探究企业在面临不同的融资约束情况下，在经济政策不确定性提高时会如何调整参与专业化分工的程度，本文在回归模型中加入 FC 以及 EPU × FC。结果如表 6 所示，EPU × FC 的回归系数在 10% 显著性水平下为负。这意味着随着企业面临的融资约束加剧，经济政策不确定性对企业参与专业化分工的抑制作用也在攀升。也就是说，当企业融资时的融资渠道审核更加严格时，上下游企业间的供应链断链风险增加，为保证生产的连续性，企业更偏向于内部生产中间投入品，验证了假设 3。

（四）异质性检验

1. 资产专用性

资产专用性是指具有定向使用功能的投资一旦产生便难以改作他用，否则该项投资的资产价值将大打折扣（王冬，2012），因此高资产专用性的投资过程中容易产生机会主义行为，交易双方面临低契约执行效率以及"敲竹杠"的风险，这将增加交易成本，抑制企业参与专业化分工的动机（Fan，2017）。由此可见，企业参与专业化分工的程度会受到资产专用性的影响，鉴于各企业的资产专用性水平存在差异，因此本文根据平均值将所有企业划分为高资产专用性与低资产专用性的两类企业进行分样本回归。借鉴以往研究，本文对固定资产净值与企业职工总数之比取自然对数得到企业的资产专用性（方明月，2011；战相岑等，2021；Ziedonis，2004）。

分样本回归结果如表 7 所示，资产专用性高时，EPU 的回归系数为负，且在 1% 的水平上显著；资产专用性低时，EPU 的回归系数虽然为负值但是并不显著，因此可以得出结论：在经济政策不确定性提高的情况下，相较于低资产专用性的企业，高资产专用性企业将更倾向于降低企业专业化分工水平。这可以解释为：资产专用性高时，交易方的寻租行为动机更强，增加了交易成本，企业参与专业化分工的激励减弱。

表 7　　　　　　　　　　　　　　　　　　异质性检验

变量	资产专用性		企业规模		市场规模	
	高	低	大	小	大	小
EPU	−0.0160*** (−5.41)	−0.0019 (−0.54)	0.0011 (0.36)	−0.0202*** (−6.65)	−0.0007 (−0.23)	−0.0196*** (−6.18)
Constant	65.8511*** (44.40)	64.2554*** (40.61)	67.2607*** (43.51)	61.6796*** (41.76)	60.8961*** (41.54)	66.2657*** (43.60)
Observations	525552	468765	461865	551947	487266	517946
R^2	0.383	0.376	0.392	0.363	0.406	0.370
Province FE	Yes	Yes	Yes	Yes	Yes	Yes
Industry FE	Yes	Yes	Yes	Yes	Yes	Yes
Year FE	Yes	Yes	Yes	Yes	Yes	Yes
Firm FE	Yes	Yes	Yes	Yes	Yes	Yes
Control	Yes	Yes	Yes	Yes	Yes	Yes

注：括号内为企业层面的聚类调整后的 t 值，*** 表示在 1% 的水平上显著。

2. 企业规模

对于不同规模的企业，经济政策不确定性的变动对企业专业化分工水平的影响存在异质性。本文对企业职工总数求均值，将大于均值的企业定义为大规模企业，将小于均值的企业定义为小规模企业。分别对不同规模的企业进行分样本回归，结果如表 7 所示。实证结果表明，经济政策不确定性提高对大规模企业参与专业化分工的抑制作用并不显著，而会极大地抑制小规模企业参与专业化分工的程度。这可能是因为，相对于大规模企业，小规模企业虽然存在资金储备少、技术含量低，生产要素禀赋匮乏等不足，但是由于规模较小，企业的组织结构简单，调整组织结构更加灵活有效，当经济政策不确定高时小规模企业可以及时调整企业边界，以降低频繁的政策变动带来的风险。而大规模企业一般具有系统且复杂的组织管理结构，企业调整组织结构需要花费巨大的时间、物质、人力成本。因此，相较于大规模企业，小规模企业能够灵活且快速地调整企业组织结构以应对经济政策不确定性提高带来的经济冲击。

3. 市场规模

市场规模的大小关乎经济政策不确定性提高对企业专业化分工的作用效果差异。根据劳动分工理论大部分必需品都是通过交换、协约、买卖等方式获得的，而这种获得方式也是引起分工的根本原因，因此交换的范围就成为影响分工的一大重要成因。具体而言，当市场规模大时，生产者生产的任何产品都可以通过交易实现价值，也可以获得自己所需的所有产品，因此生产者将专注地生产具有最高市场价值的产品，这提高了专业化分工水平。进一步地，本文根据中位数将市场规模划分为市场规模大、市场规模小的两组企业，检验结果如表 7 所示，相对于市场规模较小的企业而言，市场规模较大的企业面临经济政策不确定性提高带来冲击时，通过采取减少参与专业化分工的措施来应对的激励降低。这是因为，在大规模的市场中，企业面临大量的潜在交易商，上、下游企业之间供应链断裂的风险较小，即使经济政策不确定性提高导致企业与原有中间投入品供应商合约终止，企业也可以快速地寻找到其他替代性供应商以确保生产经营的连续性，因此企业通过降低专业化分工水平应对经济冲击的动机下降。

五、经济后果：经济政策不确定性、分工弱化及其对企业生产率的影响

亚当·斯密指出专业化分工会通过实现资源配置的优化，提高企业的生产率。专业化分工这种组织结构使得不同的经济主体位于生产链中的具有相对优势的环节中，这种分散生产阶段的方式能够实现要素配置最优，从而实现经济效益最大化。另外，企业购买中间投入品不仅是商品本身的交易，还是企业间技术、管理经验的交流，企业可以通过"干中学"的方式学习先进的生产技术与管理经验，提高全要素生产率，提升产品竞争能力（刘婷，2015）。

大量研究也指出经济政策不确定性提高影响了企业生产率（耿晔强、郭伟，2021；段梅、李志强，2019）。一方面，经济政策不确定性提高利用企业创新投入这一传导机制降低了企业生产率。具体来说，经济政策不确定性提高在一定程度上降低了企业资源配置效率，导致资源及生产要素错配，从而无法实现最佳投资决策，抑制了企业创新投入，因此降低了企业全要素生产率（饶品贵、徐子慧，2017；刘帷韬等，2021）。另一方面，经济政策不确定性提高限制了企业规模扩张，进而抑制了企业生产效率的提高。具体而言，经济政策不确定性提高意味着企业经营风险骤增，企业与银行、金融机构之间的信息不对称程度增加，此时出于谨慎动机，银行、金融机构将提高借贷要求、缩减贷款数量，由此加剧了企业融资约束，限制企业进行大规模扩张的生产决策，最终抑制了企业生产率的提高（何光辉、杨咸月，2012；段梅、李志强，2019）。由此可知，经济政策不确定性提高能够通过降低企业创新投入、限制企业规模扩张等途径影响企业生产率，然而尚未有研究对经济政策不确定性提高是否会通过影响企业专业化分工水平作用于生产率这一问题进行讨论。

基于此，本文进一步研究经济政策不确定性提高是否可以通过专业化分工这一渠道，进而影响企业的生产率。借鉴袁淳等（2021）研究数字化影响

企业专业化分工的方法，本文通过逐步回归法检验经济政策不确定性的提高降低企业专业化分工水平，是否进一步地降低了企业生产率。如下为中介效应模型：

$$TFP_{i,t} = \beta_0 + \beta_1 EPU_{z,t} + \sum Controls + \sum Firms + \sum Industry + \sum Province + \sum Year + \varepsilon_{i,t} \tag{11}$$

$$Spe_{i,t} = \alpha_0 + \alpha_1 EPU_{z,t} + \sum Controls + \sum Firms + \sum Industry + \sum Province + \sum Year + \varepsilon_{i,t} \tag{12}$$

$$TFP_{i,t} = \gamma_0 + \gamma_1 EPU_{z,t} + \gamma_2 Spe_{i,t} + \sum Controls + \sum Firms + \sum Industry + \sum Province + \sum Year + \varepsilon_{i,t} \tag{13}$$

其中 TFP 是通过 Levinsohno and Petrin（2003）的方法构建的全要素生产率。逐步回归法首先是全要素生产率（TFP）对经济政策不确定性回归，其次是专业化分工（Spe）对经济政策不确定性回归，最后在第一步的基础上加入专业化分工。中介效应回归结果如表 8 所示。如表 8 列（1）所示，EPU 的回归系数在 1% 的显著性水平上为负，意味着经济政策不确定性提高降低了企业的全要素生产率。表 8 列（3）中的 Spe、EPU 的回归系数在 1% 的显著性水平下为负，这说明经济政策不确定性提高降低了企业全要素生产率是通过降低企业专业化分工实现的。综上所述，经济政策不确定性提高抑制了企业参与专业化分工，进一步降低了企业的全要素生产率。

表 8　　　　　　　　经济政策不确定性、分工弱化与全要素生产率

变量	(1)	(2)	(3)
	TFP	Spe	TFP
Spe			-3.8270 *** (-125.77)
EPU	-0.1964 *** (-8.11)	-0.0123 *** (-5.81)	-0.2640 *** (-11.64)
Constant	603.3437 *** (39.32)	63.8677 *** (63.34)	816.5446 *** (54.19)
Observations	829519	1050124	829519
R²	0.682	0.370	0.729
Province FE	Yes	Yes	Yes

续表

变量	(1)	(2)	(3)
	TFP	Spe	TFP
Industry FE	Yes	Yes	Yes
Year FE	Yes	Yes	Yes
Firm FE	Yes	Yes	Yes
Control	Yes	Yes	Yes

注：括号内为企业层面的聚类调整后的 t 值，*** 表示在 1% 的水平上显著。

六、结论与启示

《中华人民共和国国民经济和社会发展第十四个五年规划和 2035 年远景目标纲要》强调：构建强大的国内市场，重塑新发展格局依托于产业链上各环节的紧密衔接，依赖于完善的现代化流通体系，着眼于逐渐深化的分工体系建设。如何有效化解当前频繁的经济政策不确定性冲击对企业垂直专业化分工造成的影响，对于提高企业生产效率具有重要的现实意义。基于此，本文立足于微观企业视角，以 2000～2007 年《中国工业企业数据库》的制造业企业为研究样本，从理论与实证两个方面探究经济政策不确定性对企业专业化分工的影响，并对其结果进行检验。研究结果发现：第一，经济政策不确定性提高显著降低了企业专业化分工水平，对这一结果进行一系列稳健性检验，结论依旧成立。第二，本文首次通过理论模型、实证方法验证了经济政策不确定性提高通过提高外部交易成本而非内部交易成本，进一步地抑制了企业参与专业化分工水平；与此同时，本文也检验了融资约束这一影响机制在经济政策不确定性提高降低企业专业化分工水平的影响效果中发挥的作用。第三，异质性分析方面，首先，经济政策不确定性对资产专用性高的企业的专业化分工水平的抑制作用更加显著，而对低资产专用性企业并不存在显著的抑制作用；其次，对于规模小的企业来说，经济政策不确定性抑制企业专业化分工的作用更大，而对大规模企业而言，这种抑制作用并不明显；最后，从市场规模角度出发，相较于市场规模大的企业，经济政策不确定性提高对市场规模小的企业的冲击更大，即显著地抑制了企业参与专业化分工水平。第四，进一步分析发现，经济政策不确定性能够通过抑制企业专业化分工水平的方式降低企业生产效率。本文结论的政策启示与现实意义如下：

（1）构建新发展格局意味着构建经济循环畅通、国内分工深化、技术水平创新的内生驱动经济循环体系。实现这一目标的重要一环在于深化国内地区、产业以及企业间的专业化分工协作。而当下经济政策不确定性的存在阻碍了生产供应链上各环节的顺畅联通，制约了企业间协作分工的持续深化，降低了制造业企业实现生产效率提升的可能性。本文所研究的经济政策不确定性对企业参与专业化分工的抑制进而对企业全要素生产率的降低是经济政策不确定性左右实体经济的宏观映射，政府应深刻认识到经济政策不确定性提高抑制企业分工深化进而降低经济效率这一传导路径，为构建经济循环畅通、国内分工深化、技术水平创新的内生驱动经济循环体系采取积极主动的战略，营造良好稳定的宏观环境。践行这一战略决策意味着政策需要提升政策制定与出台的稳定性、透明度，提高政策执行效率进而降低经济政策不确定性，为企业持续经营构筑良好的宏观经营环境。具体来说，政府应发挥新闻媒介的传播功能，提高政策出台前后的信息披露程度与速度，提高政策的透明度；加强政府与市场主体之间的联系，促使企业更加高效地调整组织结构以应对不确定性冲击；调节政府与市场的关系，充分发挥市场的自发调节作用以及政府的监督管理功效，适当地降低政策出台频率，保持政策的稳定性与一致性。

（2）本文发现外部交易成本、融资约束是经济政策不确定性抑制企业间协作分工进一步深化的渠道，这意味着企业的资源配置、要素运作效率都受到外部交易成本、融资约束的影响，因此降低外部交易成本，缓解企业融资约束能够促进企业提高专业化分工水平、实现经济灵活高效运转。而完善的市场制度环境能够有效降低企业外部交易成本，缓解融资约束困境。为有效降低企业面临的外部交易成本，政府应致力于深化体制改革，提高治理效率、加大立法、执法效力，营造良好契约环境，以降低企业间合约缔结、履约风险。为提高企业融资可得性，政府有关部门及相关金融机构政府应完善金融体制改革，拓宽企业融资渠道，增加企业融资可得性，为企业健康平稳运行提供资金支持，进一步释放企业参与专业化分工潜力。

（3）经济政策不确定性冲击不仅阻碍了企业专业化分工深化，还抑制了企业生产效率提高，不确定性提高造成的经济后果为我国制造业企业提供了预警——企业应增强抗风险能力以应对经济政策不确定性提高带来的负面冲击。当宏观环境剧烈波动时，企业应制定应急管理制定，如增强核心竞争力和提高生产率，避免过度依赖其他中间投入品供应商。企业还应完善应急管理制度，增加原材料、中间投入品供应商数量，不应"把鸡蛋放在一个篮子"，做到当原有供应链断裂时能够迅速寻求到其他替代性合作者，稳定生产秩序。同时，企业应该实时关注政策变动，能够争取更多时间适应政策变动方向，调整生产组织结构，降低不确定性带来的冲击。最后，企业可以调整生产组织方式抵御外部冲击，如降低参与专业化分工水平，减少对其他企业的依赖程度，将重要的生产环节实现一体化运作，提高自身独立性以及竞争力。

参 考 文 献

[1] 陈德球、陈运森、董志勇：《政策不确定性、税收征管强度与企业税收规避》，载《管理世界》2016 年第 5 期。

[2] 陈钊、王旸：《"营改增"是否促进了分工：来自中国上市公司的证据》，载《管理世界》2016 年第 3 期。

[3] 郭策、张腾元：《贸易政策不确定性与企业专业化分工——基于中国加入 WTO 的准自然实验》，载《宏观经济研究》2021 年第 3 期。

[4] 邓军、王丽娟：《贸易自由化、中间产品贸易与工资——基于中国微观企业数据的经验研究》，载《当代财经》2020 年第 7 期。

[5] 段梅、李志强：《经济政策不确定性、融资约束与全要素生产率——来自中国上市公司的经验证据》，载《当代财经》2019 年第 6 期。

[6] 方明月：《资产专用性、融资能力与企业并购——来自中国 A 股工业上市公司的经验证据》，载《金融研究》2011 年第 5 期。

[7] 桂琦寒、陈敏、陆铭、陈钊：《中国国内商品市场趋于分割还是整合：基于相对价格法的分析》，载《世界经济》2006 年第 2 期。

[8] 郭田勇、孙光宇：《经济政策不确定性、融资成本和企业创新》，载《国际金融研究》2021 年第 10 期。

[9] 樊纲、王小鲁、朱恒鹏：《中国市场化指数.各省区市场化相对进程 2011 年度报告》，经济科学出版社 2011 年版。

[10] 顾夏铭、陈勇民、潘士远：《经济政策不确定性与创新——基于我国上市公司的实证分析》，载《经济研究》2018 年第 2 期。

[11] 顾研、周强龙：《宏观经济不确定性、融资环境预期与企业杠杆》，载《金融评论》2018 年第 1 期。

[12] 耿晔强、郭伟：《经济政策不确定性、研发投入与企业劳动生产率》，载《经济问题》2021 年第 9 期。

[13] 刘贯春、叶永卫：《经济政策不确定性与实体企业"短贷长投"》，载《统计研究》2022 年第 4 期。

[14] 李凤羽、杨墨竹：《经济政策不确定性会抑制企业投资吗？——基于中国经济政策不确定指数的实证研究》，载《金融研究》2015 年第 4 期。

[15] 李磊、刘斌、郑妍妍：《契约执行效率与垂直化结构》，载《产业经济研究》2011 年第 5 期。

[16] 李坤望、王永进：《契约执行效率与地区出口绩效差异——基于行业特征的经验分析》，载《经济学（季刊）》2010 年第 2 期。

[17] 饶品贵、徐子慧：《经济政策不确定性影响了企业高管变更吗?》，载《管理世界》2017 年第 1 期。

[18] 施炳展、李建桐：《互联网是否促进了分工：来自中国制造业企业的证据》，载《管理世界》2020 年第 4 期。

[19] 宋全云、李晓、钱龙：《经济政策不确定性与企业贷款成本》，载《金融研究》

2019 年第 7 期。

［20］唐东波：《市场规模、交易成本与垂直专业化分工——来自中国工业行业的证据》，载《金融研究》2013 年第 5 期。

［21］王冬：《中国技术引进实效：基于进口结构与全要素生产率之间关系的实证研究》，载《经济与管理评论》2012 年第 2 期。

［22］吴海民、吴淑娟、陈辉：《城市文明、交易成本与企业"第四利润源"——基于全国文明城市与民营上市公司核匹配倍差法的证据》，载《中国工业经济》2015 年第 7 期。

［23］吴利华、周勤、杨家兵：《钢铁行业上市公司纵向整合与企业绩效关系实证研究——中国钢铁行业集中度下降的一个分析视角》，载《中国工业经济》2008 年第 5 期。

［24］王朝阳、张雪兰、包慧娜：《经济政策不确定性与企业资本结构动态调整及稳杠杆》，载《中国工业经济》2018 年第 12 期。

［25］王义中、宋敏：《宏观经济不确定性、资金需求与公司投资》，载《经济研究》2014 年第 2 期。

［26］许志伟、王文甫：《经济政策不确定性对宏观经济的影响——基于实证与理论的动态分析》，载《经济学（季刊）》2019 年第 1 期。

［27］袁淳、肖土盛、耿春晓、盛誉：《数字化转型与企业分工：专业化还是纵向一体化》，载《中国工业经济》2021 年第 9 期。

［28］余靖雯、郭凯明、龚六堂：《宏观政策不确定性与企业现金持有》，载《经济学（季刊）》2019 年第 3 期。

［29］杨小凯、张定胜、张永生：《发展经济学：超边际与边际分析》，社会科学文献出版社 2003 年版。

［30］张峰、刘曦苑、武立东、殷西乐：《产品创新还是服务转型：经济政策不确定性与制造业创新选择》，载《中国工业经济》2019 年第 7 期。

［31］张光利、钱先航、许进：《经济政策不确定性能够影响企业现金持有行为吗?》，载《管理评论》2017 年第 9 期。

［32］战相岑、荣立达、张峰：《经济政策不确定性与垂直整合——基于供应链视角的传导机制解释》，载《财经研究》2021 年第 2 期。

［33］Acemoglu, D., Johnson, S., and Mitton, T., 2009："Determinants of Vertical Integration: Financial Development and Contracting Costs", *The Journal of Finance*, Vol. 64, No. 3.

［34］Baker, S. R., Bloom, N., and Davis, S. J., 2016："Measuring Economic Policy Uncertainty", *The Quarterly Journal of Economics*, Vol. 131, No. 4.

［35］Coase, R. H., 1937："The Nature of the Firm", *Economica*, Vol. 4, No. 16.

［36］Dennis, W. and Carlton., 1976："Market Behavior with Demand Uncertainty and Price Inflexibility", *The American Economic Review*, No. 68.

［37］Duchin, R. and Schmidt, B., 2013："Riding the Merger Wave: Uncertainty, Reduced Monitoring, and Bad Acquisitions", *Journal of Financial Economics*, Vol. 107, No. 1.

［38］Fazzari, S. and Hubbard, R. G., 1988："Petersen B. Investment, Financing Decisions, and Tax Policy", *The American Economic Review*, Vol. 78, No. 2.

［39］Fan, J. P., Huang, J., Morck, R., and Yeung, B., 2009："Vertical Integration,

Institutional Determinants and Impact: Evidence from China", *NBER Working Paper*, No. 14650.

[40] Fernández – Villaverde, J., Guerrón – Quintana, P., and Kuester, K., 2015: "Fiscal Volatility Shocks and Economic Activity", *American Economic Review*, Vol. 105, No. 11.

[41] Garfinkel, J. A. and Hankins, K. W., 2011: " The Role of Risk Management in Mergers and Merger Waves", *Journal of Financial Economics*, Vol. 101, No. 3.

[42] Gourio, F., 2012: "Disaster Risk and Business Cycles", *American Economic Review*, Vol. 102, No. 6.

[43] Hadlock, C. J. and Pierce, J. R., 2010: "New Evidence on Measuring Financial Constraints: Moving beyond the KZ Index", *Review of Financial Studies*, No. 23.

[44] Yu, J., Shi, X., and Guo, D., 2020: "Economic Policy Uncertainty (EPU) and Firm Carbon Emissions: Evidence using a China Provincial EPU Index", *Energy Economics*, No. 94.

[45] Pastor, L. and Veronesi, P., 2012: " Uncertainty about Government Policy and Stock Prices", *The Journal of Finance*, Vol. 67, No. 4.

[46] Stigler, G. J., 1951: "The Division of Labor is Limited by the Extent of the Market", *Journal of Political Economy*, Vol. 59, No. 3.

[47] Valencia, F., 2017: "Aggregate Uncertainty and the Supply of Credit", *Journal of Banking & Finance*, No. 81.

[48] Van Donk, D. P., Van Der Vaart, T., 2005: "A Case of Shared Resources, Uncertainty and Supply Chain Integration in the Process Industry", *International Journal of Production Economics*, Vol. 96, No. 1.

[49] Williamson, O. E., 1975: "Markets and Hierarchies: Analysis and Antitrust Implications: A Study in the Economics of Internal Organization", University of Illinois at Urbana – Champaign's Academy for Entrepreneurial Leadership Historical Research Reference in Entrepreneurship.

[50] Young, A. A., 1928: "Increasing Returns and Economic Progress", *The Economic Journal*, Vol. 38, No. 152.

Uncertainty of Economic Policy and Vertical Specialization

—Micro Evidence from Chinese Manufacturing Enterprises

Aiyun Nie　Chunyun Jiang　Lijin Shen

Abstract: In recent years, the impact of uncertainty has become a major challenge for Chinese enterprises. The theoretical analysis of this paper shows that the uncertainty of economic policy will increase the transaction cost of enterprises and aggravate the financing constraints, which will have an important impact on the level of specialization of enterprises. Based on the data and uncertainty index of Chinese manufacturing enterprises, the empirical study shows that: (1) The rise of economic policy uncertainty significantly reduces the level of specialization of Chinese manufacturing enterprises, and the conclusion remains valid under a series of robustness tests. (2) The mechanism test shows that increasing external transaction costs and intensifying financing constraints are the two main ways for economic policy uncertainty to reduce the level of specialization. (3) In enterprises with higher asset specificity, small-scale and smaller market size, uncertainty has a more significant inhibitory effect on division of labor. (4) Further analysis shows that the uncertainty of economic policy is not conducive to the specialized production of enterprises, and ultimately reduces the productivity of enterprises. This paper provides empirical evidence for understanding the impact of uncertainty and the adjustment of enterprise boundaries, and also provides important policy enlightenment for the government to better suppress the negative impact of uncertainty shocks.

Keywords: Economic Policy Uncertainty　Specialization　Transaction Cost　Financing Constraints

JEL Classification: L11　L22

第 23 卷第 1 辑　　　　　　　产业经济评论（山东大学）　　　　　　　Vol. 23　No. 1
2024 年 3 月　　　　　　　Review of Industrial Economics　　　　　　　March 2024

"碳中和"背景下日本输配电价
水平与结构规制改革研究

——以 2023 年输配电收入上限规制为核心

李宏舟　　高梦慧　　王惠贤[*]

摘　要：日本于 2023 年引入了基于相对绩效比较分析的输配电业务收入上限规制，对与导入可再生能源相关的项目实施非对称奖惩机制；将于 2024 年改革输配电成本分摊机制，对符合条件的可再生能源发电商实施输配电价折扣制度。本文重点分析了日本输配电成本监审的效果和发电侧分摊输配电成本的制度设计，思考了日本的制度改革对我国可能的政策启示，探讨了我国输配电规制改革的重大进展和优化方向。

关键词：输配电价水平与结构　日本　收入上限　成本监审　相对绩效比较分析

一、引　言

在"碳中和"情景下，人类活动引起的二氧化碳排放量与二氧化碳人为消除量相抵消，因此"碳中和"对于解决气候环境问题至关重要。但同时，实现"碳中和"意味着能源体系将随着非化石能源大规模高比例开发利用而深度改变，电力体系需要为适应能源系统的高水平电气化程度（因为非化石能源主要是通过转化为电能供终端使用）而转型，高比例可再生能源和高比例电力电子设备的"双高"特性日益凸显，这将极大提高电力系统的安全稳定运行难度，是包括我国在内的一些国家提出新型电力系统的底层逻辑和根本原因。2021 年，日本政府提出力争将 2030 年温室气体排放量在 2013 年的基础上减少 46%，并最终于 2050 年实现"碳中和"。同年，日本议会通

* 本文受国家自然科学基金面上项目"效率变革视阈下输配电成本的溯源识别、实证测度与监管进路"（72173016）资助。
感谢匿名审稿人的专业修改意见！
李宏舟：东北财经大学产业组织与企业组织研究中心；地址：大连市沙河口区尖山街 217 号，邮编 116023；E-mail：hli@ dufe. edu. cn。
高梦慧：东北财经大学产业组织与企业组织研究中心；地址：大连市沙河口区尖山街 217 号，邮编 116023；E-mail：2022100765@ stumail. dufe. edu. cn。
王惠贤（通讯作者）：大连外国语大学日本语学院；地址：大连市旅顺口区旅顺南路西段 6 号，邮编 116044；E-mail：huixiamw@126. com。

过了修订后的《全球变暖对策推进法》，以法律形式确定日本将于 2050 年实现"碳中和"的目标。客观而言，日本提出"碳中和"目标不仅仅基于气候环境问题，同时也是为了提高其能源安全：根据《日本能源白皮书（2023）》，日本 2020 年的能源自给率为 11%，其中煤炭、石油为 0，天然气为 2%，大幅低于其他经济合作与发展组织（OECD）国家（比如澳大利亚为 346%，美国为 106%，我国为 80%）。日本正试图通过大力发展可再生能源发电和逐步恢复核电将能源自给率提高至 2030 年的 30% 以上（其中可再生能源占比 22% ~ 23%，核电 9% ~ 10%）。

电网公司作为连接电源侧与用户侧的硬件设备和日常调度的运行者，在电力体系的转型中面临着更大的挑战：第一，新能源发电的间歇性、波动性和随机性问题与电力系统连续稳定运行的要求直接相悖，虽然其发电成本不断降低，但是带来的系统运行成本（也就是辅助服务成本，主要通过输配电成本回收）却会大幅上升；第二，随着数量众多的新能源、分布式电源、新型储能、电动汽车等接入，现有调控技术手段无法做到全面可观、可测、可控，断电等影响电能质量的风险增大。广义的输配电价监管[①]包括两个方面：一是输配电业务收入上限监管，主要手段是成本监审和激励约束机制设计，目的是利用相对绩效比较分析方法（benchmark）模仿市场竞争，激励电网公司主动通过提高效率和服务质量获得合理利润和信息租金；二是输配电价结构监管，主要手段是制定各个电压等级、各种用户类型的容（需）量电价和/或电量电价，目的是根据对电网设备的利用情况公平分摊输配电成本。近年来，随着可再生能源渗透率的提高，通过设定分时输配电价和特定区域折扣输配电价实现削峰填谷和提高电网利用效率的特定目标导向型政策逐渐普及，但是严格来说，这并不是输配电价监管的范畴。

2019 年 8 月，日本综合资源能源调查会（日本総合资源エネルギー调查会，2019）提出了对日本输配电价实施收入上限规制的政策建议，经过三年多的制度设计，日本政府于 2023 年 4 月正式对电网公司的输配电业务实施收入上限规制，首个监管期间从 2023 年 4 月至 2028 年 3 月。作为配套措施，日本还决定于 2024 年 4 月导入特定区域输配电价折扣制度，并将在第二个监管期间（2028 年 4 月至 2033 年 3 月）导入输配电价结构改革，重新设计超高压、高压和低压三类用户之间分摊输配电设备固定成本的比例。日本导入输配电规制改革的主要原因在于国内环境发生了变化：一方面，由于人口减少和节能减排，日本预计 2030 年电力需求将与 2013 年基本持平；另一方面，大规模导入可再生能源和大量更新 20 世纪 60 年代至 70 年代建成的输配电软硬件系统需要巨额设备投资，因此日本政府试图通过完善监管手段提

[①] 林卫斌、吴嘉仪（2023）重点讨论了"管制"和"监管"的异同，认为"管制"与市场竞争是相互替代，"监管"与市场竞争是相辅相成。

高电网公司运行效率，尽可能实现输配电行业的安全、环保和高效，特别是在需要巨额投资和电量需求基本不变的情况下，尽可能将单位输配电价保持在合理水平。同时，由于隶属于日本内阁府的日本消费者委员会（与日本消费厅合署办公）认为作为低压用户的居民承担了过高的输配电固定成本，建议需要根据实际情况在三类用户之间重新设定分摊比例（消费者委员会，2016，2021），因此负责输配电业务监管的日本电力与燃气交易监视等委员会（日本電力·ガス取引監視等委員会）承诺经过调研后，在第二个监管期间实施必要的改革。

　　作为提供基础性、公益性服务的电网公司输配电业务属于网络型自然垄断环节，各国政府普遍通过规制政策对输配电价和服务质量实施监管。从这个意义上讲，监管政策的质量高低直接影响着电网公司的运行效率和服务质量，进而间接影响新型电力系统的建设进程。本文第二部分主要讨论日本收入上限规制的基本框架，第三部分探讨成本监审方法及其激励约束机制，第四部分考察日本输配电成本分摊机制，第五部分重点分析我国在输配电规制改革方面取得的进展和存在的问题，第六部分探讨日本事例的可能启示和政策建议。

二、日本输配电业务收入上限规制模式

（一）监管框架

　　日本电网公司输配电业务监管机构是 2015 年 9 月设立的电力交易监视等委员会，该机构于 2016 年 4 月改名为日本电力与燃气交易监视等委员会，其监管范围从电力行业扩大至能源行业（包括电力、燃气和供热业务）。委员会决策机构包括一名委员长和四名委员，由具有经济、法律、金融（或者工科）背景的外部专业人士担任，经过经济产业省大臣任命后履职。委员会的核心工作是对能源市场（批发和零售）实施监管、对能源行业的自然垄断企业（电网公司、燃气管网公司）实施监管，它与日本资源能源厅、市场主体和消费者代表部门的关系如图 1 所示。

　　概括而言，日本电力与燃气交易监视等委员会对接受监管的主体具有调查取证权、业务改善建议权和行政处罚建议权，但没有行政处罚权。自成立以来，除了对收益率规制下的输配电价事后核审、制订收入上限规制实施方案以外，它在电力市场建设方面的工作可以总结为：对电力市场实施监管、对运行规则及其机制设计提出改进建议、维护电力市场公平竞争（确保电力零售商之间平等竞争和零售商与电力用户之间平等交易）、根据需要对电力企业实施反垄断审查。

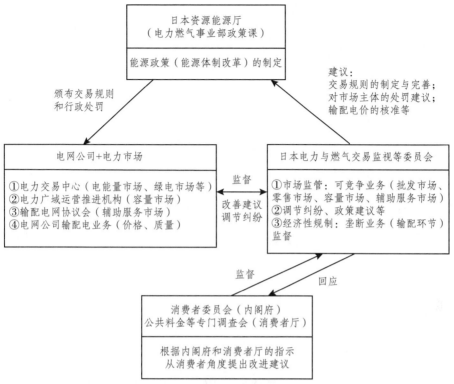

图 1　日本电力行业政策制定、业务监管与市场运营分工

资料来源：笔者根据日本资源能源厅相关资料整理所得。

　　监管机构对自然垄断业务实施经济性规制的根本目的是模仿市场机制，激励自然垄断企业主动提高效率和降低成本（Sappington and Weisman，2021）。经典的理论研究已经证明，设计良好的收入上限规制比收益率规制更能较好地模仿市场机制（Cabra and Riordan，1989；Braeutigam and Panzar，1989）。图 2 为日本监管机构设定的电网公司输配电业务准许收入规制流程示意图，其中体现激励约束机制的核心项目为准许收入的设定：在每个监管期间，如果电网公司实际成本小于监管机构事先设定的准许收入，则电网公司获得除合理收益以外的额外利润（上文所说的信息租金），而且获利程度与降低成本的幅度正向相关，反之亦然。同时，监管机构在设定下一个监管期间的准许收入时，会参照上个监管周期的实际成本情况增减准许收入。换言之，电网公司在上一个周期降低的成本越多，获得的额外收益越多，在下一个周期被设定的准许收入可能会越低，因此输配电价也会相应降低，从而使电力用户也从电网公司降低成本的行为中受益，实现了电力公司和电力用户之间的共赢。

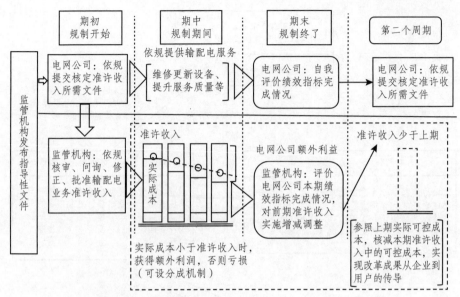

图 2　收入上限规制下电网公司输配电业务准许收入核定

资料来源：笔者根据日本资源能源厅相关资料整理所得。

（二）规制目标

规制目标是监管机构引导被监管企业发展方向的指南，是监管机构制定绩效考核指标的依据。监管目标通常是多元的，针对电网公司而言，这些目标包括成本效率、服务质量、公平公正、节能环保等。由于目标之间存在内在冲突，所以存在优先顺序和权衡取舍的问题（David and Sappington，1994）。比如电网公司为了提高成本效率，有动机通过减少维修频率降低成本，而减少维修频率有可能增加断电次数，这与提高服务质量的目标是相违背的，又如通过认可电网公司获得信息租金可以激励其降低成本，但是这与实现公平公正的原则相违背①。

1. 指导原则与具体目标

为了提高收入上限规制与社会效益最大化的兼容性，日本电力与燃气交易监视等委员会要求电网公司从提高服务质量、降低运营支出、推进技术创新、确保供电安全和实现绿色环保等方面多维度设定绩效目标，监管机构设定的目标种类、具体分类及其定量（定性）指标如表 1 所示。为鼓励电网公司实现绩效目标，监管机构会依据定量或定性目标的实现情况给予奖惩。参

---

① 电网公司获得正常收益以外的信息租金说明企业首先降低了成本，但是这也意味着其资本收益率高于相应的风险，这是不公平；价格应该等于或至少在成本附近是分配效率最高，电网公司获得正常收益以外的信息租金，意味着成本与价格有较大的偏离，这是分配低效率的表现。出现这些目标冲突的根本原因就是监管机构和电网公司之间的信息不对称和目标不一致（Green and Martin Rodriguez，1999）。

照英国的 RIIO 经验（李宏舟、朱丽君，2022），日本对电网公司提供财务激励和声誉激励。对于可定量评估的目标，监管机构给予财务激励，并根据降低成本所带来的社会效益（或损失）的多少作为对企业的奖励（或惩罚）的依据，进而增加（或降低）电网公司在下一个规制期初的收入上限。对于可在中长期获得社会效益的目标，以及进行定性评估的目标，鉴于监管期间的社会效益（或损失）并不总是明确的，监管机构将通过公布电网公司的绩效状况来给予企业声誉激励。

表 1   规制目标及其惩罚机制

目标分类	二级目标	定量（定性）指标	激励措施
稳定供电	停电时间	规制期间（2023～2028 年）的停电时间（评估对象为低压电灯用户的停电时间）不能超过该公司过去 5 年（2017～2022 年）的实际停电时间	+0.025% * −0.05%
	设备扩容	保质保量完成基干电网铺设计划	声誉激励
	设备维修	按照《设备维修指南》完成日常保养和设备更新投资，确保按照《设备维修指南》实施的风险评估水平（故障概率 × 影响程度）低于收入上限实施前水平	声誉激励
	电柱地下管网化	按照日本国土交通部门制订的电柱地下化推进计划，电网公司根据各自辖区道路施工状况、施工力量、施工时间制订施工计划，并达成该计划	声誉激励
扩大可再生能源导入量	新能源场站并网申请	在规定时限内答复并网可能性的有无（超期答复数量为零）；在规定时限内完成并网送电（超期并网数量为零）	−0.05% −0.05%
	落实电网的阻塞管理	制定并实施阻塞管理（柔性并网、再发电指令等日本广域电力运营推进机构认可的管理方法）	声誉激励
	提高发电预测精度	设定并实现提高可再生能源发电预测精度目标，减少"弃风弃光"	声誉激励
提高服务质量	电力用户用电申请	在规定时限内答复电力用户用电申请（超期答复数量为零）	−0.05%
	抄表、费用核算和收费通知等	用电量方面，计费错误、通知延迟次数为零；输配电费方面，计费错误、通知延迟次数为零；平衡电费方面**，计费错误、通知延迟次数为零	−0.05%
	顾客满意度	电网公司与各自的利益相关者协商，自主设定并实现目标	声誉激励
广域化	设备标准化	按照国家计划，电网公司积极推进设备标准化进程	声誉激励
	调剂余缺广域化	电网公司制订并实现从全国性辅助服务市场购买辅助服务的计划	声誉激励
	抢险救灾互助计划	实现 10 家电网公司联合制定的抢险救灾互助计划中的各项举措	声誉激励

续表

目标分类	二级目标	定量（定性）指标	激励措施
数字转型	电网数字化	电网公司通过与利益相关者协商，自主制定并实现目标	声誉激励
安全环保	安全环保	电网公司通过与利益相关者协商，自主制定并实现目标	声誉激励
次世代化	推进微电网	电网公司自主设定并实现微电网推进目标	声誉激励
	推进智能仪表的安装	按照政府统一规划，制订并实现下一代智能电表安装计划	声誉激励

注：＊＋0.025%＋0.025% 表示在设定下一个周期的准许收入时，将在基准准许收入的基础上，增加 0.025% 用于奖励停电时间的减少，后面的百分比的含义相同。

＊＊假设 A 发电企业提交的某个时间段（通常是 30 分钟）发电计划是 10 万千瓦，但实际上是 9.8 万千瓦，其中的 0.2 万千瓦由调度机构从辅助服务市场购入后补齐，这 0.2 万千瓦的电费就是平衡电费，我国称为偏差电量电费。

资料来源：笔者根据日本電力・ガス取引監視等委員会（2021）相关资料整理所得。

2. 财务奖惩标准与强度

在奖惩方式上，日本电力与燃气交易监视等委员会对断电时间（稳定供电）、新能源场站并网（扩大可再生能源导入量）、用户用电申请（提高服务质量）、抄表、费用核算和收费通知等（提高服务质量）设定了具体的量化标准和财务奖惩方式，具体而言：

（1）断电时间。

持续稳定供电是电网公司的基本社会职能之一，具有极大的外部性，频繁的断电会给电力用户增加生产、生活成本，降低居民幸福感，因此断电时间是体现电网公司服务质量的重要指标，需要通过财务奖惩予以规范。因为关于高压和超高压的既往停电记录缺失，日本将首个规制周期断电时间的考核对象限定为低压用户，也就是居民用户。在计算断电时间时，事先通知用户的正常电力施工停电时间和因自然灾害（包括第三方事故造成的）停电时间不计算在内，只有因为设备故障和维修不当等电网公司自身原因造成的断电时间才是考核对象。如果电网公司在首个监管期间的总断电时间小于自身在过去 5 年（2017～2022 年）的断电时间的 5%，断电时间在供电时间中的占比排在 10 家电网公司中的前三名以内（由低到高排列），则可以得到相当于当期基准收入的 0.025% 的财务奖励；相反，断电时间大于 5%，或断电占比排在第四名以后的电网公司，则会受到 0.05% 的财务惩罚。

日本将从第二个监管周期开始导入对超高压和高压用电断电时间的奖惩机制。

（2）新能源场站并网申请与电力用户用电申请。

为了尽可能扩大可再生能源的并网电量，日本电力与燃气交易监视等委员会对该项指标实施单项财务惩罚制度（非对称奖惩制度）。换言之，在规定时限内答复并网可能性的有无和在规定时限内完成并网送电是电网公司的应尽义务，没有奖励。但是，当电网公司超期回复或并网比例超过既往比例，并且在 10 家电网公司中排名第四或以下（由低到高排列）时，则会受到相当于当期基础准许收入的 0.05% 的财务惩罚。在对应电力用户用电申请方面的惩罚，在标准设定和惩罚力度上完全与新能源场站并网申请相同。

（3）抄表、费用核算和收费通知等。

抄表、费用核算和收费通知属于非竞争性业务，可以通过市场机制实现效率最大化。日本电力与燃气交易监视等委员会没有对该项业务实施剥离，但是提出了提高服务质量的要求。在三项内容的（用电量、输配电费、平衡电费）的六项服务中（每项内容包括计费错误和通知迟延），电网公司需要做到零错误。如果六项服务中的任何一项的错误率超过既往比例，并且在 10 家电网公司中位于第四名或以下（由小到大排列）时，则会受到相当于当期基础准许收入 0.05% 的财务惩罚。

对需要声誉激励的目标，日本电力与燃气交易监视等委员会将实施期中和期末两次评估，对于表现不佳的电网公司，监管机构会提出改善建议。在首次规制期间结束后，利益相关者和电网公司首先进行自我评估，其次上报监管机构，最后会实施二次评估。如果事后评估认为该项目标影响较大并且可以量化评估，监管机构可以在第二个监管期间对此类目标项实施财务性激励。

（三）提效机制

输配电收入上限规制的根本目的在于提高电网公司的效率，缓解自然垄断带来的弊端。

日本监管机构对电网公司的提效机制包括促进效率提升和技术进步两个方面，这与传统的 RPI – X 规制有着不同的理论假设①。在现实中，自然垄断企业肯定存在无效率，而且监管机构不可能精准掌握垄断企业无效成本的大小，同时随着各国垄断行业规制改革的深入，全国性垄断企业多被分拆为多个区域性垄断企业，这使通过标尺竞争规制垄断企业成为可能（Shleifer，1985）。

1. 理论框架

日本监管机构将电网公司的无效成本被进一步细分为两类：一是期初成本与最小成本之间的无效成本，反映静态无效率（见图 3（1）侧 $C_{t-1,m}$ – $C_{t-1,m}^{eff}$）②；二是电网公司没有积极实施技术进步致使生产可能性边界不能前

---

① Bernstein and Sappington（1999）关于 RPI – X 定价模型的研究假设如下：其一，垄断行业处于生产可能性边界上，不存在无效率；其二，每个垄断行业只有一个企业，即行业等于企业；其三，监管机构与垄断企业之间不存在信息不对称。

② 这部分相当于美国激励性规制（performance based regulation）的"消费者红利（customer dividend）"，下文所述的"期间/跨期调整机制"，类似于美国的"decoupling plan"，关于近期美国输配电的规制方式的研究，可以参考 Sappington and Weisman（2021）。

移产生的无效成本，反映动态无效率（见图 3（1）侧 $C_{t,m}^{eff} - C_{t-1,m}^{eff}$）。因此日本监管机构试图通过不同的机制设计激励电网公司降低两种不同类型的无效率，也就是通过领跑者计划激发电网公司的效率变革从而减少静态无效率，通过设定技术进步指标激发动力变革从而减少动态无效率（见图 3（2）侧）。

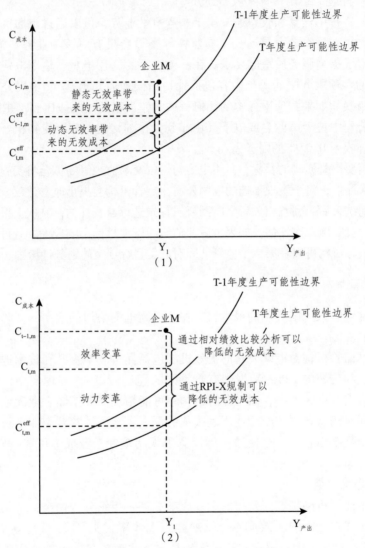

图 3　电网公司无效成本分类及其规制方法

资料来源：笔者根据相关资料整理所得。

2. 领跑者计划

领跑者计划的实质是根据领跑者的绩效确定其他电网公司的效率改进目标，针对的是静态无效率。具体方法是通过多元回归或者中位数分析估算出各电网公司某项业务的估算成本，然后与实际成本进行比较，计算出效率得分并确定效率标准。规制期初将效率得分排名前 5 位的企业作为领跑者（也就是效率标准，或者说标尺竞争中的影子企业），期末则以效率得分排名前 3 位作为领跑者。对于无法利用多元回归分析估算成本的业务，监管部门则是利用中位数进行评估。在确定技术进步幅度时，监管机构参考了德国的做法和本国的实际情况，设定的年度技术进步率为 0.5%。

（四）收入上限

1. 基本构成

日本电力与燃气交易监视等委员会核审电网公司提交的《收入上限申请表》的细目和方法如表 2 所示。需要说明的是：第一，资本支出的审核重点是投资数量和投资单价（具体方法如后所述），但实际上计入准许收入的是准许资本支出对应的折旧费用，并不是资本支出本身，这意味着资本支出将在多个监审期间影响准许收入（因为资本投资形成的硬件设备的使用寿命肯定大于 5 年），其重要性要大于运营支出；第二，普遍服务（主要是向离岛居民供电）产生的费用、系统运行成本（辅助服务费用）单列，然后通过输配电价回收；第三，线损成本不包括在输配电准许收入范围之内（各个零售商购买的实际电量等于所需电量加上监管机构设定的线损电量），也就是电网公司不涉及线损的补偿问题（这与我国的现状形成对比，参见本文第五部分）；第四，各项收益要从准许收入中扣除掉，具体方式是期初根据电网公司基于可靠依据的预测进行估算，然后在监管期间结束后精算调整；第五，这里的不可控费用，是指外生决定、电网公司无法通过自身努力改变的费用。

表 2　　　　　　　　　　　　输配电业务准许收入的构成

费用类别及其定义		核审方法
运营支出（OPEX）：主要是电网公司的人工支出和服务外包费用		①合规性审查 ②利用多元回归分析进行电网公司之间相对绩效比较分析，然后根据效率基准进行成本调整 ③对个别费用进行个别核定
资本支出（CAPEX）：指电网公司新增投资的折旧费和固定资产税	主要设备	①投资数量：审查投资必要性、施工可能性 ②投资单价：使用多元回归分析和中位数法进行相对绩效比较分析，然后根据效率基准进行成本调整 ③对个别项目实施个别核定（电杆地下管网计划推进情况等）
	其他设备	①参照参考期间的核减比例核减 ②对个别项目实施个别核定（根据电网公司的申请）
	其他投资：通信工程、IT 系统、建筑物等	根据参考期间的实际情况，对每个投资项目进行个别核定

续表

费用类别及其定义		核审方法
其他成本	普遍服务、维修、障碍树木砍伐、固定资产报废等	①根据参考期间的核减比例核减 ②对个别项目实施个别核定（根据电网公司的申请）
各项收益：与输配电相关的杂费收入		个别核定，并在收入上限中对冲
不可控费用：指电网公司固定资产的折旧费及固定资产税、赔偿负担金、废炉负担金、税金、其他公摊费用等		个别核定
辅助服务费用：指用于保证系统实时供需平衡而支出的费用，即辅助服务市场费用等		个别核定
智能化数字化费用：脱碳化、电网韧性、数字化、效率化方面的费用		分类后个别核定
合理收益		合理报酬率 1.5%（低于参考期间的 1.9%）

资料来源：笔者根据日本電力·ガス取引监视等委员会（2021）相关资料整理所得。

2. 期间/跨期调整机制

日本电力与燃气交易监视等委员会核审的准许收入是基于当时的各种合理预测，当事后的实际情况与当初的预测发生偏离时，需要根据事先设计的调整机制予以应对。调整收入偏差的基本原则是全额调整、当期完成。引起收入变化的主要因素是监管期间的实际用电量与预测用电量的差异，当发生此类状况时，电网公司可以根据实际情况在监管周期内申请提高或者降低单位（输配）电价，从而维持准许收入保持不变。考虑到电网公司主动申请降低输配电价的动机较小，日本电力与燃气交易监视等委员会规定，以年度实际收入与当初的预测收入差额作为指标，当累计差额超过监管期间准许收入的 5% 时，电网公司必须申请降价。监管期间结束后，如果电网公司的实际成本小于（大于）当初设定的准许收入，日本电力与燃气交易监视等委员会将其认定为额外利润（损失）。为了激励电网公司主动提高效率，同时让电力用户又能享受电网公司提高效率带来的成本降低，二者将平分额外利润（损失），并通过在设定下一个监管周期的准许收入时予以兑现。

需要指出的是，如果成本减少是因为投资量的变化，也就是说与效率改进无关，则不适用于上述规则。

三、日本成本监审中的相对绩效比较分析机制与效果

（一）基本框架

对于电网公司的《收入上限申请书》，日本电力与燃气交易监视等委员

会主要采用三步法进行监审：第一步是合规性审查，目的是确保各项成本细目符合法律法规要求，并且在合理范围之内；第二步是对部分成本项目实施效率性审查，也就是相对绩效比较分析（benchmarking），目的是激励电网公司通过强化内部管理提高可控成本的效率；第三步是设定技术进步指标，适用的成本项目包括运营支出、资本支出、维修费用，目的是促进电网公司通过技术进步降低成本。在实施效率性审查时，监管机构会基于多元回归或者中位数法得出电网公司的效率得分，然后基于监管机构选定的效率基准（影子企业）对电网公司的申请成本进行调整（日本称之为"领跑者修正"），对于不适合上述方法的项目则实施个别核定。

　　电网公司提交的输配电业务成本可以细分为几个部分，如图 4 所示。在图 4 左端，最上面的违法违规成本主要是通过合规化审查剔除，由日本电力与燃气交易监视等委员会内部工作人员根据《输配电业务条款费率审查要目》（资源エネルギー庁，2022）实施；效率化审查的目的是确定各个电网公司的收入上限，这个收入与监管机构设定的效率基准（也就是领跑者的选定基准）和电网公司自身的效率水平相关，特别值得注意的是这个准许收入里面包含一定数量的无效成本，原因是电网公司消除无效成本需要一定的时间。在图 4 右端，路径 AO 意味着所有的无效成本都由电网公司和电力用户共同承担，路径 CO 意味着电网公司独自承担所有的无效成本，BO 则是折中的办法。设定技术进步指标也就是确定图 4 右端 X^{tfp} 的大小。显然，这个取值越大，电网公司削减成本的压力越大。

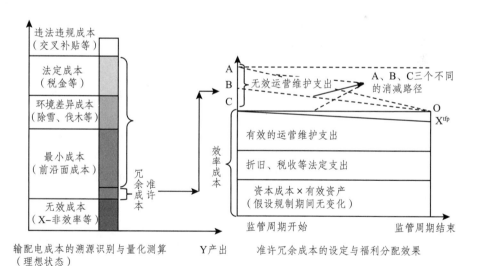

图 4　日本收入上限规制中成本监审

注：电网公司的准许收入等于合理成本加上准许冗余成本。
资料来源：笔者根据相关资料整理所示。

（二）对运营支出的监审

1. 方法与步骤

根据日本电力与燃气交易监视等委员会（日本電力・ガス取引監視等委員会，2021），日本电网公司的运营支出主要包括人工费、外包费、业务委托费等各项费用。因电网公司不同而计算方法不同的费用（例如砍伐障碍树木的成本、通信和系统成本等）被合并到资本支出和其他费用（修缮费等）中另作核定。运营支出是效率性审查的适用科目，具体方法是利用 10 家电网公司在 2017～2021 年的输配电业务数据、基于多元回归分析得出各个电网公司效率得分，然后分别将第五名和第三名电网公司的效率得分视为效率标准，然后基于效率标准对电网公司申请的运营收入进行调整。在确定多元回归函数式时，日本电力与燃气交易监视等委员会经过多次模型选定试算后，最终选取了反映电力需求的最大负荷（X_{1a}）、反映服务规模的电力辖区服务面积（X_{1b}，无人居住区除外）和反映经济状况的私营部门工资水平（X_2）作为运营支出（Y）的解释变量，也就是根据以下回归方程测算各个电网公司输配电业务在监管期间的模型支出。

$$\log(Y) = a \times \log(X_{1a}) + b \times \log(X_{1b}) + c \times \log(X_2)$$

表 3 和表 4 为电力与燃气交易监视等委员会对运营支出实施第一轮监审时的步骤和方法。为了节省篇幅，我们只列出了 4 家代表性的电网公司和 10 家电网公司的合计（日本料金制度专门会合事务局，2022）。以电网公司 1 为例，第二列的 2733 亿日元是指该企业在 2017～2021 年（参考期间）的实际运营支出，第三列是根据上述式（1）估算的模型支出，第四列和第五列为各个电网公司的效率得分及其排名，第六列是监管机构选定的期初效率标准（100.6%），第七列是第一次效率修正后的支出。值得说明的是，日本监管机构将参考期间实际运营支出的 50% 和效率修正成本的 50% 相加，这个数值视为效率修正后运营支出，这意味着只有一半的运营支出是效率化的适用对象。对此，监管机构给出的解释是为了给电网公司缓冲时间，以缓解初次收入上限规制对电网公司的影响。第八列和第九列是选择效率排名第三的企业为标准的相关计算，具体方法与前面相同。第七列和第九列括号内的数字具体含义将在后文中进一步解释。

表 4 为综合考虑效率改善和生产率提高后的运营支出及与电网公司期初申请额的比较（表 4 中只列出四家）。其中的第三行，即生产率修正后成本（在第一个监管期间，电力与燃气交易监视等委员会设定的生产率提高目标为 1.5%），指的就是监管机构设定的准许运营支出。与电网公司申请的运营支出相比，效率最低的第四家电网公司核减成本为 64 亿日元，其他三家则各有增减，总的核减金额为 304 亿日元，约占全部申请成本（55086 亿日元）的 0.6%。

表 3　　　　　　　　　运营支出效率性监审的计算框架　　　　　　　单位：亿日元

电网公司	实际费用①（亿日元）	模型费用②（亿日元）	效率得分③=①/②（%）	效率排名④（亿日元）	期初效率基准		期末效率基准	
					以排名第五为基准⑤（%）	效率修正后成本⑥=（②×⑤×50%+①×50%）/5（亿日元）	以第三为基准⑦（%）	效率修正后成本⑧=（②×⑦×50%+①×50%）/5（亿日元）
1	2733	2716	100.6	5	100.6	547（547）	99.9	545（547）
4	8657	8151	106.2	10		1686（1731）		1680（1731）
5	1831	2050	89.3	1		389（366）		388（366）
8	2046	2049	99.9	3		411（409）		409（409）
计	55534	55559				11144		11102

资料来源：笔者根据日本料金制度专门会合事务局（2022）相关资料整理所得。

表 4　　　　　　考虑效率改善和生产率提高后的运营支出核审结果　　　　单位：亿日元

	电网公司	公司 1	公司 4	公司 5	公司 8	10 家和计
各种成本	效率修正后成本⑨={（⑥+⑧）/2}×5	2728	8414	1943	2050	55616
	生产率修正后成本⑩=⑨×（1−1.5%）	2687	8288	1914	2019	54782
	申请成本⑪	2492	8352	1938	2018	55086
	差值⑫=⑪−⑩	−195	64	24	−1	304

资料来源：笔者根据日本料金制度专门会合事务局（2022）相关资料整理所得。

需要说明的是，这是针对电网公司首次申请的监审结果，按照收入上限规制的实施细则，电网公司将根据上述结果修改申请金额，然后第二次提交修正后的《收入上限申请书》，监管机构实施第二轮监审。

2. 最终监审结果与分析

表 5 为 10 家电网公司运营支出的申请数值和最后的准许数值，其中"参考期间运营支出"指 2017~2021 年的实际运营支出，其他三种运营支出指首个监管期间（2023~2027 年）的申请支出和核准支出。因为参考期间与首个监管期间的参数不同［参见式（1）］，所以二者之间的比较缺乏严格的理论依据，只是作为参考列出。真正体现监管效果的数字是最后一列，即最终准许运营支出②与首次申请运营支出①的比较。从表 5 中可以看出，与各个电网公司申请的运营支出相比，实际核准的成本有增有减，其中增幅最大的是中部电力公司的 43 亿日元，减幅最大的是九州电力公司的 180 亿日元。从总额来看，共核减金额 391 亿日元，约占初次申请额的 0.7%。

表 5　　　　　　　　　参考期间、首次申请与最终核准的运营支出

项目	参考期间运营支出（2017～2021 年）（亿日元）	首次申请运营支出①（亿日元）	首次核准运营支出（亿日元）	最终核准运营支出②（亿日元）	与参考期间相比较（%）	与首次申请相比较（%）②-①
北海道电力	2733	2492	2687	2490	−243（−8.9）	−2（−0.1）
东北电力	5934	5826	5846	5845	−89（−1.5）	19（0.3）
东京电力	15199	15334	15368	15335	136（0.9）	1（0.0）
中部电力	8657	8352	8288	8290	−367（−4.2）	−62（−0.7）
北陆电力	1831	1938	1914	1915	84（4.6）	−23（−1.2）
关西电力	8443	8516	8229	8395	−48（−0.6）	−121（−1.4）
中部电力	4043	3887	3967	3930	−113（−2.8）	43（1.1）
四国电力	2046	2018	2019	2020	−26（−1.3）	2（0.1）
九州电力	5982	6005	5820	5825	−157（−2.6）	−180（−3.0）
冲绳电力	666	717	643	650	−16（−2.4）	−67（−9.3）
合计	55534	55086	54782	54695	−839（−1.5）	−391（−0.7）

资料来源：笔者根据日本料金制度专门会合事务局（2022）相关资料整理所得。

（三）对资本支出的监审

1. 方法与步骤

日本电网公司资本支出主要分类为新增设备投资（扩容投资）和既有设备更新改造投资。电力与燃气交易监视等委员会核算资本支出的原则是以有效的单价进行必要的投资，因此会对投资数量的多少和投资单价的高低分别核审，前者主要是基于政府和各个电网公司制定的输配电设备扩充与更新规划，后者则是主要基于电网公司之间的相对绩效比较分析，然后根据分析结果对各个公司的单价进行必要的调整。监管机构在核审新增投资费用时，将电网设备进一步分为基干电网（超高压输电网）、本地电网（高压输电网）和配电网。

表 6 为资本支出中的主要设备或项目成本核算要目。

（1）投资数量的核审。

日本电力与燃气交易监视等委员会在核审电网公司基干电网的投资数量时，首先要确认电网公司的投资建设计划是否符合国家电网总体发展规划和区域电网发展规划。在扩容投资方面，监管机构将分别核实每个建设项目的投资数量，对于已制订地区开发计划的投资工程，在招标采购阶段，将首先由区域或者其他成本核查小组委员会核查采购程序（订购方法和成本降低措施）和工程有效性。监管机构在确认核查小组委员会的核查结果后，将要求

电网公司提交建设项目中每台设备的单位成本和其包括与过去类似项目比较的其他说明信息，以对每项工程项目做进一步核审。

表 6　　　　　　　　　　资本支出投资单价的监审细目

资本投资分类	设备分类			核定方法
新增投资更新投资	本地电网	基干电网		个别核定
		输电设备	铁塔架空输电线地下电缆	多元回归分析的领跑者评估中位数法的领跑者评估 + 个别核定
			其他输电设备	主要设备的核定率 + 个别核定
		变电设备	变压器断电器	多元回归分析的领跑者评估中位数法的领跑者评估 + 个别核定
			其他变电设备	主要设备的核定率 + 个别核定
新增投资	配电网	需求响应		多元回归的领跑者核定
		地下管网计划		中位数法的领跑者评估 + 个别核定 + 事后调整
		其他		主要设备的核定率 + 个别核定
更新投资		风险计算内设备		多元回归分析的领跑者评估中位数法的领跑者评估 + 个别核定
		风险外设备		使用主要设备的核定率 + 个别核定

资料来源：笔者根据日本電力・ガス取引监视等委员会（2021）相关资料整理所得。

日本电力与燃气交易监视等委员会在核审电网公司本地电网和配电网的投资数量时，主要基于以下三个方面：一是电网公司的建设能力与投资数量是否匹配？二是各个建设项目的投资目的、投资时间和投资数量是否符合电网建设规划？三是电网公司对建设方案、主要设备型号和数量信息、其他相关信息（相关施工、相关拆除费用等）是否进行了合理性说明？同时，在核审设备扩容投资时，重点关注电网公司是否依据未来需求和电源发展趋势，从扩大可再生能源和加强抗灾能力、提高电网韧性的角度出发，规划扩建需求和投资金额；在核审设备更新投资时，重点关注更新的设备是否符合《老旧设备更新准则》。对于须按《老旧设备更新准则》计算风险程度的设备，制订的投资计划应保证设施的风险程度维持在监管期前水平。对于不属于《老旧设备更新准则》计算范围的设备（输电、变电和配电），可由电网公司自行讨论确认风险程度计算方法。虽然设备扩容投资与更新投资数量的核审方法有所不同，但都将根据电网特点的不同核审投资的目的、时机、金额。

（2）投资单价的核审。

基干电网投资单价的核审方法与投资数量核审方法相同，都是日本电力与燃气交易监视等委员会基于区域成本核查小组委员会的核查结果，进行个别核定。表 7 为铁塔事例。

表 7　　　　　　　　　多元回归法核审投资单价的分析框架（以铁塔为例）

电网公司	基于以往绩效的多元回归分析			效率排名④	基于监管期的解释变量进行多元回归分析单价（百万日元/年）⑤	领跑者修正单价（百万日元/年）⑥=⑤×③	准许单价（百万日元/年）⑦=①×70%+⑥×30%	申请单价（百万日元/年）⑧	差额（百万日元/年）⑧-⑦
	实际单价（百万日元/年）①	估算单价（百万日元/年）②	效率得分（%）③=①/②						
东北电力			89.2	1					0.3
四国电力			95.3	3					-1.6
北陆电力			97.5	5					2.0
中部电力			102.0	8					-4

注：表中的空白处为电网公司内部信息，监管机构不予公开。
资料来源：笔者根据日本料金制度专门会合事务局（2022）相关资料整理所得。

本地电网和配电网投资单价的核审适用效率监审，具体而言：第一步，利用 10 家电网公司在 2017~2021 年的输配电投资数据、基于多元回归分析建立一个估算公式 $p = f(x; b)$，计算出反映全部电网公司效率的模型单价（见表 7 中的②，等于 $p = f(x; \hat{b})$，其中的 x 等于 2017~2021 年的实际数据）。将每家电网公司在参考期间（2017~2021 年）实际单价的平均值与模型单价的比值定义为效率得分，并将第三名电网公司的效率得分视为标准（见表 7 中的四国公司）；第二步，根据 $p = f(x; \hat{b})$（其中 x 变为 2023~2027 年的预测数据）估算监管期间（2023~2027 年）的单价（见表 7 中的⑤），将此单价乘以标准效率分得到领跑者修正单价（见表 7 中的⑥）；第三步，最后的准许单价等于领跑者修正单价与参考期间实际单价的加权平均数（前者占 30%，后者占 70%，见表 7 中的⑦）。

表 8 为日本电力与燃气交易监视等委员会选定的解释变量。

表 8　　　　　　　　　　　多元回归解释变量的选取

设备类型	解释变量
铁塔	由塔形确定塔重
架空电线	导体横截面积、材料系数（耐热铝）、材料系数（特种铝）、材料系数（铜）、线路长度的倒数
地下电缆	电缆尺寸、线路延伸的倒数、电压、电缆类型、传输距离

续表

设备类型	解释变量
变压器	容量、一次电压、二次电压
断路器	额定电压、额定电流、额定断开电流
需求和供电响应	材料成本：每项需求申请的施工数量（高压线路）、平均雷电天数、地下线路施工比、平均柱长（混凝土柱）、平均荷载能力（混凝土柱）、高压架空线路柱比、每块可居住用地的柱式变压器数量 建设成本：每项需求申请的建筑（高压线）数量（一米）、公共工程设计平均人工成本（特殊工人）、复合柱比率、每个电力设施（营业厅）的可居住用地面积、高压架空线柱比率、高压线平均厚度、柱式变压器平均容量
锥形柱	材料成本：每块可居住地的住户数、电线杆组合比率、高压架空线杆比率、架空变压器平均容量、高压电缆比率 建设成本：单位可居住面积需求量（电力需求量）、公共工程设计平均人工成本（特殊工人）、特殊支柱。（薄柱、复合柱、分柱）比率、平均跨度长度、平均柱长、高压架空线柱比率
低压线	每组变压器低压合同电量（合计）、每个可居住区光伏装机量、公共工程设计人工成本（电工）平均值、平均电缆尺寸、低压架空电缆设施比、每个可居住区架空高低压线路长度

资料来源：笔者根据日本電力・ガス取引监视等委员会（2021）相关资料整理所得。

如果多元回归函数的决定系数较低（$R^2 < 0.7$），日本电力与燃气交易监视等委员会采用中位数法进行价格监审，如图5所示。

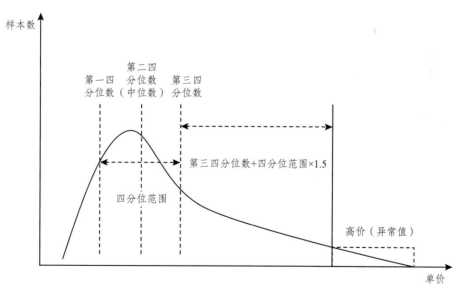

图5　提取高价样本的四分位数法

资料来源：笔者根据日本料金制度专門会合事务局（2022）相关资料整理所得。

具体而言：第一步，利用10家电网公司在2017～2021年的输配电投资数据，使用四分位数法剔除异常值，并选出可反映每家电网公司平均效率的中位数单价。第二步，将每家电网公司在 2017～2021 年的实际单价平均值（见表 9 中的①）与中位数法估算单价（见表 9 中的②）的比值作为效率得分，将排名第三的电网公司的效率得分视为标准（见表 9 中的九州电力公司），中位数法得出的估算单价乘以标准效率得得到领跑者修正单价（见表 9 中的④）；第三步的计算方法与多元回归分析法相同。对于高价（异常值）项目，电网公司首先对这些项目的单价进行内部审查，其次将审查细节和其他信息材料提交给监管机构；最后由监管机构对高成本项进行个别评估。

表 9　　　　　　　资本支出中位数法计算单价框架（以铁塔工程费为例）

电网公司	基于以往绩效的中位数分析			效率排名④	领跑者修正单价（百万日元/年）④ = ②×③	核准单价（百万日元/年）⑦ = ①×70% + ⑥×30%	申请单价（百万日元/年）⑧	差额（百万日元/年）⑧ - ⑦
	实际单价（百万日元/年）①	估算单价（百万日元/年）②	效率（%）③ = ①/②					
北海道			52.0	1				4.6
九州电力			89.9	3				-1.0
中国电力			100.1	5				3.3
四国电力			117.5	8				-1.1

注：表中的空白处为电网公司内部信息，监管机构不予公开。
资料来源：笔者根据日本料金制度专门会合事务局（2022）相关资料整理所得。

2. 监审结果与分析

表 10 为各电网公司年均总资本支出的核审结果。与各电网公司申请的数值相比，总资本支出约降低 9%，约合 251834 亿日元。对于核审后的支出，监管机构可以根据单位人工成本和单位材料成本的波动问题，在达到一定的阀门值后作必要的调整。

表 10　　　　　　　　　　　总资本支出的核算结果

企业	申请值		统计修正值		差额		核减比率	
	物品费（百万日元/年）	工程费（百万日元/年）	物品费（百万日元/年）	工程费（百万日元/年）	物品费（百万日元/年）	工程费（百万日元/年）	物品费（%）	工程费（%）
北海道	47542	63097	43627	61676	3915	1421	8.23	2.25
东北电力	140730	196672	127571	197737	13159	-1065	9.35	-0.54
东京电力	380803	472811	314868	405677	65935	67134	17.31	14.20

续表

企业	申请值		统计修正值		差额		核减比率	
	物品费（百万日元/年）	工程费（百万日元/年）	物品费（百万日元/年）	工程费（百万日元/年）	物品费（百万日元/年）	工程费（百万日元/年）	物品费（%）	工程费（%）
中部电力	167492	199745	167339	177624	154	22122	0.09	11.08
北陆电力	38187	73940	37657	57706	530	16235	1.39	21.96
关西电力	133909	190653	118794	163815	15115	26838	11.29	14.08
中国电力	115448	155837	107244	141773	8204	14064	7.11	9.02
四国电力	37174	55196	38063	53022	-889	2175	-2.39	3.94
九州电力	117630	127335	8122930	128829	-5300	-1494	-4.51	-1.17
冲绳电力	20192	14394	17192	13810	3000	584	14.86	4.06
合计	1199107	1549680	1095285	1401668	103822	148012	8.66	9.55

资料来源：笔者根据日本料金制度专门会合事务局（2022）相关资料整理所得。

（四）核审后的准许收入

表 11 为电网公司两次申请的准许收入和监管机构的核审值。从结果来看：与参考期间相比，10 家电网公司的准许收入都有所增加，其中绝对值增幅最大的是中部电力公司，准许收入从参考期的 60.85 亿日元增加到 63.19 亿日元，增加 2.34 亿日元，相对值增幅最大的是冲绳电力公司，从 5.35 亿日元增加到 6.91 亿日元，增幅为 29.1%。10 家电网公司的整体增加额为 20.01 亿日元，约占参考期的 4.5%。

表 11　2023～2027 年监管期间电网公司申请的准许收入与批准的准许收入

单位：百万日元/年

企业	①参考期准许收入	②首次申请值（②-①）/①	③首次核审结果③/①	④二次申请值（④-①）/①	⑤二次核审结果	⑥准许收入（⑥-①）/①
北海道	1913	2015（+5.3%）	-28（-1.5%）	1987（+3.9%）	1	1988（+3.9%）
东北电力	4587	4855（+5.8%）	-81（-1.8%）	4774（+4.1%）	15	4789（+4.4%）
东京电力	14541	15076（+3.7%）	-398（-2.7%）	14677（+0.9%）	59	14736（+1.3%）
中部电力	6085	6395（+5.1%）	-107（-1.8%）	6288（+3.3%）	30	6319（+3.8%）

续表

企业	①参考期准许收入	②首次申请值（②－①）/①	③首次核审结果③/①	④二次申请值（④－①）/①	⑤二次核审结果	⑥准许收入（⑥－①）/①
北陆电力	1305	1496（+14.7%）	－27（－2.1%）	1469（+12.6%）	3	1472（+12.9%）
关西电力	7055	7289（+3.3%）	－147（－2.1%）	7143（+1.2%）	12	7154（+1.4%）
中国电力	2820	3230（+14.5%）	－82（－2.9%）	3148（+11.6%）	6	3153（+11.8%）
四国电力	1501	1601（+6.6%）	－42（－2.8%）	1559（+3.8%）	1	1560（+3.9%）
九州电力	4494	5073（+12.9%）	－98（－2.2%）	4974（+10.7%）	1	4975（+10.7%）
冲绳电力	535	714（+33.5%）	－23（－4.3%）	691（+29.1%）	—	691（+29.1%）
合计	44835	47743（+6.5%）	－1043（－2.3%）	46709（+4.2%）	127	46836（+4.5%）

资料来源：笔者根据日本料金制度专门会合事务局（2022）相关资料整理所得。

　　表 12 为日本电力与燃气交易监视等委员会监审后电网公司的各类成本及其部分成本在总成本（即准许收入）中的占比情况。从结果来看，在 2023~2027 年首个监管期间：成本监审共核减 1034 亿日元，核准后的年均准许收入高于参考期间 4.2%；各个电网公司的单价增幅在每度 0.23~1.09 日元之间。总体来看，运营支出平均占比均值为 23.4%，各个公司在 18.8%~26.2% 之间浮动；资本支出平均占比均值为 12.0%，各个公司在 8.7%~17.2% 之间浮动；不可控费用占比均值为 35.3%，各个公司在 22.9%~38.4% 之间浮动。

表 12　　　　　　　　首个监管期间的收入上限及其细目　　　　单位：亿日元/年

项目	北海道电力	东北电力	东京电力	中部电力	北陆电力	关西电力	中国电力	四国电力	九州电力	冲绳电力	合计
运营支出	498	1169	3067	1658	383	1679	786	404	1165	130	10939
（占比%）	25.1	24.4	20.8	26.2	26.0	23.5	24.9	25.9	23.4	18.8	23.4
资本支出	280	646	1286	821	201	883	543	242	639	67	5608
（占比%）	14.1	13.5	8.7	13.0	13.7	12.3	17.2	15.5	12.8	9.7	12.0

续表

项目	北海道电力	东北电力	东京电力	中部电力	北陆电力	关西电力	中国电力	四国电力	九州电力	冲绳电力	合计
其他费用	252	586	2788	609	164	679	323	183	763	193	6540
智能化费用	63	79	179	120	29	186	88	55	142	16	958
合理收益	107	277	687	314	72	342	151	69	280	38	2336
不可控费用	534	1713	5654	2234	436	2721	922	511	1663	158	16546
（占比%）	26.9	35.8	38.4	35.4	29.6	38.0	29.2	32.8	33.4	22.9	35.3
平衡费用	254	319	1074	563	188	664	340	96	323	88	3910
（占比%）	12.8	6.7	7.3	8.9	12.8	9.3	10.8	6.2	6.5	12.7	8.3
收入上限	1988	4789	14736	6319	1472	7154	3153	1560	4975	691	46836
需求（亿度）	289	771	2685	1269	273	1351	570	249	817	80	8355
单价（日元/度）	6.89	6.21	5.49	4.98	5.39	5.30	5.53	6.26	6.09	8.60	5.61
单价增减（%）	+0.62	+0.42	+0.23	+0.35	+0.74	+0.36	+0.77	+0.61	+0.64	+1.09	—

注：单价增减指的是参考期间输配电价均值与首个监管期间输配电价均值的比较情况。
资料来源：笔者根据日本料金制度专门会合事务局（2022）相关资料整理所得。

四、日本输配电成本回收机制

2023 年导入的输配电收入上限规制一方面，主要针对的是电网公司，试图通过完善监管手段提高电网公司运行效率，将单位输配电价保持在合理水平。另一方面，以此次输配电规制改革为契机，一些相关的问题也被提上了日程，其中包括可再生能源的快速发展带来的增容投资成本分摊问题，以及日本消费者委员会主张的居民用户承担输配电固定成本过高问题。在这一部分，我们主要研究与输配电成本回收相关的三个问题，即反映电源位置信息的输配电价折扣制度、各等级电压之间的分摊比例以及最终用户的付费方式。

（一）输配电价折扣制度

在 2024 年 4 月导入发电侧承担部分输配电成本改革之前，日本所有的输配电成本都是电网公司通过零售电商向最终电力用户收取。改革后，部分输配电成本将通过发电商向最终电力用户收取（如图 6 所示），虽然都是最终电力用户承担，但是因为机制设计的不同，后者能够较好地实现政府提高电网利用效率的政策意图。位置信号指的是电网公司通过向发电商设定差异化输配电价体现发电厂的位置，从而实现两个目的：第一，诱导投资者在负荷中心附近或者输配电设施尚有较大闲置能力的地方设立发电厂（包括储能装置、抽水蓄能电站、新能源站场等向输配电网提供电能的各式设置）；第二，实现同一发电厂在不同电力辖区的电力用户之间的电费设定得相对公平。

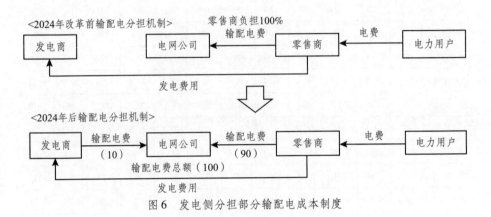

图 6　发电侧分担部分输配电成本制度

　　具体而言，在负荷中心附近或者输配电设施尚有较大闲置能力的地方设立发电厂可以减少必要的输配电设备投资，减少送电损失，从而提高输配电系统的利用效率。电网公司通过向发电厂收取差异化输配电价，可以诱导投资者在上述区域建厂。另外，伴随着分布式电源的大量导入，配套的硬件投资费用和辅助服务费用（维持供电质量和电力系统实时供需平衡的费用，在准许收入中的占比均值为8.3%，见表12）不断增加，这些费用以输配电价的形式向电力用户收取。在售电侧导入竞争机制之前，电力辖区内的用户在享受本辖区内可再生能源发电带来的好处（低碳、低价）的同时，承担伴随成本的增加；导入竞争机制后，其他电力辖区内的用户也可以从上述电力辖区内的新能源场站购电，从而享受相应的好处。但是因为输配电价不是全国统一，而是各个电力辖区的电网公司根据各自成本分别设定，这就产生了受益者和费用承担者的分离问题：辖区外的电力用户享受了发电的低成本，却没有承担相应的伴随成本。发电侧承担部分输配电成本后，在制度上增设了电网公司通过发电商从辖区外用户回收成本的渠道，重新实现了受益者与费用承担者的统一，从而提高了电力用户之间的相对公平。考虑到发电厂只是利用输配电设施中的超高压系统（500 千伏升压变压器、输电线、66 千伏降压变压器），因此日本规定发电商只承担上述设备固定成本中的一半（零售商承担另外一半），然后各个发电商之间按照最大容量（kW）和用电量（kWh）摊销这一半的费用。

　　这里的关键问题是如何设定差异化输配电价。根据日本电力与燃气交易监视等委员会制度设计小委会（日本電力・ガス取引監視等委員会，2023）[①]，输配电价折扣制度设立 A 和 B 两个套餐，A 套餐针对接入输电系统的发电厂，B 套餐针对接入配电系统的发电厂，电网公司根据在目标地区设厂可节省的成本（包括增容成本和送电损失成本）自行设定折扣比率，报请日本电力与燃气交易监视等委员会批准后实施。表 13 为各电网公司设定的优惠方案，从表 13 中可以看出，总体的折扣力度较大，比如 A - 3 折扣下，在主干线并网的电厂承担的输配电价是基准价格的 1/20 ~ 1/30。表 13 的最后一行是发电商支付的、按照电量设定的输配电价，该部分电价没有折扣。

表 13　　　　　　　　　　申请的发电侧收费的收费单价等

项目	北海道电力	东北电力	东京电力	中部电力	北陆电力	关西电力	中国电力	四国电力	九州电力	冲绳电力	全国平均
kW 计费单价（日元/kW·月）	110.00	93.04	87.01	80.42	93.47	97.98	85.02	92.73	85.10	69.95	89.47
折扣 A - 1（日元/kW·月）	59.40	34.02	30.86	42.25	27.73	32.19	37.24	46.92	38.56	16.50	36.57
折扣 A - 2（日元/kW·月）	19.80	13.73	11.44	17.60	9.82	11.55	13.56	14.66	15.86	8.51	13.65
在主干线并网电源	9.90	6.86	5.72	8.80	4.92	5.78	6.79	7.34	7.93	4.26	6.83
折扣 A - 3（日元/kW·月）	9.90	6.86	5.72	8.80	4.92	5.78	6.79	7.34	7.93	4.26	6.83
在主干线并网电源	4.95	3.43	2.86	4.40	2.45	2.89	3.39	3.66	3.97	2.13	3.41
折扣 B - 1（日元/kW·月）	42.90	46.77	48.99	33.36	60.95	60.35	39.69	39.97	39.74	51.07	46.38
折扣 B - 2（日元/kW·月）	13.20	18.92	17.80	13.66	21.54	21.92	14.47	10.40	16.36	26.19	17.45
kWh 计费单价（日元/kWh）	0.35	0.29	0.28	0.26	0.28	0.32	0.28	0.25	0.23	0.24	0.28

资料来源：笔者根据日本電力・ガス取引監視等委員会（2023）相关资料整理所得。

（二）客户类型与分摊标准

日本输配电价不分用户类别，而是根据分电压等级定价。根据送电规

---

① 発電側課金の導入について中間とりまとめ（2023）。

律，大多数电量经电厂送出后，经层层降压后送给最终用户。低压电往往流经路径更长，需要更多的设备支持，因此度电成本更高，因此，随电压等级降低，输配电价呈现逐渐升高的趋势。

在表 14 中，对于固定成本，日本把电力用户按照超高压、高压和低压分为三类，然后电网公司根据不同用户类型对设备投资和使用状况的差异情况计算各自输配电价。对于三类用户共同使用的电网设备，则是按照 2∶1∶1 的原则分担。具体而言：电网公司首先把这部分成本均分为四份，然后三类客户按照合同最大需求电力（kW）的比率分摊四份中的两份、按照夏季和冬季的实际最大需求电力（kW）的比率分摊四份中的一份、按照实际消费电量（kWh）的比率分摊四份中的最后一份，相加后就是各类用户应该承担的费用。对于高压用户和低压用户共用的电网设备，则是按照合同最大需求电力（kW）和实际消费电量（kWh）的比率分别分摊三份中的两份和一份。

表 14   输配电费用在不同用户类型之间的分担机制

成本分类	按电压分配成本	分担原则
固定成本	离岛供电费用（包括购电费）	按照 2∶1∶1 比例在超高压、高压、低压用户之间分配
	辅助服务费用	
	输电费用	
	变电费用	
	抄表等辅助费用	
	变电费用	按照 2∶1 比例在高压、低压用户之间分配
	配电费	
	低压配电费	低压用户负担
可变成本	离岛供电费用（包括购电费）	按照售电比率在超高压、高压、低压用户之间分配
	辅助服务费用	
	输电费用	
	变电费用	
	抄表等辅助费用	
	变电费用	按照售电比率在高压、低压用户之间分配
	配电费	
	低压配电费	低压用户负担
抄表等辅助费用	抄表费用等	按照用户数量在超高压、高压、低压之间分配
	销售费用等	

资料来源：日本関西電力送配電株式会社官网。

图7为日本关西电网公司（関西電力送配電株式会社）设定的2023年4月至2027年3月期间的输配电价及其计算过程。

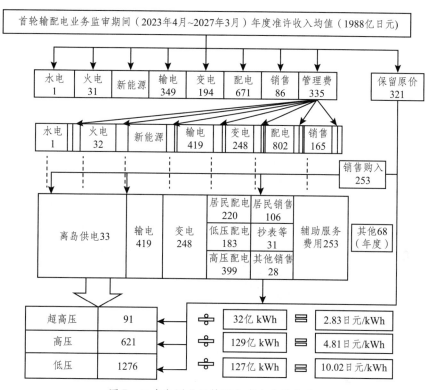

图7　日本电网公司输配电成本分摊方式

注：除标注外，图中计量单位为亿日元。

资料来源：日本関西電力送配電株式会社官网。

值得说明的是：第一，日本电力普遍服务费用是通过输配电费回收的，针对关西电网公司而言，这个费用为33亿日元（占比为1.66%）；第二，用于保证电力系统供电质量的供需平衡的辅助服务费用为253亿日元（占比为12.73%），在2013~2015年该公司年度均值为128亿日元（占比为6.69%）。另外，2015年日本整个电力系统的辅助服务费用为1773亿日元，约占输配电费用44835亿日元的3.87%，在2023~2027年，该比例增加至8.3%。由此可见，伴随着新能源发电占比的提高，辅助服务费用支出越来越多；第三，从单价来看，超高压用户最低，为2.83日元/kWh，低压用户最高，为10.02日元/kWh。考虑到低压用户同时使用超高压、高压和低压设备，这种数量关系是相对合理的。

（三）电力用户付费菜单设计

从电力体制改革来看，电力用户付费菜单多样化是电力零售市场改革的结果。2005 年，日本的大型电力用户可以根据价格和服务质量自由选择供电商的电力体制改革催生了电力零售市场。截至 2016 年，日本在法律上实现了电力用户市场化改革的全覆盖。输配电价的制式主要有单一制电量电价、单一制容量电价和两部制电价之分。输配电成本主要是固定成本，而变动成本（即网损电量成本）又与电能量价格密切相关。表 15 和表 16 为日本关西电力公司设定的输配电价的付费菜单。包括了单一制、两部制和分时电价。

表 15　　居民用户（低压用户）输配电价（2023 年 4 月至 2027 年 3 月）

项目			单位	单价（日元）	
				改革前	改革后
输配电价（居民用户）	基本费用	从量费用 小于 6kW	每个线路	198	290.4
		从量费用 每递增 1kW	1kW	66	96.8
		需量费用 小于 6kVA	1 输电服务	165	240.9
		需量费用 每递增 1kVA	1kVA	55	80.3
	单一制从量电费		1kWh	8.07	8.07
分时段输配电价（居民用户）	基本费用	从量费用 小于 6kW	每个线路	198	290.4
		从量费用 每递增 1kW	1kW	66	96.8
		需量费用 小于 6kVA	1 输电服务	165	240.9
		需量费用 每递增 1kVA	1kVA	55	80.3
	电费	白天	1kWh	8.74	8.65
		夜间	1kWh	7.27	7.44
	单一制电费		1kWh	11.32	12.85

资料来源：日本関西電力送配電株式会社官网。

表 16　　高压、超高压用户输配电价（2023 年 4 月至 2027 年 3 月）

项目				单位	单价（日元）	
					改革前	改革后
高压	标准输配电价	基本费用		1kW	517	663.30
		从量费用		1kWh	2.63	2.86
	分时段输配电价	基本费用		1kW	517	663.30
		从量费用	白天	1kWh	2.85	3.10
			夜间	1kWh	2.32	2.62
	单一制从量电费			1kWh	11.10	13.74
	错时用电从量电费			1kW	308.00	397.10

续表

项目			单位	单价（日元）	
				改革前	改革后
超高压	标准输配电价	基本费用	1kW	407	440
		从量费用	1kWh	1.24	1.24
	分时段输配电价	基本费用	1kW	407	440
		从量费用　白天	1kWh	1.32	1.31
		从量费用　夜间	1kWh	1.15	1.17
	单一制从量电费		1kWh	7.92	8.44
	错时用电从量电费		1kW	242.00	264

资料来源：日本関西電力送配電株式会社官网。

五、我国输配电准许收入规制模式的持续优化与存在问题

（一）我国输配电第三监管周期（2024~2026年）规制改革创新分析

2023年5月15日，国家发展改革委印发《关于第三监管周期省级电网输配电价及有关事项的通知》（以下简称《通知》），正式对外公布了2023~2026年各省级电网输配电价水平，新的省级电网输配电价自2023年6月1日起执行。从《通知》内容看，第三监管周期输配电价改革坚持问题导向，在监管制度从有到优的进程中迈出了较大的步伐，主要表现在：

1. 将输配电价与其代为收取的其他费用分开，厘清输配电价内涵

《通知》中明确指出，将原包含在输配电价内的上网环节线损费用和抽水蓄能容量电费在输配电价外单列。线损成本长期隐藏在购售价差中，一度成为影响电网公司利润的重要因素。在前几轮定价中，线损率指标三年固定，上网环节线损包含在输配电价中，电网公司根据这一指标随输配电价向用户收取固定的线损成本。由于线损率受各类技术因素影响，有一定波动性，同时上网电价成本也不固定，因此电网公司收取的线损费用与实际线损成本或多或少存在偏差，是一种粗放式管理方式。《通知》将线损费用从以往的输配电价中分离出来，以用户实际购买电能量的价格计费。这一方面适应电源侧价格"能涨能跌"新形势，另一方面可以根据实际发生线损率逐月清算，线损不再成为任何一方的隐形福利。这是因为，线损成本一方面取决于网损率，另一方面则取决于用户购买电能量的价格。上网电价市场化改革后，用户购买电能量的价格由市场定价，线损费用不再适于按基准上网电价计费，具备条件的用户拥有了自行购买线损的权力，可不再依靠电网公司代理采购线损电量，用户拥有了选择购买低价电量的同时购买低价线损电量的

权力，能够进一步降低用电成本。同时有利于后续更加准确开展电网公司准许收入的监管与清算。

2. 优化用户分类标准，提高输配电价结构的合理性和效率性

电价结构是准许收入的实现方式，亦即输配电价的具体形式，包括各电压等级输配电价的关系、同一电压等级各类用户输配电价的关系、单一制电价和两部制电价的关系等。对我国而言，优化输配电价结构有利于公平分摊输配电成本、提高输配电网效率、促进智慧配电网、局域电网和微电网的发展①，进而实现资源优化配置、促进新型电力系统建设的关键（张粒子）。我国第一、第二监管周期输配电价结构则主要源于原目录电价，主要是按照客户类型，而不是电压等级核定容（需）量电价水平，这对输配电价制度的全面建立和平稳实施起到了重要作用。本轮输配电价核定推动各省实现工商业同价，即不再区分大工业用电和一般工商业用电，相同电压等级工商业用户执行相同输配电价。相比不同电压等级采用相同容量电价，分电压等级核定输配电容量电价能够更加科学精细反映实际的供电容量成本②。

3. 将工商业用户列为市场用电范畴，为真正落实准许收入规制提供条件

购销价差是指电网公司按照政府定价购电，然后按照目录电价（也就是政府定价）向非市场化电力用户售电，这其中的价差就是购销差价，这部分电量也被称为计划电量这种制度设计可以保护处于劣势市场地位的广大居民用户。购销差价制度的存在对输配电价规制改革的影响体现在两个方面：第一，该差价与电网公司自身运行效率无关，不利于激励约束电网公司提高效率，应该是一种过渡性制度设计；第二，由于计划电量仍然占主导位置，输配电价无法严格按照成本加收益的方式核定，只能采取通过按定价办法核定总的准许收入后，对标电网公司自身历史购售价差，而不是经营效率的高低确定价格调整幅度。《通知》中指出"工商业用户执行上述输配电价表"，这意味着工商业用户输配电价及其对应的电网公司输配电业务的准许收入的实现都将不受电网公司购销价差的影响。同时，虽然第三监管周期"居民生活、农业生产用电继续执行现行目录销售电价政策"，但《通知》同时要求

---

① 以增量配电网为例，国家已开展 5 批增量配电试点改革，各地增量配电网供电区域内用户电压等级一般较低、多为 35 千伏及以下，而增量配电网与省级电网的互联多为 110 千伏或 220 千伏，在各电压等级容（需）量电价水平一致情况下，增量配电网公司向低压用户收取的容量电费和向省级电网上缴的容量电费基本一致，难以实现容（需）量电费在增量配电网和省级电网之间的有效分享，增量配电网公司对此反映较为强烈。此次《通知》创新核定分电压等级容（需）量电价，形成更加合理的分电压等级价差，理顺了"大电网"与"小电网"的关系，为加快构建新型电力体系、促进电网形态向"大小网"兼容互补发展转变提供有力支撑。

② 以山西为例，原容（需）量电价不分电压等级，容量电价为 24 元/千伏安·月，需量电价为 36 元/千瓦·月；《通知》中明确，容量电价中，1～10（20）千伏、35 千伏、110 千伏、220 千伏及以上等电压等级的容量电价分别为每月每千伏安 22.5 元、22.5 元、21 元、21 元；需量电价中，1～10（20）千伏、35 千伏、110 千伏、220 千伏及以上等电压等级的需量电价分别为每月每千瓦 36 元、36 元、33.6 元、33.6 元。

各地做好输配电价与电网公司代理购电制度的衔接，而后者早已明确"电网公司为保障居民、农业用电价格稳定产生的新增损益，按月由全体工商业用户分摊或分享"，从而确保了居民、农业用电对应输配电准许收入的实现也将与购销价差无关。2021 年《国家发展改革委关于进一步深化燃煤发电上网电价市场化改革的通知》下发，工商业目录电价取消，电网代理购电制度对市场波动起到了缓冲保护，为单独核算输配电价提供了制度保证。

4. 明确电网系统运行成本疏导机制，为构建新型电力系统提供支撑

《通知》指出，"工商业用户用电价格由上网电价、上网环节线损费用、输配电价、系统运行费用、政府性基金及附加等组成""系统运行费用包括辅助服务费用、抽水蓄能容量电费等"。系统运行费用是在电力系统运行中用于维持电力系统安全稳定运行、保证电能质量、促进清洁能源消纳的各项费用总和，目前主要以辅助服务费用的形式体现（相当于 12 中的平衡费用）。新型电力系统构建过程中，新能源占比逐渐提高，同时伴随负荷的多元化，系统运行成本将显著增长，需要精细、合理、公平负担。在电价构成中明确系统运行费用，进一步契合了新型电力系统建设的客观规律和内在要求，有利于促进新能源消纳和我国能源体系转型。

总体来看，第三监管周期成本监审工作体现了输配电价改革的开创性、科学性、精细性和公平性特征，延续了电力市场化改革的整体思路，为纵深推进输配电价改革、加快构建新型电力系统和全国统一电力市场体系打下了坚实基础。

（二）输配电规制改革效果测算与原因分析

我国于 2016 年开始实施省级输配电价的"准许成本 + 合理收益"规制（见图 8），新的监管模式突破了利益固化的藩篱，开创了对超大型垄断企业实施独立成本监审和独立定价的先河，在制度建设上实现了"从无到有"的突破。

宋枫等（2023）的研究表明，"准许成本 + 合理收益"具有明确的定价方法，在核定上网电价和销售电价过程中的实践意义明显。但同时，叶泽等（2023）认为现行规制方式缺乏对有效资产的量化认定，可能导致过度投资而造成低效率。曹学泸等（2022）利用三阶段 DEA 模型测算了 2013～2019 年 27 个省级电网公司的效率，实证发现改革后（2017～2019 年）的电网公司效率并没有显著提升。李宏舟等（2023）以 2009～2019 年国家电网公司所属的 24 家省级电网公司为样本，选取效率和全要素生产率作为绩效指标测度。研究结果表明：第一，经过多边可比化和纵向可比化处理后，样本期内我国省级电网公司的全要素生产率水平介于 0.971～2.747 之间，平均水平介于 1.080～2.179 之间；第二，2016 年的准许收入规制显著提高了省级电网公司全要素生产率水平；第三，准许收入规制没有明显提高企业技术效率，但是有效促进了电网公司的技术进步，从而提高了全要素生产率的变化率；第四，准许收入规制对除华中地区以外的所有电网公司全要素生产率水平的提升均产生了正向影响，其中对东北地区电网公司提高全要素生产率起到的促进作用最大；第五，在考虑质量因素的情况下，大部分电网公司的全要素生产率有所提高。于文领等（2024）进一步利用反事实分析的方法，模拟了我国实施效率导向型规制模式的成本效应和福利效应。实证结果表明：与现有的合规导向型收入上限规制相比，效率导向型收入上限规制不是零和博弈，能够带来制度改革红利；电力用户能够分享这一改革红利，在不同的情景模拟下，社会总福利的增加额约为 463.4 亿 ~523.4 亿元，其中，电力用户的消费者剩余将增加约 481.6 亿 ~527.9 亿元，电网公司的生产者剩余将会增加约 −64.5 亿 ~41.7 亿元。

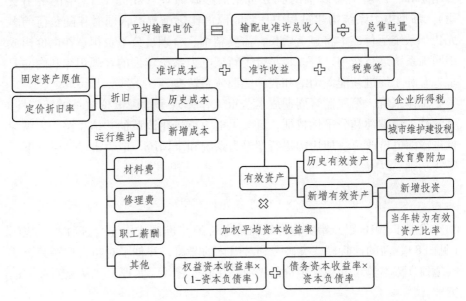

图 8 我国电网公司输配电业务准许收入核定内容

从推动电网公司高质量发展的角度来看，我国现行准许收入规制模式的主要问题是：第一，缺乏有效破解信息不对称的机制设计，致使规制机构核定的准许成本中混有无效成本，这些无效成本以输配电价的形式由电力用户支付，从而推高了我国的输配电价；第二，缺乏基于绩效导向的激励约束机制，刺激电网公司降低输配电成本的动力不足。本文认为，这种制度设计与现行"准许成本＋合理收益"规制模式所体现的"从易到难、逐步提升"的监管理念有因果关系。现行输配电准许收入规制模式的标志性特点是合规导向，这种设计与新制度导入初期来自电网公司阻力较大、规制机构履职专业能力较弱和各种配套机制体制不健全的状况是相适应的，但是随着我国全面推进国家治理体系和治理能力现代化，监管理念也要从合规导向上升为效率导向，在制度建设上实现"从有到优"的提升。

六、对我国的启示与政策建议

《中共中央、国务院关于进一步深化电力体制改革的若干意见》明确要求"改革和规范电网公司运营模式""电网公司不再以上网和销售电价价差作为主要收入来源"，并且要求"确保电网公司稳定的收入来源和收益水平"，实现上述要求的方法就是科学核定输配电价。第三监管周期输配电制度改革为全面、真正"准许成本＋合理收益"直接核定输配电价奠定了制度基础。我国输配电成本在终端销售电价中占比为 1/3 左右。为了激励约束电网公司提高效率，并将提高效率带来的成本节俭通过降低输配电价的形式与电力用户分享，结合日本 2023 年版收入上限规制改革，本文提出如下建议。

（一）尽快导入效率导向型成本监审框架

建立以效率和生产率为核心的电网公司个体和输配电行业整体的绩效指标体系。因为市场竞争压力的缺乏、外部环境的差异和政府定价的原因，以利润为核心的传统会计指标体系无法有效识别和精准衡量电网公司的经营绩效，无法为科学界定不同电网公司的无效成本幅度提供充分、有效信息。相比之下，效率和生产率关注的是个体企业与标杆企业之间、投入要素与各类产出之间的关系，可以克服传统绩效指标的弊端，实现同一电网公司的纵向比较和不同电网公司之间的相对比较（横向相对绩效比较分析），从而做到输配电成本构成的溯源识别和精准测算。借鉴国外监管部门的成熟做法并结合我国的实际情况，新的绩效指标体系可以包括输配电行业整体和省级电网公司的年度效率、年度生产率的水平与结构分析、上述指标的时间变化趋势与变化原因分析，等等。随着监管能力的提高，还可以将分析对象延伸到国内市级、县级电网公司和国外电网公司，从而实现标杆企业的国际化。

（二）提高输配电规制改革与"双碳"目标的匹配程度

量化以供电可靠性和电力用户满意度为核心的服务质量考核指标体系。国外监管部门的经验表明，实施以效率和生产率为核心的绩效指标体系，特别是将该指标体系与输配电价格规制相结合后，电网公司出现了疏于设备维护保养、延迟新能源电场并网和电力用户设备安装时间等博弈行为。这些行为节省了电网公司成本，可以提高其绩效，但是却危害电力设备的安全运行和电力系统的供电可靠性，降低了服务质量，甚至埋下重大安全隐患。针对这种现象，可以通过建立服务质量考核指标体系并将考核结果与电网公司的准许收入和信用评级相关联的制度设计予以应对。借鉴国外监管部门的实际操作并结合我国的实际情况，服务质量考核指标体系可以包括：供电可靠性指标、可再生能源导入指标、抄表计费等服务指标、低碳环保指标，等等。但是这些指标需要进一步细化为可量化、可比较、可控制的二级指标，以便于监管部门衡量和在输配电价格监管中运用。

（三）探索将新型绩效指标体系与输配电业务成本监审和收入设定相结合的监管机制

我国现行电网公司输配电业务的"准许成本＋合理收益"规制模式在制度建设上实现了"从无到有"的突破，但是这种规制模式的标志性特点是合规导向，准许成本中含有无效成本。经济理论和国外的监管实践表明：（1）将效率测算结果与输配电成本监审相结合，可以起到"挤水分"的作用；（2）将生产率的测算结果与准许收入的设定相结合，可以起到加快创新的作用；（3）将质量考核指标与输配电价设定相结合，可以起到促进电网公司高质量发展的作用。因此，将新型绩效、质量指标体系与输配电价监管模式相结合，其实质是模拟市场竞争机制，激励约束电网公司主动追求质量变革、效率变革、动力变革、及时与电力用户分享改革红利。

（四）通过广域调剂降低辅助服务成本势在必行

近年来，由于新能源大规模并网，中国电力系统调峰能力不足、弃风弃光的问题在三北地区已经逐渐凸显。更为严峻的是，随着"双碳"目标指引下新能源的进一步发展，系统调峰容量、备用容量乃至爬坡容量等灵活性电力资源和转动惯量不足的问题将更加普遍、突出。尽管省间联络的互济互补能够有效促进新能源消纳、提供调峰调频的支撑，也能实现电力资源在大范围内的优化配置，但各省出于局部利益的考虑，纷纷出台了适应本省现状的市场规则，如何破除省间"壁垒"、实现区域统一乃至全国统一的电力大市场仍具挑战（樊宇琪等，2021）。为此，2022 年 1 月，国家发展改革委、国家能源局发布了《关于加快建设全国统一电力市场体系的指导意见》，提出了到 2025 年初步建成全国统一电力市场体系、协同运行国家市场与省（区、市）区域市场的近期目标。建设多层次统一电力市场体系是个极其复杂的技术经济问题。现实中，为了激励化石燃料机组实施灵活性改造和积极参与深度调峰以促进新能源消纳，大多数省份已经建立了本省范围内的调峰市场（辅助服务市场的一个细分市场）。这方面可以借鉴日本的平衡市场，进一步建立区域间乃至全国统一的调峰市场，这样就可以实现灵活性电力资源的广域配置，从而提高统一市场内各省调峰能力和新能源消纳能力，降低调峰容量和"爬坡"备用容量等保障电力供需平衡的成本。作为建设中国多层次统一电力市场体系的抓手，可以考虑先从建立全国性辅助服务市场出发。

为了配合上述制度改革，本文建议实施如下配套措施：

第一，继续推进电网公司的主辅分离，督促电网公司积极落实《企业产品成本核算制度——电网经营行业》的各项规定。我国的电网公司以输配电业务为主，但兼营其他关联或非关联业务。根据国家电网公司和南方电网公司在发行债券时公开披露的财务数据，在 2010~2022 年，国家电网公司输配电关联业务板块的毛利率在 4.74%~8.32%，其他业务板块则高达 14.80%~36.83%；同期南方电网公司的上述指标则分别在 5.35%~7.74% 和 22.97%~52.99%①。将其他业务板块的成本转移至输配电业务板块，然后通过法定输配电费回收，或者延伸输配电业务领域的垄断势力至其他业务板块通常会达到上述效果。积极推进电网公司的主辅分离，可以在一定程度上避免上述弊端。同时，为了满足监管部门在测算效率和生产率时的会计信息需求，要激励约束电网公司按照《企业产品成本核算制度——电网经营行业》的规定，分电压等级、分用户类别精准核算、及时上报输配电业务的投入和产出信息。

第二，持续提高监管部门的能力建设，确保中央权威性与地方积极性的有机结合。收集、鉴别电网公司相关成本信息，测算、公布具有说服力的效率、生产率绩效指标和服务质量考核指标，对监管部门的能力建设提出了更高要求，需要监管部门对电网公司的投资、成本、质量等内容进行精细化深度干预。为此，监管部门可以通过产学研合作提高规制技能；也可以通过购买服务引入第三方专业监审和咨询机构；还可以通过各国监管部门间的合作借鉴彼此的经验教训。在导入以效率和生产率为核心的绩效指标体系过程中，国家发展改革委和国家能源局可以首先公布《电网公司输配电业务绩效指标体系指南》《电网公司输配电业务服务质量考核指标体系指南》等规范性文件，在取得广泛共识的基础上，发改委（价格司）测算并公布电网公司年度绩效结果，省级价格主管部门在三年一次的省级电网和区域电网成本监审和收入设定中，需要参考上述绩效结果或者说明不能参考的原因，以此回避地方政府为局部利益偏离顶层设计的初衷。

第三，为避免国家发改委和国资委对电网公司的重复考核，制定《中央企业负责人经营业绩考核办法》（以下简称《考核办法》）的分类考核细则。《考核办法》提出了重点考核公益类企业产品服务质量、成本控制、营运效率和保障能力，适当降低经济增加值和国有资本保值增值率考核权重和回报要求的方针，这是完全正确的。为了避免重复考核及其考核指标之间的潜在冲突，同时促进国资委积极履行企业国有资产出资人职责，维护所有者权益，针对电网公司而言，本文建议：一是国资委利用国家发改委公布的年度

---

① 根据国家电网公司和南方电网公司在发行债券时公开披露的财务数据（上海清算所_债券信息披露：https://www.shclearing.com/xxpl/fxpl/）。

绩效结果对电网公司负责人实施考核，不再根据《中央企业负责人经营业绩考核办法》设立新的考核指标和重复考核；二是省级价格主管部门在设定准许收入时，需要认定电网公司的有效资产，需要设定资本回报率；三是实施效率导向型规制模式后，国家发改委（或者省级价格主管部门）需要设定激励强度的大小。

参 考 文 献

［1］ 曹学泸、黄恒孜、赵雯：《新电改背景下省级电网企业的效率测算与激励机制》，载《财经论丛》2022 年第 4 期。

［2］ 樊宇琦、丁涛、孙瑜歌、贺元康、王彩霞、王永庆：《国内外促进新能源消纳的电力现货市场发展综述与思考》，载《中国电机工程学报》2021 年第 5 期。

［3］ 李宏舟、朱丽君：《英国输配电业务 RIIO 规制模式研究：基本框架、运行绩效与持续优化》，载《产业经济评论》2022 年第 3 期。

［4］ 林卫斌、吴嘉仪：《能源治理、能源管理与能源监管》，载《学习与探索》2023 年第 3 期。

［5］ 宋枫、崔健、蒋志高：《效率提升、租金转移与市场化改革——基于电力行业改革的社会福利分析》，载《经济学（季刊）》2023 年第 2 期。

［6］ 叶泽：《我国电价体系建设与电力发展战略转型研究》，科学出版社 2023 年版。

［7］ 于文领、李宏舟、闫明喆：《监管设计、效率变革与福利改善——兼论 RPI－X 定价模型的监管困境》，载《财经论丛》2024 年第 1 期。

［8］ 日本総合資源エネルギー調査会，2019：《エネルギー政策の方向性》，https：//www.enecho. meti. go. jp/committee/council/basic_policy_subcommittee/030/pdf/030_005. pdf。

［9］ 日本電力・ガス取引監視等委員会，2021：《料金制度専門会合中間取りまとめ》https：//www. emsc. meti. go. jp/activity/emsc_electricity/report_20211124，html。

［10］ 日本料金制度専門会合事務局，2022：《収入の見通しに関する承認申請の審査について》，https：//www. meti. go. jp/press/2022/12/20221208002/20221208002。

［11］ 日本電力・ガス取引監視等委員会，2023：《発電側課金の導入について中間とりまとめ》，https：//public－comment. e－gov. go. jp/servlet/PcmFileDownload? seqNo＝0000252862。

［12］ 日本消費者委員会，2021：《電力託送料金制度等の詳細設計の在り方に関する消費者委員会意見》，https：//www. cao. go. jp/consumer/iinkaikouhyou/2021/0716_iken，html。

［13］ 消費者委員会，2016：《電力託送料金に関する調査会報告書》，https：//www. cao. go. jp/consumer/iinkaikouhyou/2016/houkoku/20160726_houkoku，html。

［14］ 消費者委員会公共料金等専門調査会，2022：《電力託送料金の妥当性に関する公共料金等専門調査会意見》，https：//www. cao. go. jp/consumer/content/20221128_iken2. pdf。

［15］ 経済産業省，2022：《一般送配電事業者による託送供給等に係る収入の見通しの適確な算定等に関する指針》。

[16] Bernstein, J. I. and Sappington, D. E. M., 1999: Setting the x factor in price cap regulation plans, *Journal of Regulatory Economics*, Vol. 16, No. 1.

[17] Braeutigam, R. R. and Panzar, J. C., 1989: Diversification incentives under "price-based" and "cost-based" regulation, *The RAND Journal of Economics*, Vol. 20, No. 3.

[18] Cabral, L. and Riordan, M. H., 1989: Incentives for cost reduction under price cap regulation, *Journal of Regulatory Economics*, Vol. 1, No. 2.

[19] Green, R. and Pardina, M. R., 1999: *Resetting price controls for privatized utilities: a manual for regulators*, World Bank Publications.

[20] Sappington, D. E. M., 1994: Designing Incentive Regulation, *Review of Industrial Organization*, Vol. 9, No. 3.

[21] Sappington, D. E. M. and Weisman, D. L., 2021: Designing performance-based regulation to enhance industry performance and consumer welfare, *The Electricity Journal*, Vol. 34, No. 2.

Research on the Level and Structure Regulation Reform of Japan's Power Transmission and Distribution Pricing under the Background of "Carbon Neutrality"

—Focusing on the 2023 Upper Limit Regulation of
Transmission and Distribution Revenue

Hongzhou Li　Menghui Gao　Huixian Wang

Abstract: Japan introduced benchmark-based revenue cap regulation of transmission and distribution business based on comparative analysis of relative performance in 2023 and implement an asymmetric reward and punishment mechanism for projects related to the introduction of renewable energy. The T&D cost-sharing mechanism will be introduced in 2024 and a discount tariff will be implemented for eligible renewable energy generators. This paper focuses on the effect analysis of the cost supervision and audit in revenue cap and the institution design of cost-sharing on the generation side, discusses the major progress and further optimization direction of China's PTD regulation reform, and considers the possible policy implications of Japan's reform for China.

Keywords: T&D Price Level and Structure　Japan　Revenue Cap　Cost Supervision Relative Performance Comparison Analysis

JEL Classification: L50　L51　L52

第 23 卷第 1 辑　　　　　产业经济评论（山东大学）　　　　Vol. 23　No. 1
2024 年 3 月　　　　　Review of Industrial Economics　　　　March 2024

城市电商化转型促进了创业吗？

——来自新注册企业数据的经验证据

郭郡郡[*]

摘　要： 进入电商时代，我国迎来新一轮创业浪潮。将国家电子商务示范城市建设视为城市电商化转型的准自然实验，采用新注册企业数对城市创新水平进行测度，实证检验城市电商化转型对创业的影响及其异质性，并验证了影响的机制和空间溢出性。研究发现，城市电商化转型对创业具有积极影响，且其影响表现出动态可持续性；城市电商化转型的创业效应因行业、企业规模和城市特征而异；电商化转型可能通过数字普惠金融发展和创新水平提升两项机制，对城市创业产生积极影响；城市电商化转型对创业的促进作用具有正向空间溢出效应。文章的研究结论为地方政府借力电商提升城市创业活力提供了经验证据和政策启示。

关键词： 电商化转型　创业　国家电子商务示范城市　新注册企业数

一、引　言

1999 年，以马云为首的 18 个年轻人，在杭州创立了阿里巴巴网络技术有限公司（以下简称"阿里巴巴"），使命是"让天下没有难做的生意"，伴随着阿里巴巴的发展壮大，这一使命也让无数创业者心潮澎湃，纷纷投入到创业大潮之中。然而，2020 年 12 月，阿里巴巴却因"二选一"事件被立案调查①，并在随后被开出高达 182.28 亿元巨额罚单，与此同时，有关"电商是否会对线下实体店形成挤压"也逐渐成为聚讼纷纭的议题，引起了社会各界的广泛关注和担忧。

由上述案例可知，对于创业而言，电商的发展很可能是一把"双刃剑"。一方面，通过连通卖家和买家，电商拓宽生产者进入市场的渠道（Luo and Niu，2019），减少因信息不对称所致的搜寻成本（Goldfarb and Tucker，2019），这些均会降低创业准入门槛，从而为开展创业活动提供新的动力与

---

*　本文受西华师范大学科研创新团队项目（CXTD2020 - 10）资助。
　　感谢匿名审稿人的专业修改意见！
　　郭郡郡：西华师范大学公共政策研究院；地址：四川省南充市师大路 1 号，邮编 637009；
　　E-mail：kangweiye1982@163.com。

① 阿里巴巴"二选一"事件是指阿里巴巴要求商家在其旗下电商平台开设店铺时，不得同时在其他电商平台参加促销活动或开设经营性店铺。

环境。但另一方面，电商平台的双边市场由于具有边际成本低、整合资源速度快等特点，极易出现分层式垄断竞争市场格局（苏治等，2018），由此，对于同质化竞争激烈的电商平台而言，很可能会利用自身市场势力采取诸如"二选一"、强制搭售等不正当手段来打压商业对手，不仅损害市场竞争，降低社会总福利（李世杰、何元，2022），还会对平台商家的利益和创新产生不利影响（徐向慧，2022），从而不利于初创企业发展和创业行为发生。

党的十八大以来，电子商务发展得到政府高度重视和重点推动。统计显示（王添蓉，2023），2022 年，中国电子商务市场规模达 47.57 万亿元，较 2021 年同比增长 12.9%；电子商务行业直接从业人员 722 万人，间接从业人员高达 6325 万人。电子商务的触角已从商品交易领域拓展到物流配送领域和互联网金融领域，从商品供应链拓展到产业供应链，成为当前中国最具活力的经济形态之一。与此同时，自 2014 年国家首次提出"大众创业、万众创新"以来，创业创新在中国经济中的地位被提升到前所未有的高度，不仅各级政府制定了一系列鼓励、促进创业创新的政策举措，创业创新社会氛围逐渐浓厚，习近平总书记更是在党的十九大和二十大报告中提出了一系列有关创业创新的重要论述，创业创新的顶层设计也在不断完善。在相关政策的引领和推动下，近年来我国创业活动日益活跃。根据"天眼查"企业注册数据，2000 年全国各地区新注册企业数量为 489 万家，至 2020 年增至 2712 万家，20 年间增长超过了 6 倍。那么，在当前电商发展和创业均处于政策红利期之际，一个自然引发而出的问题是，电商发展推进政策自身对创业行为具有促进作用吗？

对于电商和创业的关系，现有研究主要从两个方面进行考察：一是基于"淘宝村"这一极具中国特色的现象，通过案例分析电商的创业集聚现象及其成因（于海云等，2018）；二是关注电商所致创业环境改变，探讨其对微观主体创业意愿和创业行为的影响（秦芳等，2023）。尽管已有研究大多发现，电商发展对个体创业行为具有积极影响，但是微观上的积极创业效应是否会累积为地区创业活力的整体提升，却很少有研究者予以关注。不仅如此，由于电商发展和创业均与地区经济活力和政策环境密切相关，新时代以来，随着数字经济快速崛起和整体政策环境不断优化，我国各地电商经济和创业活动均有了长足发展，由此，现有大部分研究所发现的电商发展水平提升伴随着创业活力增强，并不能直接被视为"电商推动创业"的因果证据。

鉴于此，本文拟将新注册企业数作为城市层面创业活力的度量，并以国家电子商务示范城市建设作为地方政府推动电商发展的准自然实验，实证检验城市电商化转型对创业的影响。与已有研究相比，本文的边际贡献可能体现在三个方面：一是在研究内容上，本文为电商发展的创业效应提供了城市层面宏观证据。已有研究对电商和创业关系考察，基本是从微观视角检验电商发展对特定对象创业行为的影响，这些研究或可展现电商影响创业机制的详细图景，但由于无法据此推断二者之间的整体关系，对政策参考价值有限。本研究从城市层面对电商对创业的影响进行宏观审视，既是对现有研究的补充，亦可为政策提供参考。二是在识别策略上，本文利用国家电子商务示范城市建设这一外生政策冲击，实现电商对创业影响的因果检验。城市较强的经济活力和良好的政策环境，既是电商快速发展的条件，也是创业活动开展的有利土壤，这意味着，电商发展和创业水平同步提升，可能并非前者对后者的因果影响。本文以国家电子商务示范城市建设作为城市电商化转型的准自然实验，采用双重差分模型构建实证检验框架，可实现对二者之间因果关系识别，使实证结果更准确可信。三是在数据使用上，本文基于全国工商新注册企业数据，全面、客观、准确地度量了城市层面创业活动。现有研究主要采用抽样调查数据（周广肃、樊纲，2018）和年鉴数据（欧阳胜等，2023）对创业进行分析，这些研究主要关注个体层面创业活动或区域层面不分类型的整体创业行为，而本文的研究数据和研究视角是对现有研究有益补充。基于我国新创企业微观数据，本文不仅可对我国不同城市整体创业活跃度进行刻画，通过比较不同注册资本、所属行业新注册企业的差异，还可在更细微的尺度下，准确、可信地识别出不同类型企业创业活跃度的动态变化特征。

二、理论分析与研究假设

当前学术界关于国家电子商务示范城市建设影响的讨论，主要是将之作为城市电商化转型的准自然实验，探讨其对绿色发展（刘乃全等，2021）、技术创新（金环等，2022）、就业水平（谢文栋，2023）、收入水平及其差距（郭郡郡、叶颖，2023）等的影响，研究结果整体体现了城市电商化转型的积极效应，表明国家电子商务示范城市建设有助于推动试点城市经济发展质量和效益提升，而良好的经济发展环境显然为创业提供了丰沃土壤。

作为数字经济重要组成部分，电商不仅具有减少信息不对称、增强市场可达性作用（Couture et al.，2021），还能够有效减少产品生产流通环节中各项成本，包括搜寻成本、重复成本、交通成本、追踪成本和验证成本（Goldfarb and Tucker，2019）。具体而言，电子商务对创业活动的积极影响，体现在如下三个方面：

第一，电子商务降低了创业门槛。电商的迅速发展在很大程度上降低了创业门槛，这是因为它引入了一系列新的机会、工具和资源，使创业变得更加容易和可行。首先，电商不受地理位置束缚，依托于电商平台，创业者可以同任何地方的客户开展业务，这就大大扩展了其市场覆盖范围；其次，电商允许创业者以数字方式运营业务，包括在线支付、自动订单处理、库存管理系统等，使用这些数字工具极大提高效率，使业务经营和日常管理变得更加简单；最后，电商还为创业者提供丰富的营销手段和渠道，例如，通过社交媒体、搜索引擎优化、电子邮件营销等方式，可以有效提高产品或服务的曝光度和知名度，使创业者在推广产品或服务方面更加得心应手。

第二，电子商务降低了创业风险。在传统商业模式中，消费者需要亲自到实体店购物，产品信息获取受时间、地点和成本的限制，而由于受到市场失灵、价格时滞（胡聪慧等，2016）等因素影响，创业企业也很难获得较为准确和及时的市场信息，使得他们在实时了解市场趋势、客户需求和竞争情况等方面相对滞后。买卖双方信息不对称极大降低市场运行效率，增加创业风险，从而不利于创业行为发生（黄丽娟等，2023），电商的发展则在一定程度上解决了这一问题。在电商平台中，信息是实时、公开和透明的，消费者可以在任何时间、任何地点获取商品信息，做出购买决策，并通过评价、讨论和其他反馈机制来分享他们购物经验和知识，为其他消费者提供参考。创业企业不仅可以通过分析这些反馈和市场趋势来了解消费者需求和市场趋势，以改进其产品或服务，还可以据此制定更精确合理的市场策略和定价策略，进而提高决策效率。

第三，电子商务降低了创业难度。电子商务通过优化供应链管理，为创业提供降低交易成本、提高供应链透明度、优化库存管理、扩大市场范围和提高客户满意度等方面的支持和帮助，这些支持有助于降低创业难度，提高企业竞争力和发展潜力。在采购环节，电商的出现使供应商与采购商能够更加直接、高效地进行沟通和交流，减少了采购环节不确定性；在生产环节，电子商务平台能够实现与生产企业信息互通，通过实时追踪和分析生产数据，企业能够及时发现生产中的问题，提高生产效率和产品质量；在物流环节，电商不仅优化了货物配送路径和仓储布局，还推动物流业务专业化和网络化发展，从而降低配送成本并提高物流效率。

由上述分析可知，电商的发展不仅降低了创业门槛，还通过减少信息不对称降低了创业风险，通过优化供应链降低了创业难度。为此，本文提出假设 1：

H1：城市电商化转型对创业具有积极促进作用。

尽管整体而言，电商发展有利于创业活动发生，但对不同行业、不同规模企业，乃至企业所处经济社会发展环境不同，电商对创业的影响可能存在差异。

首先，电商对创业的影响可能因行业而异。不同行业的特性和商业模式决定了它们对电商的适应性和接受程度，进而会影响电商的影响程度（马述忠、郭继文，2022）。从行业属性看，一些行业更容易采用电商模式，如零售、消费品、数码产品，因为它们的产品相对标准化，便于在线销售和配送；其他行业如医疗保健、建筑、农业等可能受到电商影响较小，因为它们的产品或服务可能需要更多实地操作和定制。从购买周期看，对于日常生活必需品，消费者可能频繁购买，在线销售更为合适，而对于高价值或低频度购买的商品，由于需要更多时间和考虑，线下销售支持则较为重要。从物流配送看，不同行业产品可能需要不同的物流和配送解决方案，这也将影响其与电商结合的可行性与成本。在电商不同影响下，不同行业将会因电商发展而出现不同的创业机会，表现为城市电商化转型对不同行业创业行为的差异性影响。

其次，电商对创业的影响可能因企业规模而异。不同规模创业企业面临不同的挑战和机会，从而受电商的冲击和影响有所不同（袁其刚、嵇泳盛，2023）。对于规模较小的企业，电商提供了广阔的市场和销售渠道，通过互联网技术和电商平台，企业可以接触到更多潜在客户，并且可以在全球范围内进行商务合作，不仅如此，电商还提供了更多的营销手段和数据分析工具，帮助企业更好地了解客户需求，优化产品和服务。对于规模较大的企业，电商的影响可能更为复杂：一方面，大型企业可以利用电商平台的优势，扩大市场份额，提高品牌知名度，另一方面，大型企业可能需要重新考虑其传统商业模式和供应链管理方式，以适应电商时代的变革，这就需要进行大量投资和改革，也蕴含着更大的转型风险。正因为不同规模企业可能受电商的影响以及所获电商红利的大小不同，城市电商化转型对创业的影响也将因企业规模而有所不同。

最后，电商对创业的影响可能因经济社会发展条件而异。电商经济具有知识技术密集特点（李海舰等，2014），其发展离不开完善的基础设施、政策支持和人才保障。一般说来，经济发展水平越高的地区，物流基础设施越完善、政策支持体系越完善、发展电商的人才储备越丰裕，电商红利释放也就越充分（张兵兵等，2023）。与此相对应，良好的创业环境与优渥的创业土壤，同样与经济社会发展密切相关（欧阳胜等，2023）。经济社会发展条件好的地区，不仅具有庞大的市场规模、完善的产业链、齐全的配套资源以及成熟的产业生态系统，可为创业活动提供直接支撑，还能在资金融通、政策服务和氛围营造等方面，通过"软实力"为创业企业长期发展助力。由此可知，在经济社会发展条件不同的地区开展国家电子商务示范城市建设，将可能产生不同的政策效应并释放不同大小的电商红利，进而会引发不同的创业效应。

由上述分析可知，电商对创业的影响不仅因行业和企业规模而异，对于不同经济社会发展水平的城市，电商的创业效应亦有所不同。为此，本文提出假设 2：

H2：城市电商化转型对创业的影响具有异质性。

三、研究设计

(一) 模型设定

为消减内生性所致影响，我们将国家电子商务示范城市建设视为城市电商化转型的准自然实验，在双重差分 (differences-in-differences，DID) 框架下设定实证分析模型，对电商的创业效应进行检验。由于国家电子商务示范城市建设是分期分批试点推进的，宜采用渐进性双重差分模型。在渐进性双重差分模型的设定下，试点之后的国家电子商务示范城市为处理组，非试点城市和试点之前的国家电子商务示范城市均为控制组。此外，参照郭峰、熊瑞祥 (2018) 等，在进行双重差分模型的估计时，我们还同时控制了其他影响创业的控制变量和时间 (城市) 固定效应，并将标准误聚类在城市层面。实证模型设定如下：

$$\text{entre}_{it} = \alpha_0 + \alpha_1 \text{whether}_{it} + \varphi X_{it} + \lambda_t + \mu_i + \varepsilon_{it} \tag{1}$$

式 (1) 中，下标 i 指代城市，t 表示时间，entre 为城市创业水平，whether 为所在城市是否已实施国家电子商务示范城市建设试点的虚拟变量，也是本文关注的核心解释变量。X_{it} 为影响因变量 entre 且随城市和时间变动的控制变量，λ_t 和 μ_i 分别为时间和城市固定效应，ε_{it} 为残差项。

(二) 变量选取与数据来源

(1) 被解释变量：创业 (entre)。选取城市年度新注册企业数量对其创业活动进行度量，新注册企业反映了企业从无到有的初创性，是创业活力有效衡量指标 (张柳钦等，2023)。而考虑到我国不同城市的城市规模存在较大差异，以城市常住人口作为标准化基数，采用城市每万人新注册企业数量作为城市层面创业的代理指标 (叶文平等，2018)。年度新注册企业数据来自企查查官方网站，按企业注册地信息对城市进行匹配，以得到城市层面新注册企业数据；各城市常住人口数据来自对应年份《中国城市统计年鉴》。

(2) 核心解释变量：城市是否为国家电子商务示范城市 (whether)。某城市被确定为国家电子商务示范城市，当年及以后年份的样本设置为 1，否则设置为 0。三批次的国家电子商务示范城市试点名单来自国家发改委官方网站。

(3) 控制变量 (X)。综合已有研究 (谢绚丽等，2018)，本文还控制了其他可能影响创业的变量，包括：经济发展水平 (rpgdp)，采用城市人均实际 GDP 的自然对数衡量；产业结构 (pindus)，采用第二产业增加值占 GDP 比重衡量；人力资本 (edu)，以每万人在校大学生数的自然对数表示；城市化率 (light_mean)，以夜间灯光亮度均值表示；对外开放程度 (open)，以进出口总额占 GDP 比重测度；金融发展水平（fin），以年末金融机构存贷款余额与 GDP 的比值测度；社会消费（sconsum），以社会消费品零售总额与 GDP 比值测度；纳税负担（tax），以财政收入占 GDP 比重表征；城市规模（pop），以常住人口数的自然对数表征。控制变量中有关城市特征数据，来自 EPS 数据平台"中国区域经济数据库"，缺失值以各城市对应年份统计年鉴数据为补充；计算夜间灯光亮度均值的原始数据来自美国国家海洋和大气管理局（NOAA）发布的全球灯光数据，具体计算和校准过程可参见范子英等（2016）。

　　研究所涉各变量的时间跨度为 2003～2019 年，涵盖地级及以上样本城市共 287 个。相关变量定义及描述性统计具体如表 1 所示。

表 1　　　　　　　　　　　　变量的定义与描述性统计

变量类型	变量名	变量定义	样本数	均值	标准差	最小值	最大值
因变量	entre	城市创业：每万人新注册企业数	4844	88.815	90.942	1.031	1398.221
自变量	whether	是否为国家电子商务示范城市（是 =1，否 =0）	4844	0.084	0.277	0.000	1.000
控制变量	rpgdp	经济发展水平：人均实际 GDP 的自然对数	4844	8.997	0.689	7.256	11.892
	pindus	产业结构：第二产业增加值占 GDP 比重	4844	47.364	11.190	10.680	90.970
	edu	人力资本：每万人在校大学生数的自然对数	4844	4.406	1.169	-0.524	7.179
	light_mean	城市化率：夜间灯光亮度均值	4844	9.550	10.418	0.147	61.666
	open	对外开放程度：进出口总额占 GDP 比重	4844	22.203	55.671	0.001	1718.626
	fin	金融发展水平：年末金融机构存贷款余额与 GDP 的比值	4844	217.925	113.883	50.806	2130.146
	sconsum	社会消费：社会消费品零售总额与 GDP 比值	4844	0.359	0.116	0.001	3.835
	tax	纳税负担：财政收入占 GDP 比重	4844	0.068	0.029	0.011	0.239
	pop	城市规模：人口数（百万人口）的自然对数	4844	1.260	0.696	-1.810	3.531

（三）平行趋势检验

在使用双重差分法进行政策效应评估时，一个重要前提是，处理组如果未受到政策干预，其时间趋势应与控制组一致，即满足平行趋势（parallel trend）假设。为直观考察国家电子商务示范城市和非示范城市创业水平动态差异，我们采用改变国家电子商务示范城市建设前后窗宽的方法检验试点前后不同时间段内创业水平差异的变化，对应回归方程设置如下（刘玉萍、郭郡郡，2019）：

$$\text{entre}_{it} = \alpha_0 + \sum_{k \geqslant -5}^{5} \alpha_k D_{it}^k + \varphi X_{it} + \nu_t + u_i + \varepsilon_{it} \quad (2)$$

式（2）中，D_{it}^k 为表征国家电子商务示范城市建设这一"事件"的虚拟变量，具体而言，若 t_{ih} 为城市 i 开展国家电子商务示范城市试点具体年份，$t - t_{ih} = k$（$k = -5, -4, \cdots, 5$）分别表示开展国家电子商务示范城市建设前 5 年、前 4 年、…、当年、…、后 5 年，且当 $t - t_{ih} = k$ 时，$D_{it}^k = 1$，否则 $D_{it}^k = 0$。我们关注的参数 α_k 即反映了国家电子商务示范城市建设 k 年对创业水平的影响大小。不同年份 α_k 的估计结果如图 1 所示。

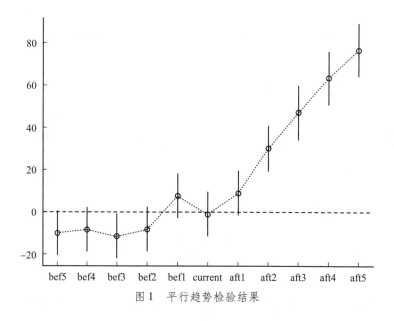

图 1　平行趋势检验结果

从图 1 可以看出，在国家电子商务示范城市试点建设之前，不同年份 α_k 估计值均很小且显著性水平较低，而在国家电子商务示范城市试点建设当年及之后，α_k 估计值明显增大且显著性水平大幅提升。由此表明，在国家电子商务示范城市试点建设之前，试点城市和非试点城市创业水平并没有显著差异，即具有相似的时间变化趋势，平行性趋势假设得以支持。这也表明，研究对象符合采用双重差分法基本条件，本研究实证模型设定是合理的。

四、实证结果与分析

（一）整体影响及影响的动态性

依托互联网和现代信息技术发展起来的电子商务，具有高效率、低成本、实时透明、跨越时空限制等优点，极大地降低了买卖双方信息不对称，为创业创造良好的环境与条件。表 2 整体影响的估计结果显示，以 entre 为因变量，whether 系数估计值为正，且在 1% 显著性水平上显著，表明与非试点城市相比，国家电子商务示范城市建设显著促进试点城市的创业，假设 1 由此得以验证。从具体的系数估计值看，在保持其他条件不变的情况下，平均而言，国家电子商务示范城市建设使试点城市每万人新创企业数增加了约 42 个，由于非试点城市每万人新创企业数的均值为 77 个，这一结果则表明，与非试点城市相比，国家电子商务示范城市建设平均使试点城市每万人新创企业数增加约 54.41%，电商化转型显著激发了城市创业活力。

表 2　　　　　　　　　　整体影响及影响的动态性估计结果

变量	（1）整体影响	（2）动态性影响
whether	41.937 *** (3.021)	
whether_0		6.894 (5.214)
whether_1		16.172 *** (5.218)
whether_2		39.118 *** (5.295)
whether_3		56.788 *** (6.194)
whether_4		73.039 *** (6.077)
whether_5		90.243 *** (6.138)
whether_6		77.390 *** (9.075)

续表

变量	(1) 整体影响	(2) 动态性影响
whether_7		80. 119 *** (9. 118)
控制变量	是	是
时间固定效应	是	是
城市固定效应	是	是
样本数	4844	4844
R - squared	0. 1583	0. 1838

注: whether_t 为试点 t 年 whether 与试点时间虚拟变量的交叉项; *** 表示在 1% 的显著性水平上显著, 括号里为标准误。

　　从电商本身的发展看, 电商功效发挥需要相对完善的网络基础设施、仓储物流设施等来作为保障, 而这些基础设施的建设往往历经一定时期方可完成, 在配套设施逐步完善的过程中, 电商功效也将渐次显现。除此之外, 创业者基于市场变化产生创业想法之后, 须经历市场调研与商业机会识别、项目选择与商业模式设计、资源与能力积累等一系列过程, 才会转化为具体的创业行为 (彭伟等, 2019), 而这一过程也非一蹴而就, 体现出情境变化对创业影响的渐进性。为了进一步验证国家电子商务示范城市建设的创业效应随时间的动态变化趋势, 我们进一步在式 (1) 中加入了国家电子商务示范城市试点变量 whether 与试点时间虚拟变量的交叉项, 并根据交叉项系数估计值判别电商发展推进政策对创业的动态性影响。

　　表 2 动态性影响估计结果显示, 国家电子商务示范城市试点后的不同年份, 交叉项系数估计值均在 1% 显著性水平上显著为正, 体现了城市电商化转型对创业的动态可持续影响。从估计值变化看, 随着时间的推移, 交叉项系数估计值先持续增大, 至试点后第 5 年达到最大, 之后有所减小。这意味着, 试点城市在推进国家电子商务示范城市建设之后, 随着电商红利逐渐释放和创业行为逐步实施, 电商的创业效应持续增强。但是, 当电商红利释放完毕、电商发展处于稳定期之后, 一方面, 电商平台做大的负面效应开始显现 (何勇, 2016), 另一方面, "过度创业" 会出现一定的回调 (胡德状等, 2019), 城市电商化转型对创业的促进作用也就因之有所减小。

　　(二) 影响的异质性

1. 行业异质性

　　电商影响因行业而异 (马述忠、郭继文, 2022), 意味着国家电子商务示范城市建设可能对不同行业形成差异化冲击, 进而创造不同创业机会, 引发不同创业行为。为此，在式（1）实证框架下，按行业门类分别进行回归分析，以检验城市电商化转型对不同行业创业的异质性影响。各行业 whether 的系数估计结果如表 3 所示。

表 3　　　　　　　　　　　　　　　不同行业的系数估计值

行业	whether 系数估计值	行业	whether 系数估计值
农、林、牧、渔业	−0.390 (0.246)	金融业	0.093 *** (0.014)
采矿业	0.011 (0.007)	房地产业	0.075 (0.064)
制造业	1.154 *** (0.233)	租赁和商务服务业	6.364 *** (0.567)
电力、热力、燃气及水生产和供应业	−0.017 ** (0.007)	科学研究和技术服务业	3.701 *** (0.167)
建筑业	1.461 *** (0.108)	水利、环境和公共设施管理业	0.018 *** (0.005)
批发和零售业	20.581 *** (1.940)	居民服务、修理和其他服务业	0.946 *** (0.178)
交通运输、仓储和邮政业	1.192 *** (0.364)	教育	0.032 *** (0.012)
住宿和餐饮业	4.890 *** (0.374)	卫生和社会工作	0.112 *** (0.011)
信息传输、软件和信息技术服务业	1.339 *** (0.161)	文化、体育和娱乐业	0.697 *** (0.046)

注：所有回归均包括了各控制变量，并控制了时间和城市固定效应；** 、*** 分别表示在 5%、1% 的显著性水平上显著，括号里为标准误。

　　表 3 估计结果显示，在所列行业门类中，whether 系数估计值在农、林、牧、渔业，采矿业和房地产业中不显著，这些行业要么受到自然资源较大约束（农、林、牧、渔业和采矿业），要么属于高价低频消费且对线下体验要求较高（房地产业），均很难被线上替代因此受电商发展的影响较小，由此城市电商化转型并不会对这些行业的创业产生显著促进作用。whether 系数估计值在电力、热力、燃气及水生产和供应业中显著为负，该行业主要面向大众提供公共服务，电商发展将极大优化公共服务供给流程、提升缴费等服务获取的便捷性，由此与该行业配套的相关创业机会反而减少，表现为城市电商化转型对电力、热力、燃气及水生产和供应业创业的负向影响。除前述

四个行业外, whether 系数估计值在其余行业中均为正, 且在 1% 显著性水平
上显著, 表明对于大部分行业, 城市电商化转型对创业均表现为积极影响。
不仅如此, 从系数估计值相对大小看, 批发和零售业、住宿和餐饮业, 以及
租赁和商务服务业等行业, 由于能够很好地与电商相结合, 随着电商的发展
也将展现出更多创业机会, 其创业水平自然受到城市电商化转型较大正向
影响。

2. 企业规模异质性

不同规模企业与电商结合的方式和策略不同, 因电商发展而带来的机遇
与挑战也有所差异, 这意味着城市电商化转型对创业的影响, 除因行业而异
外, 也会因企业规模不同而不同。为此, 进一步按照企业的注册资本, 将新
创企业划分为不同规模类型, 以此检验城市电商化转型对不同注册资本规模
企业创业的激励效应, 结果如表 4 所示。

表 4　　　　　　　　　　　不同规模企业的系数估计值

企业注册资本（万元）	whether 系数估计值	企业注册资本（万元）	whether 系数估计值
(0, 10]	−3.711 *** (0.710)	(200, 500]	3.965 *** (0.218)
(10, 50]	1.798 *** (0.161)	(500, 1000]	3.896 *** (0.246)
(50, 100]	2.261 *** (0.218)	(1000, 5000]	3.254 *** (0.207)
(100, 200]	9.278 *** (0.583)	(5000, +∞)	0.712 *** (0.067)

注: 所有回归均包括了各控制变量, 并控制了时间和城市固定效应; *** 表示在 1% 的显著性水平上显著, 括号里为标准误。

表 4 的估计结果显示, 对于注册资本为 10 万元及以下的企业, whether
系数估计值在 1% 的显著性水平上显著为负, 城市电商化转型对小微企业
创业表现出负向影响。对此, 一个可能的解释是, 小微企业创业者一般会
依托现有电商平台开展创业活动, 而不是注册一家新的独立企业, 这就使
得, 随着所在城市电商平台的扩张, 当地新增注册小微企业数量反而有所
减少。对于注册资本高于 10 万的其他规模企业, whether 系数估计值均显
著为正, 表明城市电商化转型显著提高了注册资本规模为 10 万元以上企
业的创业活动。随着注册资本规模增大, whether 系数估计值呈现出先增大
后减小的变化, 表明与大企业和小企业相比, 城市电商化转型对中等规模
企业创业的积极影响更大。进一步从系数估计值相对大小可知, 其对创业

活动最大影响发生在注册资本为 100 万～200 万的企业，与非试点城市相比，国家电子商务示范城市建设使试点城市每万人该规模新创企业数增加 9.28 个，增加了约 2.34 倍。

3. 城市特征异质性

不仅电商发展需要一定基础条件为保障，创业行为的发生亦需要适宜土壤为支撑。发展特征不同的城市，电商作用发挥的"充分性"不同，其对创业影响将可能有所差异。为检验电商化转型对不同特征城市创业的异质性影响，我们分别以人均实际 GDP（rpgdp）、每万人在校大学生数（edu）、进出口总额占 GDP 比重（open）和年末金融机构存贷款余额与 GDP 的比值（fin）表征不同城市经济发展水平、人力资本、对外开放程度和金融发展水平的差异，并分别在式（1）中加入国家电子商务示范城市试点变量（whether）与各发展基础条件变量的交叉项，以此检验不同特征变量对 whether 的调节效应，作为电商影响创业的城市特征异质性的判别。各交叉项系数估计结果如表 5 所示。

表 5　　　　　　　　　　　　　不同城市特征的调节效应估计

变量	(1)	(2)	(3)	(4)
whether	− 606.6243 *** (38.1245)	− 69.7146 *** (14.0399)	23.2981 *** (3.4282)	19.2988 *** (6.4862)
whether × rpgdp	67.5747 *** (3.9586)			
whether × edu		19.6676 *** (2.4092)		
whether × open			0.4923 *** (0.0440)	
whether × fin				0.0669 *** (0.0167)
控制变量	是	是	是	是
时间固定效应	是	是	是	是
城市固定效应	是	是	是	是
样本数	4676	4676	4676	4676
R − squared	0.5567	0.5342	0.5402	0.5288

注：*** 表示在 1% 的显著性水平上显著，括号里为标准误。

表 5 显示，在不同估计中，whether 与表征城市不同方面特征变量交叉项

系数估计值均显著为正，表明经济发展水平越高、人力资本越丰裕、对外开放程度越高，以及金融发现水平越高的城市，电商化转型对创业积极影响越大。经济发展水平高的城市，不仅有着更多的消费者和更大的市场潜力，通常也拥有更加完善的物流网络和互联网基础设施，这些都是创业的有利条件；城市的人力资本丰裕，意味着有更多专业人才和技能可资利用，为创业提供便利；对外开放不仅有助于创业文化形成，还可推动人力资本水平提高（杨嬡等，2023），这些均有助于人们有效利用电商发展带来的创业机会，提升创业水平；而在创业众多影响因素中，融资约束是影响初创企业发展的重要因素（胡金焱、张博，2014），金融发展水平较高的城市，可以为创业者提供更加便捷的融资渠道和更加完善的金融服务，更好地帮助他们搭上电商发展快车，实现创业梦想。据此，一般而言，所在城市发展基础条件越好，电商作用发挥越充分，创业所需的资源和环境一般也越有利，从而电商化转型对创业的积极影响越大。

　　总的来看，上述实证检验结果表明，城市电商化转型对创业的影响，会因行业、企业规模和城市特征的不同而有所不同，由此，假设 2 得以验证。

（三）估计结果的稳健性

1. 不同估计方法的估计

　　本文旨在评估实验组城市参与国家电子商务示范城市试点对其创业的影响，据此揭示城市电商化转型和创业之间的因果关系。现实中，特定城市是否被选取作为国家电子商务示范城市试点在很大程度上表现为非随机性，从而导致样本选择性偏差。此外，实验组与控制组城市创业水平的差异也可能源自其他不可测、不随时间变化的因素，潜在的遗漏变量也会导致估计结果的不一致性。考虑到选择性偏差和遗漏变量偏误对估计结果的可能影响，本文进一步采用 PSM – DID 方法（董艳梅、朱英明，2016）和工具变量法（刘玉荣等，2023）进行稳健性估计①，具体估计结果如表 6 所示。

　　表 6 中的 PSM – DID 估计显示，虽然匹配完成后样本容量有较大幅度减少，但试点变量 whether 系数估计值仍在 1% 显著性水平上显著为正。工具变量估计中，所选取工具变量通过了对应的识别性检验，体现了工具变量的合理性，试点变量 whether 系数估计值的大小和显著性水平与基准回归相比仍然没有太大变化。总的来看，通过 PSM – DID 估计和工具变量估计，whether 系数估计值保持了较高的稳定性，由此证实了前述基准回归中估计结果的稳健性。

---

① PSM – DID 估计以经济发展水平（*rpgdp*）和互联网发展水平（*pinternet*）作为匹配变量，以 1∶3 最近邻匹配作为匹配方法；工具变量估计分别以 1984 年每百人拥有电话机数与时间变量的交互项，以及 1948 年铁路开通与时间变量的交互项作为城市电商发展水平的工具变量。

表 6　　　　　　　　　　　PSM – DID 估计和工具变量估计

变量	（1）PSM – DID 估计	（2）工具变量估计 （1984 年电话机）	（3）工具变量估计 （1948 年铁路开通）
whether	27. 1534 *** （9. 8749）	83. 9682 *** （0. 0041）	38. 5530 *** （11. 054）
控制变量	是	是	是
时间固定效应	是	是	是
城市固定效应	是	是	是
Anderson canon. corr. LM statistic		436. 925 ***	326. 090 ***
Cragg – Donald Wald F statistic		30. 044 ［11. 50］	21. 811 ［11. 50］
Sargan statistic		58. 435 ***	23. 712 **
样本数	1025	4676	4676

注：*** 表示在 1% 的显著性水平上显著，括号里为标准误。

2. 排除政策干扰的影响

在国家电子商务示范城市试点建设时期，许多与创业相关的政策和措施也在同步推进，如果国家电子商务示范城市同时也实施了这些政策和措施，则可能产生混淆性影响，我们将无法区分试点城市创业活力的提升是来自电商的效应，还是其他与创业相关政策和措施的作用。为此，我们将自贸试验区设立（刘娟等，2022）、"宽带中国" 示范城市建设（温永林、张阿城，2023）和创新型城市试点（白洁、李万明，2022）等已被证实对创业具有显著积极影响的政策和措施作为干扰性政策，并在式（1）中分别加入表征这些政策的虚拟变量，以考察在控制了不同干扰性政策的影响后，电商化转型对创业影响的变化，据此判别估计结果的稳健性。控制了相关干扰性政策影响后的回归结果如表 7 所示。

表 7　　　　　　　　　　控制不同干扰性政策影响的估计

变量	（1）	（2）	（3）
whether	34. 9773 *** （3. 0147）	37. 9218 *** （3. 1309）	40. 6118 *** （3. 1416）
自贸试验区设立	64. 2527 *** （4. 8804）		

续表

变量	(1)	(2)	(3)
"宽带中国"示范城市		14.0682*** (2.7632)	
创新型城市试点			6.5548* (3.4405)
控制变量	是	是	是
时间固定效应	是	是	是
城市固定效应	是	是	是
样本数	4676	4676	4676
R－squared	0.5451	0.5299	0.5275

注：*、***分别表示在10%、1%的显著性水平上显著，括号里为标准误。

表 7 显示，在各回归中，不同干扰性政策虚拟变量系数估计值均为正，且在 1% 显著性水平上显著，表明这些政策确实对所在城市的创业具有积极影响。即便如此，不同回归中国家电子商务示范城市试点变量 whether 系数估计值不仅仍显著为正，大小也基本未发生变化，表明在控制了干扰性政策影响后，电商化转型仍对创业具有显著积极影响，证实了估计结果稳健可靠。

3. 安慰剂检验

安慰剂检验的原理是，如果城市创业活力的提升是由其他因素而非试点城市的电商化转型所引致，那么，假设非试点城市进行了试点，也会得到显著的结果，反之，则可认为创业活力的提升是来自城市电商化转型的作用。为此，参照 La Ferrara et al.（2012）和韩超、桑瑞聪（2018）的思路：在全部样本中，随机抽取 25% 的样本作为受试点 "事件" 冲击的样本，被抽中的样本城市作为试点城市，时间则视为试点的起始时间，在此基础上按双重差分模型实证思路重新构建双重差分项 whether，为保证分组的随机性以增强结果说服力，将上述过程重复 200 次，200 次抽样 whether 系数估计值的分布如图 2 所示。

图 2 的估计结果表明，在 200 次随机分组下，随机选取的试点变量 whether 系数估计值为接近于 0 的正态分布，不仅远小于本研究基准回归所得结果，且基本在 10% 显著性水平下不显著。表明基准回归中城市电商化转型对创业的显著正向影响并非由其他未观测的因素所驱动，由此也佐证了基准回归结果的稳健性。

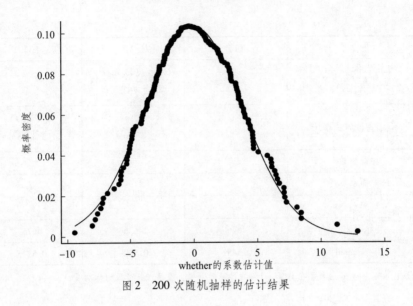

图 2　200 次随机抽样的估计结果

五、进一步的研究：影响机制与溢出性

（一）影响机制检验

逻辑上，电商化转型至少可通过普惠金融发展和创新水平提升两条路径，对创业产生积极影响（见图 3）。

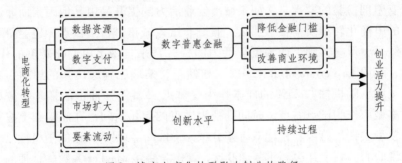

图 3　城市电商化转型影响创业的路径

　　首先，电商是在互联网和信息技术的基础上发展起来的，电商的广泛应用和发展，不仅无时无刻在产生巨大商业数据，积累了大量的数据资源，还催生出移动支付、云计算等庞大数字经济体，推动数字支付和结算发展。在数据资源的加持下，金融机构能够更好地掌握消费者和企业的信用状况和风险情况，从而为普惠金融提供更加准确的风险评估和服务方案；数字支付的发展使消费者和企业能够方便快捷地进行交易，这种便利性不仅提高了市场活跃度，还降低了交易成本，使得更多的企业和个人能够参与到经济活动

中,从而扩大了普惠金融的服务范围和对象。而已有研究显示,无论是宏观层面整体创业活力的提升(冯永琦、蔡嘉慧,2021),还是微观层面个体创业行为的选择(李建军、李俊成,2020),数字普惠金融对创业均表现出积极影响。具体而言,数字普惠金融主要可从两大方面对创业产生促进作用:一是数字普惠金融降低了金融服务门槛,通过为潜在创业意愿者提供信贷支持,使自有财富匮乏的个体能够获得创业资金,从而加入创业者行列(翟仁祥、宣昌勇,2022);二是数字普惠金融改善了商业经营环境,作为一种金融基础设施,数字普惠金融的发展改变了商业模式中价值交付环节,并通过新的支付形式、监管手段等改善地区经营环境,促成新商业模式形成,从而增加了创业机会(谢绚丽等,2018)。

其次,电商是一种高度信息化的产物,具有高效率、低成本、实时透明、跨越时空限制等优点(戴盼倩等,2019)。一方面,电商发展不仅为企业提供更广阔的市场和机会,还通过优化供应链管理降低企业的成本和风险,这些都将显著扩大企业的市场规模,为企业提供更多的研发资金并提高创新回报来促进创新(吕越等,2023);另一方面,电商发展会诱使生产要素自由流动,资源流动会在区域之间产生"技术流""知识流"等,促进技术交流和传播,并通过地区间学习引发知识溢出,而技术交流和知识溢出均是区域创新水平提升的关键因素(张志新等,2022)。从动态的角度看,创新和创业可以被视为一个持续的过程(Schmitz et al.,2017),创新是创业的源泉,是企业获取竞争优势,实现长期生存的重要手段,现阶段创业活动的本质和核心就是创新;创业则是实现创新成果商业化的重要手段,创业者可以将技术创新成果中隐含的创业机会与市场需求相结合,把创新转化为实际产品或服务,满足市场需求,实现商业价值(白俊红等,2022)。因此,创新和创业通常互相嵌入、相互促进,二者通过利润分配和资源配置相互影响,从而形成区域特定的创新创业生态系统。

为验证上述电商化转型影响创业的机制,我们以"北京大学数字普惠金融指数"finance 作为城市数字普惠金融发展水平的度量(郭峰等,2020),以每万人专利授权量 patent 作为城市创新水平的度量,采用 Baron and Kenny(1986)提出的"三步法"框架,对电商化转型影响创业的"数字普惠金融发展"和"创新水平提升"机制分别进行检验。在式(1)的实证框架下,"三步法"检验过程所得的主要回归结果如表 8 所示。

表 8 的估计结果显示,在第一步回归中,以 finance、patent 为因变量,试点变量 whether 系数估计值均在 1% 显著性水平上显著为正,表明电商化转型推动了城市数字普惠金融发展,提升了城市创新水平。第二步的回归结果如表 2 所示,电商化转型对城市创业具有显著且积极的影响。第三步中,在将试点变量 whether 和数字普惠金融发展变量 finance(城市创新水平变量 patent)同时加入回归方程后,机制变量 finance 和 patent 系数估计值均在 1%

的显著性水平上显著，但试点变量 whether 系数估计值大幅减少。从机制变量的显著性和试点变量 whether 系数估计值的变化可知，数字普惠金融发展和创新水平提升均在电商化影响创业中发挥了中介作用，且二者的中介效应均为正。

表 8 电商化转型影响创业的机制检验

变量	数字普惠金融发展		创新水平提升	
	（1）finance	（2）entre	（3）patent	（4）entre
whether	1.6431 *** (0.5099)	23.8494 *** (4.6536)	2.2633 *** (0.1164)	28.0226 *** (3.0771)
finance		1.5106 *** (0.1952)		
patent				6.1343 *** (0.3844)
控制变量	是	是	是	是
时间固定效应	是	是	是	是
城市固定效应	是	是	是	是
样本数	2481	2481	4668	4668
R - squared	0.9949	0.4482	0.3889	0.5520

注：*** 表示在 1% 的显著性水平上显著，括号里为标准误。

总之，以上"三步"估计结果证实，电商化转型会通过数字普惠金融发展和创新水平提升两项机制，对试点城市创业水平的提升产生积极影响。

（二）影响的空间溢出性

电子商务是实体经济和网络经济融合发展的产物，电商经济重要特征之一是能够突破时空限制，打破既有市场分割和要素流动空间壁垒，使得地区间产业发展相互依赖和相互渗透。因此，城市电商化转型在促进本地创业活力提升的同时，也可能会对其他地区创业产生积极影响，即存在空间溢出效应。首先，国家电子商务示范城市在依托电子商务实现经济快速发展的同时，也会激励周边城市出台相应竞争性政策举措（如提供财政支持、建立孵化器、优化营商环境等），以期搭上"电商快车"促进本地产业发展，这种竞争关系还可能会促进不同城市在经验分享、技术创新和市场拓展等方面的合作，这些均有利于整个地区创业水平的提升。其次，电子商务是通过网络等信息渠道销售商品或提供服务的经营活动，其发展不仅扩大了本地市场需求，还拉动了上下游产业链发展，为周边地区创业者在全产业链条中提供更多机会,促使他们可以开展相关的业务。最后,国家电子商务示范城市的设立打破了空间限制,促进创新资源流动,这种流动所产生的技术外溢,会推动邻近城市创新水平提高和产业结构优化,进而对其创业产生积极影响。

为检验城市电商化转型对创业影响的空间溢出性,本文进一步借鉴谢文栋(2023)等的研究,在式(1)双重差分框架上构建空间杜宾双重差分模型(SDM – DID)进行估计。本文的 SDM – DID 模型设定如下:

$$\text{entre}_{it} = \alpha_0 + \rho W_{ij} \text{entre}_{it} + \alpha_1 \text{whether}_{it} + \alpha_2 W_{ij} \text{whether}_{it} + \varphi_1 X_{it}$$
$$+ \varphi_2 W_{ij} X_{it} + \lambda_t + \mu_i + \varepsilon_{it} \tag{3}$$

式(3)中,W_{ij} 为空间权重矩阵,本文同时采用两种空间权重矩阵进行估计:一是邻近权重矩阵,若城市 i 和城市 j 相邻则矩阵元素赋值为 1,否则为 0;二是基于地理距离的邻近权重矩阵,若城市 i 和城市 j 之间地理距离低于某阈值距离,则矩阵元素赋值为 1,否则为 0。不同空间权重矩阵下空间杜宾双重差分模型估计结果如表 9 所示。

表 9　　　　　　　　　　空间杜宾双重差分模型估计结果

变量	(1) 邻近权重	(2) 地理距离 (阈值 = 240km)	(3) 地理距离 (阈值 = 250km)
主系数 whether	42.559 *** (9.320)	45.610 *** (10.439)	45.246 *** (10.410)
空间滞后项系数 whether	20.325 (15.946)	7.528 (12.230)	4.054 (12.310)
空间自回归系数 ρ	0.337 *** (0.041)	0.286 *** (0.047)	0.288 *** (0.049)
直接效应	45.936 *** (10.594)	46.843 *** (10.820)	46.288 *** (10.759)
间接效应	49.986 ** (25.421)	27.942 * (16.567)	23.313 (16.709)
总效应	95.922 *** (32.872)	74.785 *** (22.139)	69.601 *** (21.709)
控制变量	是	是	是
时间固定效应	是	是	是
城市固定效应	是	是	是
样本数	4386	4386	4386
R – squared	0.4087	0.0604	0.0581

注:*、**、*** 分别表示在 10%、5% 和 1% 的显著性水平上显著,括号里为标准误。

表 9 显示，无论是采用邻近权重矩阵还是反距离权重矩阵，主系数 whether 和空间自回归系数 ρ 的估计值均显著为正，表明不仅电商化转型对城市创业水平具有显著且积极影响，不同城市创业活力本身亦具有显著正向空间相关性。由于空间杜宾模型估计系数并不能直接反映解释变量的边际影响，因此本文进一步将空间效应分解为直接效应、间接效应和总效应（Elhorst，2010）。直接效应为城市电商化转型对本城市创业的影响，间接效应为城市电商化转型对其他城市创业的影响，总效应则为城市电商化转型对区域整体创业水平的平均影响。邻近权重矩阵下的估计结果显示，三种影响效应均至少在 5% 显著性水平下正向显著，表明在考虑空间效应的情况下，城市电商化转型在显著提升本城市创业水平的同时，也带动了隔壁城市创业水平提升，产生了空间溢出下的创业效应，促进了区域整体创业水平提升。基于地理距离的邻近权重矩阵下的估计结果则进一步显示，当阈值距离为 240 公里时，间接效应尚在 10% 显著性水平上显著为正，电商化转型对此距离范围内其他城市的创业尚表现出显著正向空间溢出性影响，但是当阈值距离增加至 250 公里时，间接效应则变得不再显著，电商化转型对其他城市的空间溢出性影响不明显，由此也表明，电商化转型对城市创业的空间溢出性影响覆盖范围平均约为 240 公里。

六、结论与政策启示

在互联网相关技术和基础设施发展推动下，我国电商规模还将持续扩大，这势必会给各行各业带来深刻变化，不同行业的发展由此充满机遇与挑战。而受新时代"建立创新型国家"和"大众创业、万众创新"号召激励，当前我国正进入新一轮创业浪潮之中，创业也成为推动地方经济发展、促进社会进步的重要动力源泉。在此背景下，能否抓住电商发展带来的战略机遇提升地方创业活力，受到社会各界广泛关注。为明晰电商发展与创业之间的关系，本研究将国家电子商务示范城市试点视为城市电商化转型的准自然实验，以新注册企业数表征城市创业活力，基于 2003～2019 年全国 287 个地级及以上城市的数据，实证检验了城市电商化转型对创业的影响以及影响的异质性，验证了影响的机制和空间溢出性。研究结果显示：

（1）整体而言，城市电商化转型对创业具有积极影响，与非试点城市相比，国家电子商务示范城市试点会使该城市平均每万人新注册企业数增加约 42 个；随着时间推移，城市电商化转型对创业的促进作用表现出动态可持续性，且其影响至试点后第 5 年达到最大。

（2）城市电商化转型对创业的影响因行业、企业规模和城市特征而异。从行业看，除对农、林、牧、渔业，采矿业和房地产业的影响不显著，对电力、热力、燃气及水生产和供应业的影响为负外，城市电商化转型对其他行业的创业均具有正向影响;从企业规模看,除对注册资本 10 万元及以下小微企业创业的影响为负外,城市电商化转型对其他规模企业创业的影响均为正,且随着企业注册资本规模的增大,电商化转型对创业的影响大体呈现出先增大后减小的变化;从城市特征看,经济发展水平越高、人力资本越丰裕、对外开放程度越高,以及金融发现水平越高的城市,电商化转型对创业积极影响越大。

(3) 从影响的机制看,电商化转型至少会通过数字普惠金融发展和创新水平提升两项机制,对城市创业产生积极影响。且在考虑空间效应的情况下,城市电商化转型不仅会提升本城市创业水平,还能促进周边城市创业水平的提升,其空间溢出性影响的覆盖范围平均约为 240 公里。

本文证实了城市电商化转型对创业具有显著、积极且异质的影响,且其影响还具有正外部性,这为地方政府借力电商提升创业活力提供了经验证据。综合上述研究结论,本文得出如下政策启示:

首先,继续推进国家电子商务示范城市建设,有效激发电商发展的创业效应。一方面,应以国家电子商务示范城市建设为契机,不断优化电商发展环境,充分挖掘电商红利,使电子商务成为地区创业的新渠道;另一方面,也需注意到电商规模不断扩大可能带来的负面影响,政府应加强“反垄断”监管以创造良好的市场竞争环境,创业者则应提高风险防范意识,避免盲目跟风和“过度创业”。

其次,明晰电商对创业的差异性影响,采取差别化政策支持措施。一方面,应结合电商与不同产业的适配性以及本地资源禀赋,通过出台减税降费、创业补贴等举措,吸引优质风险投资向特定产业集聚,提高目标产业创业活力并带动地区经济高质量发展;另一方面,则需加强与电商相关的基础设施建设,完善配套支持体系,尤其是对发展基础条件较差的城市应给予更多的政策支持,以充分激发电商创业效应。

最后,优化电商促进创业的多维路径,构建跨区域的政策体系。一方面,应完善政策法规体系,规范数字普惠金融市场的秩序,加大对科研投入和科技成果转化的支持,以有效贯通电商发展推进创业之路;另一方面,发挥电商发展的辐射带动作用,提高电商发展的辐射范围和影响力,同时结合地区资源禀赋和产业优势,因地制宜形成各具特色的发展模式,共同促进地区创业水平的整体提升。

参 考 文 献

[1] 白洁、李万明:《创新型城市建设、营商环境与城市创业》,载《软科学》2022 年第 9 期。

[2] 白俊红、张艺璇、卞元超:《创新驱动政策是否提升城市创业活跃度——来自国家

创新型城市试点政策的经验证据》，载《中国工业经济》2022 年第 6 期。

［3］戴盼倩、姚冠新、徐静：《农产品电商发展对农业转型升级的倒逼效应——基于省际静态与动态面板数据的实证分析》，载《农林经济管理学报》2019 年第 3 期。

［4］翟仁祥、宣昌勇：《数字普惠金融提高了城市创业活跃度吗》，载《现代经济探讨》2022 年第 5 期。

［5］董艳梅、朱英明：《高铁建设能否重塑中国的经济空间布局——基于就业、工资和经济增长的区域异质性视角》，载《中国工业经济》2016 年第 10 期。

［6］范子英、彭飞、刘冲：《政治关联与经济增长——基于卫星灯光数据的研究》，载《经济研究》2016 年第 1 期。

［7］冯永琦、蔡嘉慧：《数字普惠金融能促进创业水平吗？——基于省际数据和产业结构异质性的分析》，载《当代经济科学》2021 年第 1 期。

［8］郭峰、王靖一、王芳、张勋、程志云：《测度中国数字普惠金融发展：指数编制与空间特征》，载《经济学（季刊）》2020 年第 4 期。

［9］郭峰、熊瑞祥：《地方金融机构与地区经济增长——来自城商行设立的准自然实验》，载《经济学（季刊）》2018 年第 1 期。

［10］郭郡郡、叶颖：《推动电商发展促进了共同富裕么？——基于国家电子商务示范城市的检验》，载《产经评论》2023 年第 3 期。

［11］韩超、桑瑞聪：《环境规制约束下的企业产品转换与产品质量提升》，载《中国工业经济》2018 年第 2 期。

［12］何勇：《电子商务平台"寡头化"趋势的经济学分析》，载《上海经济研究》2016 年第 3 期。

［13］胡聪慧、张勇、高明：《价格时滞、投机性需求与股票收益》，载《管理世界》2016 年第 1 期。

［14］胡德状、刘双双、袁宗：《企业家创业过度、创新精神不足与"僵尸企业"——基于"中国企业—劳动力匹配调查"（CEES）的实证研究》，载《宏观质量研究》2019 年第 4 期。

［15］胡金焱、张博：《社会网络、民间融资与家庭创业——基于中国城乡差异的实证分析》，载《金融研究》2014 年第 10 期。

［16］黄丽娟、谢国杰、郑雁玲、田宇：《乡村振兴背景下农村电商创业企业促进农村韧性发展的案例研究》，载《江西财经大学学报》2023 年第 5 期。

［17］金环、于立宏、魏佳丽：《国家电子商务示范城市建设对企业绿色技术创新的影响及机制研究》，载《科技进步与对策》2022 年第 10 期。

［18］李海舰、田跃新、李文杰：《互联网思维与传统企业再造》，载《中国工业经济》2014 年第 10 期。

［19］李建军、李俊成：《普惠金融与创业："授人以鱼"还是"授人以渔"？》，载《金融研究》2020 年第 1 期。

［20］李世杰、何元：《电商平台跨界社区团购提升竞争力了吗?》，《南开管理评论》2022 年（网络首发）。

［21］刘娟、耿晓林、刘梦洁：《自贸试验区设立与城市创业活跃度提升——影响机制与空间辐射效应的经验分析》，载《国际商务（对外经济贸易大学学报)》2022 年第 6 期。

[22] 刘乃全、邓敏、曹希广:《城市的电商化转型推动了绿色高质量发展吗? ——基于国家电子商务示范城市建设的准自然实验》,载《财经研究》2021 年第 4 期。

[23] 刘玉萍、郭郡郡:《农民享受到高铁红利了么——基于中国区县数据的实证检验》,载《山西财经大学学报》2019 年第 12 期。

[24] 刘玉荣、杨柳、刘志彪:《跨境电子商务与生产性服务业集聚》,载《世界经济》2023 年第 3 期。

[25] 吕越、陈泳昌、张昊天、诸竹君:《电商平台与制造业企业创新——兼论数字经济和实体经济深度融合的创新驱动路径》,载《经济研究》2023 年第 8 期。

[26] 马述忠、郭继文:《制度创新如何影响我国跨境电商出口? ——来自综试区设立的经验证据》,载《管理世界》2022 年第 8 期。

[27] 欧阳胜、郭彦、肖雄辉、李璐:《长江中游城市创业水平的空间差异及其影响因素》,载《经济地理》2023 年第 9 期。

[28] 彭伟、于小进、郑庆龄:《中国情境下的社会创业过程研究》,载《管理学报》2019 年第 2 期。

[29] 秦芳、谢凯、王剑程:《电子商务发展的创业效应:来自微观家庭数据的证据》,载《财贸经济》2023 年第 2 期。

[30] 苏治、荆文君、孙宝文:《分层式垄断竞争:互联网行业市场结构特征研究——基于互联网平台类企业的分析》,载《管理世界》2018 年第 4 期。

[31] 王添蓉:《2022 年度中国电子商务市场数据报告》,网经社电子商务研究中心 2023 年。

[32] 温永林、张阿城:《信息基础设施建设能促进创业吗? ——基于"宽带中国"示范城市建设的准自然实验研究》,载《外国经济与管理》2023 年第 7 期。

[33] 谢文栋:《城市电商化发展能否实现稳就业?》,载《财经研究》2023 年第 1 期。

[34] 谢绚丽、沈艳、张皓星、郭峰:《数字金融能促进创业吗? ——来自中国的证据》,载《经济学(季刊)》2018 年第 4 期。

[35] 徐向慧:《平台经济下电商模式创新与发展路径》,载《宏观经济管理》2022 年第 5 期。

[36] 杨嫚、张心宁、王哲:《来自历史的遗产:对外开放对城市创业活动的影响(1842—2013)》,载《财贸经济》2023 年第 2 期。

[37] 叶文平、李新春、陈强远:《流动人口对城市创业活跃度的影响:机制与证据》,载《经济研究》2018 年第 6 期。

[38] 于海云、汪长玉、赵增耀:《乡村电商创业集聚的动因及机理研究——以江苏沭阳"淘宝村"为例》,载《经济管理》2018 年第 12 期。

[39] 袁其刚、嵇泳盛:《跨境电商如何影响劳动力就业——基于跨境电子商务综合试验区的准自然实验》,载《产业经济研究》2023 年第 1 期。

[40] 张兵兵、陈羽佳、朱晶、闫志俊:《跨境电商综合试验区与区域协调发展:窗口辐射还是虹吸效应》,载《财经研究》2023 年第 7 期。

[41] 张柳钦、李建生、孙伟增:《制度创新、营商环境与城市创业活力——来自中国自由贸易试验区的证据》,载《数量经济技术经济研究》2023 年第 10 期。

[42] 张志新、孙振亚、路航:《国家电子商务示范城市建设与城市创新:"本地—邻地"效应》,载《南京财经大学学报》2022 年第 3 期。

［43］周广肃、樊纲：《互联网使用与家庭创业选择——来自 CFPS 数据的验证》，载《经济评论》2018 年第 5 期。

［44］Baron, R. M. and Kenny, D. A. , 1986: The Moderator – Mediator Variable Distinction in Social Psychological Research: Conceptual, Strategic, and Statistical Considerations, *Journal of Personality and Social Psychology*, Vol. 51, No. 6.

［45］Couture, V. , Faber, B. , Gu, Y. , and Liu, L. , 2021: Connecting the Countryside via E – Commerce: Evidence from China, *American Economic Review: Insights*, Vol. 3, No. 1.

［46］Elhorst, J. P. , 2010: Applied Spatial Econometrics: Raising the Bar, *Spatial Economic Analysis*, Vol. 5, No. 1.

［47］Goldfarb, A. and Tucke, r C. , 2019: Digital Economics, *Journal of Economic Literature*, Vol. 57, No. 1.

［48］La Ferrara, E. , Chong, A. , and Duryea, S. , 2012: Soap Operas and Fertility: Evidence from Brazil, *American Economic Journal: Applied Economics*, Vol. 4, No. 4.

［49］Luo, X. and Niu, C. , 2019: E – Commerce Participation and Household Income Growth in Taobao Villages, *World Bank Policy Research Working Paper*, No. 8811.

［50］Schmitz, A. , Urbano, D. , Dandolini, G. A. , Souza, J. A. , and Guerrero, M. , 2017: Innovation and Entrepreneurship in the Academic Setting: A Systematic Literature Review, *International Entrepreneurship & Management Journal*, Vol. 13, No. 2.

Has Urban E – Commerce Transformation Promoted Entrepreneurship?

—Empirical Evidence from Newly Registered Enterprise Data

Junjun Guo

Abstract: Entering the era of e-commerce, our country has witnessed a new wave of entrepreneurship. Viewing the construction of national e-commerce demonstration cities as quasi-natural experiments for urban e-commerce transformation, and the number of newly registered businesses as a metric for urban innovation levels. It empirically examines the impact of urban e-commerce transformation on entrepreneurship and its heterogeneity and verifies the mechanism and spatial spillover effects of this impact. The results show that urban e-commerce transformation has a positive impact on entrepreneurship, and this impact demonstrates dynamic sustainability. The entrepreneurial effects of urban e-commerce transformation vary depending on industry, firm size, and urban characteristics. E – commerce transformation may positively impact urban entrepreneurship through two mechanisms: the development of digital inclusive finance and the enhancement of innovation levels. Promoting entrepreneurship through urban e-commerce transformation exhibits a positive spatial spillover effect. The research conclusions of this article provide empirical evidence and policy insights for local governments to leverage e-commerce to boost urban entrepreneurial vitality.

Keywords: E – Commerce Transformation　　Entrepreneurship　　National E – Commerce Demonstration City　　Number of Newly Registered Enterprises

JEL Classification: L01　　L81

第 23 卷第 1 辑　　　　　　　产业经济评论（山东大学）　　　　　　Vol. 23　No. 1

2024 年 3 月　　　　　　　Review of Industrial Economics　　　　　March 2024

《产业经济评论》投稿体例

　　《产业经济评论》是由山东大学经济学院、山东大学产业经济研究所主办，由经济科学出版社出版的开放性产业经济专业学术文集。它以推进中国产业经济科学领域的学术研究、进一步推动中国产业经济理论的发展，加强产业经济领域中海内外学者之间的学术交流与合作为宗旨。《产业经济评论》为中文社会科学引文索引（CSSCI）来源集刊、中国人文社会科学（AMI）核心学术集刊、国家哲学社会科学学术期刊数据库收录集刊、国家哲学社会科学文献中心收录集刊。

　　《产业经济评论》是一个中国经济理论与实践研究者的理论、思想交流平台，倡导规范、严谨的研究方法，鼓励理论和经验研究相结合的研究路线。《产业经济评论》欢迎原创性的理论、经验和评论性研究论文，特别欢迎有关中国产业经济问题的基础理论研究和比较研究论文。

　　《产业经济评论》设"综述"、"论文"和"书评"三个栏目。其中："综述"发表关于产业经济领域最新学术动态的综述性文章，目的是帮助国内学者及时掌握国际前沿研究动态；"论文"发表原创性的产业经济理论、经验实证研究文章；"书评"发表有关产业经济理论新书、新作的介绍和评论。

　　《产业经济评论》真诚欢迎大家投稿，以下是有关投稿体例说明。

　　1. 稿件发送电子邮件至：rie@ sdu. edu. cn。

　　2. 文章首页应包括：

　　（1）中文文章标题；（2）200 字左右的中文摘要；（3）3～5 个关键词；（4）作者姓名、署名单位、详细通信地址、邮编、联系电话和 E-mail 地址。

　　3. 文章的正文标题、表格、图形、公式须分别连续编号，脚注每页单独编号。大标题居中，编号用一、二、三；小标题左齐，编号用（一）、（二）、（三）；其他用阿拉伯数字。

　　4. 正文中文献引用格式：

　　单人作者：

　　"Stigler（1951）……""……（Stigler, 1951）""杨小凯（2003）……""……（杨小凯，2003）"。

　　双人作者：

　　"Baumol and Willig（1981）……""……（Baumol and Willig, 1981）"

"武力、温锐（2006）……""……（武力、温锐，2006）"。

　　三人以上作者：

"Baumol et al.（1977）……""……（Baumol et al.，1977）"。

"于立等（2002）……""……（于立等，2002）"。

　　文献引用不需要另加脚注，所引文献列在文末参考文献中即可。请确认包括脚注在内的每一个引用均有对应的参考文献。

　　5. 文章末页应包括：参考文献目录，按作者姓名的汉语拼音或英文字母顺序排列，中文在前，Word 自动编号；英文文章标题；与中文摘要和关键词对应的英文摘要和英文关键词；2 ~ 4 个 JEL（*Journal of Economic Literature*）分类号。

　　参考文献均为实引，格式如下，请注意英文书名和期刊名为斜体，中文文献中使用全角标点符号，英文文献中使用半角标点符号：

　　［1］武力、温锐：《1949 年以来中国工业化的"轻重"之辨》，载《经济研究》2006 年第 9 期。

　　［2］杨小凯：《经济学——新兴古典与新古典框架》，社会科学文献出版社 2003 年版。

　　［3］于立、于左、陈艳利：《企业集团的性质、边界与规制难题》，载《产业经济评论》2002 年第 2 期。

　　［4］Baumol，W. J. and Willig，R. D.，1981：Fixed Costs，Sunk Costs，Entry Barriers，and Sustainability of Monopoly，*The Quarterly Journal of Economics*，Vol. 96，No. 3.

　　［5］Baumol，W. J.，Bailey，E. E.，and Willig，R. D.，1977：Weak Invisible Hand Theorems on the Sustainability of Multiproduct Natural Monopoly，*The American Economic Review*，Vol. 67，No. 3.

　　［6］Stigler，G. J.，1951：The Division of Labor is Limited by the Extent of the Market，*Journal of Political Economy*，Vol. 59，No. 3.

　　［7］Williamson，O. E.，1975：*Markets and Hierarchies*，New York：Free Press.

　　6. 稿件不作严格的字数限制，《综述》《论文》栏目的文章宜在 8000 字以上，欢迎长稿。

　　7. 投稿以中文为主，海外学者可用英文投稿，但须是未发表的稿件。稿件如果录用，由本刊负责翻译成中文，由作者审查定稿。文章在本刊发表后，作者可以继续在中国以外以英文发表。

　　8. 在收到您的稿件时，即认定您的稿件已专投《产业经济评论》并授权刊出。《产业经济评论》已被《中国学术期刊网络出版总库》及 CNKI 系列数据库收录，如果作者不同意文章被收录，请在投稿时说明。

　　《产业经济评论》的成长与提高离不开各位同仁的鼎力支持，我们诚挚地邀请海内外经济学界的同仁踊跃投稿，并感谢您惠赐佳作。我们的愿望是：经过各位同仁的共同努力，中国产业经济研究能够结出更丰硕的果实！

　　让我们共同迎接产业经济理论繁荣发展的世纪！